John: Das ist ein Buch über das Führen. Ohne Vision und Leitung gehen die Leute zugrunde ...

SHANE: ... oder laufen zumindest im Kreis herum.

John: Es gibt ein paar gute Leiter und viele Bücher über Leiterschaft. Aber eines der größten Probleme heutzutage besteht darin, dass wir zu viele ineffektive oder schlechte Leiter haben.

SHANE: Wir sind richtig gut darin geworden, schlechte Leiter hochgehen zu lassen ... was uns zu misstrauischen Nachfolgern gemacht hat. In diesem Buch geht es auch um das Nachfolgen. Und es gibt nicht viele Bücher über das _Nachfolgen_.

John: Ich mag das: ein Buch über Führen _und_ Folgen.

SHANE: Als wir die Gemeinschaft The Simple Way gründeten, hatten wir einen anarchistischen Spruch: „Ein starkes Volk braucht keinen Führer", und wir waren entschlossen, *keinen* Leiter zu haben.

John: ... Hmmm.

SHANE: Das hat ganz gut funktioniert – *ungefähr eine Woche lang.* Eine Menge Leute heute haben ernsthafte Bedenken, wenn es darum geht, anderen zu folgen. Kann man es ihnen verübeln? Sie haben so viele unmoralische Lehrer, schlechte Präsidenten, korrupte Firmenchefs, gruselige Prediger und großspurige, bösartige Linke und Rechte erlebt ... kein Wunder, wenn sie Autorität misstrauen.

John: Ich erinnere mich an einen Spruch aus den 1960er Jahren: „Trau keinem über 30!". Und als Afroamerikaner: Trau überhaupt keiner Autorität. Aber Shane hat Recht. Besonders in Kirche und Politik – aber auch überall sonst – ist das Vertrauen in Leiter geschwunden. Tatsächlich nimmt das Misstrauen überhand. Mir gefällt das nicht. Doch ist die Antwort auf schlechte Leiterschaft nicht *keine Leiterschaft*, sondern *gute Leiterschaft*.

SHANE: Wo fangen wir also an?

John: Wir fangen an, indem wir Jesus nachfolgen. Was bedeutet es, wenn er von uns verlangt, uns selbst zu verleugnen, sein Kreuz auf uns zu nehmen und *ihm zu folgen?*[1] Es bedeutet zumindest, dass wir als Nachfolger anfangen; und um ein guter Leiter sein zu können, müssen wir wissen, was es heißt, ein guter Nachfolger zu sein.

SHANE: Wir müssen die vom Aussterben bedrohte Kunst der Ausbildung wiederentdecken, des Findens von Menschen, deren Weg wir vertrauen und in deren Fußstapfen wir treten können.

John: Wir müssen Leute finden, die mit uns unterwegs sind, während wir leiten und die die Vision nach uns weitertragen. Schließlich, wenn alles, was man hat, nur eine Vision und niemand mit an Bord ist, dann ist man kein Leiter ... nur jemand mit einer guten Idee. Ein Leiter ohne Nachfolger kommt nicht weit.

SHANE: Und ein Nachfolger ohne Leiter irrt nur umher.

John: Am Ende müssen sowohl die Fußstapfen eines guten Leiters als auch die eines guten Nachfolgers zu Christus und zu der Freiheit führen, die in seinem Kreuz zu finden ist.

SHANE: Aber manchmal ist es schwer für uns, den Weg selbst zu finden. Es wird Zeit, Leiterschaft und Nachfolgen zusammen zu betrachten. Mach dich mit uns auf den Weg ...

Anmerkung
1. Siehe Markus 8,34.

KOMM MIT MIR IN DIE FREIHEIT

Shane Claiborne
& John M. Perkins

Ein Buch für radikale Jesusnachfolger

cap-books

Bestell-Nr.: 52 50426
ISBN 978-3-86773-119-5

Alle Rechte vorbehalten
© 2011 deutsche Ausgabe cap-books by cap-music

Oberer Garten 8
D-72221 Haiterbach-Beihingen
07456-93930
info@cap-music.de
www.cap-music.de

Originaltitel: Follow me to freedom
© copyright 2009 by Shane Claiborne and John M. Perkins
Originally published in the U.S.A. by Regal Books
A.Division of Gospel Light Publications, Inc.
Ventura, CA 93006 U.S.A.
All rights reserved.

Umschlaggestaltung: spoon design
Übersetzung: Peter R. Müller
Lektorat: Vera Klein (www.wortlaut-lektorat.de)
Satz und Druck: Schönbach-Druck GmbH, Erzhausen

Bibelzitate:
Neues Leben Bibel, SCM-Verlag

Inhalt

Eine Einführung

SHANE: Ich lernte John Perkins kennen, als ich sein Buch *Let Justice Roll Down* las. Sein Bericht darüber, wie er auf extremen Rassismus und Hass mit Vergebung und Liebe antwortete, öffnete mir die Augen und ließ mein Herz höher schlagen.

John zeigte als Führer der Bürgerrechtsbewegung im tiefsten Süden der späten 1960er Jahre keinerlei Furcht, obwohl alles, einschließlich seines eigenen Lebens, auf dem Spiel stand. Er war das Vorbild eines gewöhnlichen Radikalen, bevor ich jemals diesen Begriff gehört hatte. Ich hatte das Buch noch nicht einmal halb durch, als mir klar wurde, dass John Perkins ein Leiter war, dem ich folgen möchte.

Nicht lange danach traf ich John. Er besuchte unsere kleine, experimentelle Gemeinschaft am nördlichen Rand von Philadelphia. Ich hatte vor, mit John eine beeindruckende Tour durch unsere gemeinnützige Organisation zu machen. Er dagegen wollte einfach bloß mit mir auf den Stufen vor unserem Gebäude sitzen und ein Eis mit den Kindern essen. Er war schon auf jeder Menge eindrucksvoller Touren verschiedenster Dienste gewesen, die „die Welt veränderten" und wollte einfach nur unsere Freunde hier im Viertel treffen.

Ich erinnere mich, wie ich später an diesem Tag John vorjammerte, wie hart wir arbeiteten und wie wenig wir erkennen konnten, dass irgendetwas besser wurde. Es waren noch immer die ganze Zeit Schüsse zu hören, es gab noch immer Heroin, es gab noch immer Prostitution, es gab noch immer Armut und es gab noch immer Schmerz. Ich erinnere mich, wie ich mich beschwerte: „Jetzt sind wir drei Jahre hier und es gibt nicht viele Anzeichen für Veränderung." John schaute mir geradewegs in die Augen und erklärte mit der Sanftmut eines Vaters einfach und ernsthaft, wie die Dinge laufen: „Oh Shane, du wirst sehen, wie sich einige Dinge ändern – in ungefähr zehn Jahren. Oder vielleicht zwölf." Und dabei wirkte er kein bisschen unsicher. Das war sein Versprechen: Wir würden *in zehn oder zwölf Jahren*

Veränderung erleben. Ich schluckte. Das war beinahe die Hälfte meines Lebens zu dieser Zeit, und doch wusste ich irgendwie, dass er die Wahrheit sprach, und das gab mir Hoffnung.

John war (und ist) die Stimme eines Menschen, der sein Leben einer Bewegung gewidmet hat, die tiefen Glauben und revolutionäre Geduld erfordert, der seine Hand an den Pflug gelegt und nicht zurückgeblickt hat. So jemand darf gerne auf mich abfärben... und so folgte ich.

John lud mich bald ein, der Christian Community Development Association (Christliche Gesellschaft zur Entwicklung von Gemeinschaften – CCDA)[1] beizutreten, einer der wenigen Organisationen, die die Generationengrenze mit der unerschütterlichen Überzeugung überschreitet, dass Alte und Junge gemeinsam träumen müssen. Eine unglaubliche Familie, die in einigen der härtesten Ecken der Welt die Auferstehung praktiziert und den Weg zur Freiheit geebnet hat.

John: Vor ein paar Jahren hörte ich Gerüchte über Shane. Sie haben vielleicht auch welche gehört. Man erzählte sich, da gäbe es eine Gruppe überwiegend junger, weißer Christen aus der Mittelschicht, die von einem Typen in Mönchskleidung angeführt werden und im Norden von Philadelphia für Wirbel sorgten. Die ganze Aufregung hatte damit angefangen, dass die römisch-katholische Erzdiözese damit drohte, einige obdachlose Familien aus einem mit Brettern verschlagenen Kirchengebäude räumen zu lassen, wo sie Zuflucht gefunden hatten. Shane und seine College-Kumpels waren zu Recht wütend, wurden zusammen mit den Familien zu Hausbesetzern und riskierten die Verhaftung. Als schließlich bessere Unterkünfte für die Familien gefunden waren, blieben Shane und seine Freunde, statt den Rückzug in die Vorstädte anzutreten. Sie hätten in dieses Problemviertel einfallen, Hilfe für die unmittelbare Krise anbieten und ein paar Kartons mit Lebensmitteln zurücklassen können und anschließend mit einem Lächeln auf den Lippen wieder gehen können. Sie hätten auf den Campus ihres Colleges zurückkehren, ein paar Arbeiten über ihren Triumph in der Innenstadt schreiben und Helden sein können. Stattdessen taten Shane und einige seiner Freunde das Undenkbare und schlossen sich diesen Leuten an: Sie fühlten den Schmerz, erkannten, dass mehr notwendig war und machten den Norden von Philly auch zu ihrem Zuhause.[2] Ich muss zugeben: Mir hat gefallen, was ich da hörte, und so war ich neugierig.

Ich machte mich also auf den Weg nach Philadelphia, um mir die Sache aus erster Hand anzusehen. Damals hatten Shane und seine Freunde schon The Simple Way ins Leben gerufen – eine absichtsvolle Gemeinschaft, die Teil dessen ist, was man heute als die neue Mönchsbewegung bezeichnet.[3] Sie warfen ihre Ressourcen zusammen und verpflichteten sich zu einem gemeinsamen Leben. Das erinnerte mich ein wenig an mich selbst, als ich Jahrzehnte zuvor mit meiner Familie aus den Vorstädten Südkaliforniens zurück in meine Heimat in Mississippi gezogen war, auf dem Höhepunkt der Bürgerrechtsbewegung.

Und tatsächlich, Shane und ich saßen auf den Stufen seines Gebäudes an der Potter Street und aßen Eis mit den Kids. Sie können eine Menge über eine Person lernen, wenn Sie sie in ihrer Umgebung beobachten, und Sie können noch viel mehr lernen, wenn Sie sie im Umgang mit Kindern erleben. Und wissen Sie, was ich sah? In Shane entdeckte ich die demütigste, sensibelste, freundlichste Art von Radikalem, die man treffen kann. Seine ungewöhnliche Kleidung und seine ruhige Art sind entwaffnend. Aber man merkt sofort, dass sich im Inneren mehr abspielt. Er hört tatsächlich zu – hört einfühlsam zu, nicht nur den Worten, sondern auch dem Herzen. Er fragt nach und erwartet echte Antworten.

Dort auf den Stufen sah ich, während mein Eis schmolz, Sorge und Liebe, die von Shane zu den Leuten in diesem Viertel flossen – eine tiefe Liebe – und ich konnte erkennen, wie seine Nachbarn mit Respekt auf ihn reagierten. Er erinnerte mich ein wenig an meinen ältesten Sohn, Spencer, der wie Shane so viel Hoffnung gehabt hatte, dass sich die Dinge für die Armen verbessern können. Spencer leitete eine kleine Gemeinschaft in Jackson, Mississippi, doch vor einigen Jahren erlitt er einen Herzstillstand. Ich glaube wirklich, er ist an gebrochenem Herzen gestorben – gebrochen, weil er die Not sah und die Leidenschaft hatte, aber nicht in der Lage war, mehr zu tun. Spencer hätte Shanes Revolution unwiderstehlich gefunden. Sie hätte ihm Hoffnung gegeben und er hätte sich ihr angeschlossen.

Ich konnte sofort sehen, dass Shane kein verrückter Sektenführer war, sondern eine prophetische Stimme – und ich wusste: Er war jemand, von dem wir wollten, dass er sich uns anschloss. Wir hatten bei CCDA viel darüber gesprochen, wie wir die Vision von Versöhnung und Gemeinschaftsentwicklung vorantreiben könnten, wie wir sie an die jüngere Generation weitergeben könnten. Wir luden Shane in den Vorstand von CCDA ein und wurden durch seine Mitarbeit stärker, reicher und tiefgründiger. Heute machen seine vielen Reisen es schwer für ihn, unsere Vorstandstreffen zu besuchen. Aber wir brauchen immer noch seine Anwesenheit und seine Stimme, weshalb er zu unserem Beraterkreis gehört.

CCDA ist durch sein Vorbild nicht nur gewachsen, sondern die Leute reagieren auf ihn, wenn er die Urbana Missionskonferenz, das Westmont College, die National Pastor's Conference besucht oder auch bei so ziemlich jeder anderen Veranstaltung. Sie sind begeistert von seiner Geschichte und lassen sich von ihm herausfordern; schließlich ist Shane cool. Er ist echt. Aber er baut wirklich eine Verbindung mit Leuten auf, wenn sie sehen, dass er nicht nur Dinge *für* die Armen macht, sondern Charisma *bei* den Armen besitzt.

Shane und seine Freunde gingen nicht nach Nord-Philadelphia mit dem Spruch „Hier sind wir, um euch zu erbauen", sondern sie sagten: „Wir sind hier, um eins mit euch zu werden." Traditionell trennt Schwarze und Weiße ein tiefer Graben – und es gab keine besonders tiefe Entschlossenheit, diesen Graben zu überbrücken. Weiße stellen sich normalerweise eine Weile an die Seite der Schwarzen und gehen dann wieder. Sie leben außerdem ihr Leben ein kleines bisschen anders. Keiner kann behaupten, Shane und seine Leute wären eine typische Non-Profit-Organisation, die von einer Denomination, Stiftung oder Kirche finanziell abhängig ist. Wegen ihres einfachen Lebensstils und weil sie sich nicht als Quelle materieller Güter in Nord-Philadelphia präsentierten, haben sie nicht die gleichen Abhängigkeiten wie andere. Sie können radikaler sein und sich auf Jesus stützen.

Ich weiß, dass Shane nicht möchte, dass ich all diese Dinge über ihn sage.

SHANE: Da sage ich doch gleich Amen.

John: Aber das ist mein Teil dieses Buchs und deshalb darf ich ein paar Sachen sagen. Einmal hat Shane die Leute der Willow

Creek Community Church überrascht und herausgefordert. Ohne Vorwarnung – damit auch jeder seine besten Schuhe anhaben würde – lud er jeden ein, zum Altar zu kommen und seine Schuhe auszuziehen. Wie man sich vorstellen kann, kam da ein ganz hübscher Haufen zusammen. In der folgenden Woche verteilten sie die Schuhe an Leute, die sie brauchen konnten. Bei einer anderen Gelegenheit, einem Vorstandstreffen von CCDA in Atlanta, entdeckten wir, dass er nicht mit uns in dem schönen Hotel übernachtete – freiwillig. Nachts schlich er sich still und heimlich davon und übernachtete mit einigen Obdachlosen unter einer Brücke. Das hat uns wirklich wachgerüttelt. Er macht diese Dinge nicht, um irgendjemanden zu beeindrucken, aber er beeindruckt. Shanes Demut trifft mich wirklich am meisten.

Wir brauchen heute demütige und kreative Leiter – Menschen, die andere aus dem heraus führen, wer sie sind. Diese neue Generation ist nicht so sehr durch den traditionellen Rassismus infiziert und die Vorurteile, die meine eigene Generation und die Boomer (Geburtsjahrgänge nach dem Zweiten Weltkrieg, Anm. d. Ü.) kontaminiert haben – sowohl Schwarze als auch Weiße. Shane ist von einer neuen Art. Er ist ein aufstrebender Leiter und ich fühle mich wohl, wenn ich ihm folge. Ich weiß nicht, wie die Zukunft aussehen wird, aber ich weiß, dass ich mit dabei sein will.

SHANE: Ihnen ist wahrscheinlich schon aufgefallen, dass John und ich uns ein wenig voneinander unterscheiden ... *Ich habe mehr Haare.* Nein, ehrlich, ich bin ein Prolet aus Eastern Tennessee auf dem Weg der Genesung; er ein Elder Statesman der evangelikalen Kirche aus Mississippi. Er wurde vor dem Zweiten Weltkrieg geboren. Ich wurde in dem Jahr geboren, als Saigon erobert wurde und der Vietnamkrieg endete. Er trägt Anzug und Krawatte. Ich trage nur eine Krawatte, um meine Haare zusammenzubinden ... und nachdem John sich vorhin die Bemerkung über meine Klamotten nicht verkneifen konnte, möchte ich gern sagen: Ich sehe etwas anders aus, weil ich meine Kleidung jeden Winter zusammen mit meiner Mama mache. Ich arbeite immer noch dran, den Anzug zu nähen – man könnte mich einen Auszubildenden zum Näher nennen ... oder einen „Schneider", denke ich (Meine Mutter wollte, glaube ich, ein Mädchen, aber nun muss eben ein Junge ausreichen, der näht). John ist verheiratet und hat sieben erwachsene Kinder, die noch leben. Ich bin immer noch Single (zumindest während dieses Buch geschrieben wird!). Er hat drei Präsidenten beraten und wurde von Barack Obama bereits ins Weiße Haus eingeladen. Ich hatte während der letzten Wahlen eine etwas andere Kampagne: „Jesus for President" (mehr dazu später). Und so geht das weiter. Man wird sich vermutlich schwer tun, ein unterschiedlicheres Duo zu finden. Während unsere Vergangenheit wahrscheinlich unterschiedlicher kaum sein kann, ist die Zukunft, die wir dich einladen, dir gemeinsam mit uns vorzustellen, beinahe identisch.

John: Die Versuchungen, denen man ausgesetzt ist, die Geschichten, die man erzählt und die körperlichen Fähigkeiten sind mit 30 ein klein wenig anders als das, womit man sich mit über 70 herumschlägt, aber das ist ja einer der Gründe, warum die Unterhaltung so viel Spaß macht.

SHANE: Jeder von uns hat selbst genügend Fehler gemacht und hoffentlich daraus gelernt; doch letzten Endes haben wir uns entschlossen, Leiter zu sein, wenngleich es automatisch passierte – oder Leiterschaft uns gewählt hat. Es scheint, als würde der Kram, an den wir Hand anlegen, Frucht bringen und die Leute folgen uns ... oder kaufen wenigstens unsere Bücher. Mann, jemand hat sogar auf Twitter einen „getürkten Shane Claiborne" eingestellt, dem ein paar Leute folgen ... und das Lustige dabei ist, dass manche Leute wirklich glauben, ich wäre das! Und John hat wahrscheinlich einen Fanclub auf Facebook.

John: Schon komisch, ich habe wirklich eine Facebook-Seite! Meine Tochter Elizabeth hat sie eingerichtet und kümmert sich drum. Aber mal im Ernst, Shane hat recht. Wir sind unterschiedlich. Und ich denke, das ist ein Teil dessen, worum es bei Versöhnung geht. Wenn wir uns nicht mit Leuten aussöhnen können, die anders aussehen als wir, was ist dann Versöhnung? Und es wird keine wirkliche Freiheit für irgendjemanden geben, ehe wir nicht miteinander und mit Gott versöhnt sind.

SHANE: Die meisten Bücher über Leiterschaft haben Best-Practice-Modelle, sieben Geheimnisse des Erfolgs oder „faszinierende neue" Paradigmen (und auch ein gerüttelt Maß an Schaum-schlägerei, obwohl ich jetzt keinen speziellen Titel erwähnen werde). Wir können mit Sicherheit von Maxwell, Blanchard, Stanly und anderen über Leitung lernen, aber John und ich können kein solches Buch schreiben. Wir sprechen nicht als Unternehmensberater, sondern als Freunde im gemeinsamen Ringen. Wir sprechen aus unserem Leben an der Front, aus den kaputten Straßen von Jackson und Nord-Philadelphia, aus den aufgegebenen Orten des Imperiums, in dem wir uns befinden. Versteht mich nicht falsch: John könnte eine Liste „Zehn Wege, die Ihre Leiterschaft verwandeln" präsentieren (und wahrscheinlich wird er das auch und sie wird magisch sein). Ich hingegen bin einfach nicht so linear. Das wird also lustig werden.

Es stimmt außerdem, dass wir das gemeinsam schreiben wollten, aber beide ein ziemlich wildes Leben führen (Mann, ich habe kaum Zeit zu lesen, geschweige denn gemeinsam ein Buch zu schreiben). Also hatten unsere Freunde diese tolle Idee: Statt Material wiederaufzubereiten oder tatsächlich an einem Ort zusammenzubleiben und zu schreiben, setzen John und ich uns einfach ein paar Stunden hier und noch ein paar Stunden dort zusammen und führen ehrliche, ungeschminkte Gespräche über „Nachfolgerschaft" und Leiterschaft ... und setzen diese Gedanken dann als Buch um. Hier ist es also.

Meistens werden Bücher von zwei Autoren als eine Stimme geschrieben. Nö. Wir entschieden uns, dass das Verschmelzen unserer beiden Stimmen nicht nur schwierig wäre, sondern auch ganz einfach seltsam (wie das Mischen von Kaufhausmusik mit Punkrock und dann auch noch der Versuch, danach zu tanzen). Wir haben uns darum für ein einzigartiges Format entschieden, um beide Stimmen zu erhalten. Wir harmonisieren das Ganze ein wenig, ohne es gleichförmig zu machen, und hoffen, dass es dich zum Tanzen bringt. Jeder von uns erzählt seinen Teil der Geschichte mit seiner Stimme. Manchmal kommentieren wir das, was der andere sagt, und manchmal auch nicht. Gelegentlich wirft John eine lange Lehreinheit ein (weil es so gut ist!) und ein andermal (wie gerade eben) führe ich das dann fort. Wie gesagt, das wird bestimmt lustig.

Wir haben sogar hier und da ein paar Leerzeilen und Ziffern eingestreut ...

1. _____

2. _____

3. _____

... so dass all diejenigen, die unbedingt eine Gliederung brauchen, beim Lesen ihre eigene schreiben können.

Uns beiden ist bewusst, dass es keine einfachen Antworten gibt, und Bücher nur eine bestimmte Reichweite besitzen ... aber in diesem Buch geht es eher darum, dich auf eine Reise mitzunehmen, als dich ans Ziel zu bringen. Wir haben weder eine neue Theorie noch ein Patentrezept zu bieten und versuchen auch nicht, eine umfassende Studie abzuliefern. Stattdessen stellen wir in einer Zeit, in der Leiter und Nachfolger mit Integrität und Tatkraft gebraucht werden, unsere Erfahrung zur Verfügung, die Lektionen, die wir gelernt haben, und unsere ungelösten Fragen.

Wir hoffen, dass das Gelesene sich für dich wie ein Gespräch anfühlt, das du in einem Schaukelstuhl auf der Veranda hast, während du an einem Tässchen Tee nippst (ist vielleicht auch kein schlechter Ort zum Lesen). John und ich saßen vor langer Zeit auf diesen Stufen in Philadelphia, aßen Eis und waren einfach ein Teil des Viertels um uns herum. Er hat sich meine Träume angehört, meine Hoffnungen und meine Fragen. In Mississippi habe ich Johns Zuhause besucht, wo er und Vera Mae in einem von ihnen renovierten historischen Südstaaten-Farmhaus leben. An warmen, schwülen Sommernächten sitzt John gern in einem Schaukelstuhl, sieht der Sonne beim Untergehen zu und erzählt Geschichten aus Vergangenheit und Zukunft.

John: Komm mit mir in die Freiheit ist nicht nur für Leiter gedacht. Es ist für jeden, der jemals geleitet hat oder nachgefolgt ist, und für jeden, der das möchte. Also kommt mit uns. Bringt eure jugendlichen Träume mit ...

SHANE: ... und eure Altersweisheit. Lasst uns zusammen auf den Stufen der Potter Street in Philadelphia sitzen und auf der Veranda des Farmhauses in Mississippi. Keine Anekdoten und Formeln ... nur wunderschöne Gespräche. Los geht's.

Anmerkungen

1. Weitere Informationen über die CCDA gibt es hier: www.
   ccda.org.
2. Mehr über diese Geschichte ist zu lesen in: Shane Claiborne
   The Irresistible Revolution: Living as an Ordinary Radical (Grand
   Rapids, MI: Zondervan, 2006); deutsch: *Ich muss verrückt sein,
   so zu leben. Kompromisslose Experimente in Sachen Nächstenliebe* (Gießen: Brunnen Verlag, 2007).
3. Mehr über internationale Gemeinschaften ist zu lesen in: Jonathan Wilson-Hartgrove, *New Monasticism: What It Has to
   Say to Today's Church* (Grand Rapids, MI: Brazos Press, 2008).

Wir widmen diese Gespräche
den Jungen, die große Visionen sehen
und den Alten, die neue Träume träumen
(SIEHE APOSTELGESCHICHTE 2,17)

*Und wer kann euch schaden, wenn ihr
Nachfolger des Guten werdet?*
1. PETRUS 3,13

GESPRÄCH 1

Das Versprechen

(DIE NÄCHSTE GENERATION GERECHTER LEITER AUFBAUEN)

John: Wir alle mögen Versprechen, besonders, wenn das Versprechen sich auf etwas Gutes bezieht, das in der Zukunft passiert. Gott hatte also Abrahams Aufmerksamkeit, als er ein großes Versprechen machte. Oberflächlich betrachtet sah die Idee unmöglich aus, ja geradezu unerhört. Gott versprach, die ganze Welt durch Abraham zu *segnen* – jeden Menschen, der damals lebte und jemals geboren werden würde. Jede einzelne Person! Abraham hat zweifellos Gott vertraut, aber er wusste auch, dass er als einzelne Person nicht so viele Leute ‚segnen' konnte; Gottes großer Plan muss deshalb beängstigend gewirkt haben. Und da war noch ein kleines Problem ...

SHANE: ...Abraham hat das Versprechen erst erhalten, als er schon etwa 80 Jahre alt war. Und dann dauerte es noch mal 20 Jahre, ehe sein Sohn geboren wurde. (Hey, John ist fast 80. Gut möglich, dass er *gerade am Anfang* steht!)

John: Was für einen Menschen nicht machbar erschien, war für Gott ganz gut zu bewältigen. Er hielt sein Versprechen, indem er einen Menschen segnete (Abraham), und dann noch einen (Abrahams Sohn Isaak), dann eine Familie, dann eine Gemeinschaft, dann eine Region und jetzt dich und mich. Du kannst die ganze Geschichte in 1. Mose 11 bis 21 nachlesen. Mit dem Weitergeben des Versprechens segnete Gott jede neue Generation.

Wenn Gott segnet, dann stagniert dieser Segen nicht: Er bewegt und multipliziert sich. Die Idee liegt darin, einen Samen zu pflanzen, ihn dann zu bewässern und wachsen zu lassen – und ihn dann an die nächste Generation weiterzugeben. Der Segen ist nicht nur für eine Person (er ist nicht nur für dich oder mich allein). Er wurde vielmehr Abraham gegeben und nun weiter an uns, damit wir für andere ein Segen sind. Das ist der wirkliche Zweck eines Dienstes. Abraham segnete Isaak. Isaak segnete Jakob. Jakob segnete seine zwölf Söhne, aus denen die Stämme Israels hervorgingen. Der Segen folgte der Treue jeder Person.

SHANE: Diese Vorväter (und -mütter!) waren bereit, alles was sie hatten zu verlassen, für das Versprechen von etwas Besserem – obwohl das Versprechen unmöglich oder lächerlich erschien, wie etwa, dass eine unfruchtbare Frau im Alter von 100 Jahren ein Kind bekommen sollte. (So alt war Sarah, als Isaak schließlich geboren wurde.) An das Versprechen zu glauben hieß, dass sie die Dinge gelassen sahen, und als Gott sagte, es solle losgehen – da vertrauten sie und setzten sich in Bewegung. Alles fing mit einem 80-jährigen Mann an, der den Mut hatte, auf Gott zu hören!

> **Was wir weitergeben,**
> **ist Öffnung und eine Vision,**
> **die weitergetragen werden kann.**

John: Das Versprechen ist Hoffnung für etwas in der Zukunft, aber was ist der Segen? Einige setzen diesen Segen vielleicht mit materiellem Besitz gleich – ein großes Haus, ein Auto, ein Haufen Spielzeug. Andere nehmen vielleicht an, es bedeute, glücklich zu sein, Annehmlichkeit und Sicherheit zu haben. Wir sprechen einen Segen vor dem Essen und unsere Kinder segnen uns, aber Gottes Versprechen eines Segens für Abraham war mehr als das.

Achte jetzt genau auf das, was ich sage. Dieses Weitergeben des Versprechens *ist* der Segen, und die Handlung des Weitergebens ist deshalb ebenso wichtig, wie das Versprechen, denn sie führt zur Erfüllung des Versprechens. Wenn ein Segen vollständig oder abgeschlossen ist, dann kann man nichts außer einer Erinnerung weitergeben. Ein Segen übersteigt individuelle Errungenschaften und Bewegungen. Er geht über einen bestimmten Punkt in der Zeit oder einen Fleck auf der Landkarte hinaus. Ein Segen ist wie ein lebender Organismus, nicht wie eine Art Plakette, die wir an die Wand hängen, oder eine Mahlzeit, die wir am Ende des Tages essen. Das Versprechen enthält Hoffnung, aber es gibt immer ein Element daran, das unerfüllt bleibt. Sicherlich können wir Fortschritte machen und einen Teil des Versprechens in Erfüllung gehen sehen. Doch was wir weitergeben ist Hoffnung und eine Vision, die weitergetragen werden kann, und in der Nächsten Generation wird ein klein wenig mehr davon erfüllt werden, und dann in der übernächsten.

Ich nenne dass „fortgesetzte Leiterschaft". Meine Tochter Elisabeth nennt es, „den Stab weitergeben". Es bereitet die Bühne für das, was es heißt, heute ein Nachfolger und Leiter zu sein.

SHANE: Hey, wir könnten das *nachhaltige* Leiterschaft nennen – eine Form der Leitung, die sich selbst reproduziert.

John: Das erinnert mich an die Geschichte eines Typen namens Mose.

SHANE: Der Basketballspieler?

John: Haha. Nein, Mose, der Befreier. Er steht exemplarisch für reproduzierbare Leiterschaft, so wie sie sein sollte. Ich habe ihn in den letzten fünfzig Jahren als Modell verwendet und er hat uns auch heute noch jede Menge zu sagen.

Ich will über seine Reise aus der Gefangenschaft im Land des Pharao erzählen. Obwohl der Pharao angeordnet hatte, dass alle von hebräischen Sklaven geborenen Babys umgebracht werden sollten, versteckten seine Eltern ihn aus Glauben drei Monate lang, denn sie sahen, dass er ein schönes oder tadelloses Kind war; und sie hatten keine Angst vor dem Befehl des Königs. Am besten wird die Geschichte im Hebräerbrief erzählt:

> Durch den Glauben weigerte sich Mose, als er erwachsen war, sich als Sohn der Tochter des Pharaos bezeichnen zu lassen. Er zog es vor, mit dem Volk zu leiden, anstatt sich dem flüchtigen Vergnügen der Sünde hinzugeben. Er hielt die Leiden, die auch Christus auf sich nahm, für besseren Reichtum als die Schätze Ägyptens, denn er sah der großen Belohnung entgegen, die Gott

ihm geben würde. Durch den Glauben verließ Mose das Land Ägypten. Er hatte keine Angst vor dem König, sondern ging unerschütterlich weiter, weil er den Blick fest auf den richtete, der unsichtbar ist. Durch den Glauben befahl Mose dem Volk Israel, das Passah zu halten und die Türpfosten mit Blut zu bestreichen, damit der Engel des Todes ihre erstgeborenen Söhne nicht tötete. Durch den Glauben zog das Volk Israel durch das Rote Meer, als wäre es trockenes Land. Doch als die Ägypter sie verfolgten, ertranken sie alle. (Hebr. 11,24-29).

Hier lesen wir sowohl über das, was Mose zu dieser großen Person gemacht hat, als auch über die Aufgabe, die er anpacken sollte. Mose wurde das, was wir einen „gerechten Leiter" nennen – ein Mann, der den Ruf seines Volkes hörte und es in die Freiheit führte.

Bitte keine Ausreden. Erstens, wenn wir uns Mose und die Umstände seiner Geburt ansehen, dann hat keiner von uns heute eine Ausrede, weniger als das zu sein, *was Gott sagt, dass wir seien.* Mose wurde in Armut geboren, als Sklave. Als er empfangen wurde, sollte er abgetrieben werden. Wirklich – er sollte nicht außerhalb des Mutterleibs leben. Er wurde in der sehr schwierigen Situation nach dem Erlass einer Anordnung geboren, dass alle männlichen Babys getötet werden sollten. Was für einen psychologischen Schaden richtet so etwas bei einem Kind an?

Moses Erfolg beweist, dass wir unser Versagen heute nicht auf eine unglückliche Vergangenheit schieben sollten!

Wir Schwarzen müssen das hören. Wir können die Sklaverei nicht für alles verantwortlich machen – besonders, wenn wir es verstehen. Wir armen Leute müssen das hören. Wir können nicht dauernd jammern und jammern, was uns doch alles fehlt, und anderseits keinen Job annehmen oder unsere Fähigkeiten erweitern oder sonst etwas dagegen unternehmen – egal wie ungerecht wir behandelt wurden. Wir müssen aufhören, das Opfer zu spielen.

Wir ungebildeten Leute müssen das hören. Wir können nicht ewig unsere Zeit damit verschwenden, wie ach so anders doch das Leben wäre, wenn wir einfach nur eine gute Ausbildung hätten. Wir müssen ein Buch in die Hand nehmen und zu lesen anfangen, einen Mentor finden und anfangen, Fragen zu stellen.

Wir Prediger müssen das hören. Wir können nicht vor dem Evangelium zurückschrecken, nur weil unsere Kultur manches davon nicht mag. Wir müssen stattdessen noch mehr lieben.

Mose hätte ein Opfer bleiben können. Er hätte sein Leben damit verbringen können, zu heulen und zu sagen: „Ich war ein Sklave! Ich hätte abgetrieben werden sollen!" Er hätte es als Begründung verwenden können, herumzueiern und zu versagen. Stattdessen wurde Mose zu einem der größten Leiter, mal von Jesus Christus abgesehen, der jemals auf der Welt gelebt hat.

SHANE: Mir gefällt diese Idee eines gerechten Leiters. Und es macht richtig Sinn, dass wir keine Opfer bleiben dürfen, wenn wir jemals Freiheit erleben möchten – wir können nicht die Vergangenheit vergessen, aber sie hält uns auch nicht gefangen. Wir haben vielleicht Narben, doch diese Narben erinnern uns daran, dass wir überlebt haben. Wie konnte Mose also seine Umstände überwinden?

John: Mose wurde in einem schwierigen Umfeld geboren – einer Welt voller Spannungen, Leiden und Schmerz. (Notiere dir das Wort „Schmerz"; das wird in diesem Buch noch an vielen Stellen vorkommen.) Statt zu stöhnen und sich zu beschweren, sollen wir es als Freude betrachten, wenn wir in Leid geraten und sich unser Glaube darin als wertvoll wie Gold erweist.[1] Das ist dieses reinigende Feuer, das unser Leben für die Aufgabe prägt, für die Gott uns berufen hat.

Wir lernen als eines der ersten Dinge über Mose, dass seine Eltern ihn nach seiner Geburt drei Monate lang versteckten. Im Angesicht dieses schrecklichen Befehls, dass alle männlichen Kinder getötet werden sollten, schützten Moses Eltern ihn. Er hatte eine Familie, die seine Sicherheit über ihr eigenes Überleben stellte. Man kann kein großer Leiter sein, wenn man nicht seine eigene Familie mit Liebe und Ehre führt. Die Basis der Leiterschaft und die großartigste Umgebung, in der Leiter entwickelt werden, ist die Familie. (Notiere dir „Familie", denn Shane und ich werden eine Menge darüber sprechen. Du wirst erkennen, wie sehr Familie und Gemeinschaft miteinander verflochten sind.) Leiter reifen und entwickeln sich besser, wenn sie aus

einer intakten Familie kommen, die Liebe weitergibt und eine
starke Identität mit Würde vermittelt.

**Man kann kein großer Leiter sein,
wenn man nicht seine eigene Familie
mit Liebe und Ehre führt.**

Unser Gott ist ein Gott, der die Familie liebt. So kommen wir
zum Konzept der Dreieinigkeit. Es scheint anfänglich so, als würde Gott zu sich selbst sprechen, wenn er sagt: „Lasst uns Menschen machen" (1. Mose 1,26). Eine gründliche theologische Studie zeigt, dass Jesus der ewige Sohn und der Heilige Geist der
Tröster ist. Alle drei waren von Anfang an gegenwärtig und bilden die Familie Gottes – die Gottheit. Hier erkennen wir, dass
Gott von Anfang an nicht allein geleitet hat; er tat es im Kontext
der Familie. Deshalb ist das, was wir mit dem heutigen Zusam-
menbruch der Familienstruktur erleben, so tragisch. Ist dir aufgefallen, dass das meiste an Unmoral heute eine Spielform des
Sexuellen ist? Sex ist total aus dem Ruder gelaufen. Warum?
Weil die Familie kaputt ist.

Ich möchte hier einen kleinen Umweg gehen. Ich habe vor
kurzem etwas Scheußliches gehört – eine Großmutter, die ihr
Enkelkind missbrauchte. Das ... ist mir richtig in die Knochen gefahren und ließ mich meine eigene, kostbare Enkelin Varah neu
wertschätzen, und unsere Familie. Wir sind nicht perfekt ... bei
weitem nicht. Frag' nur meine Söhne und Töchter, die werden es
dir bestätigen. Ich glaube aber, wir machen ein paar Sachen
richtig. Doch als Leiter ist das eine ständige Herausforderung an
unsere Prioritäten.

Eines Tages, vor einem wichtigen Treffen mit einigen wichtigen Leuten, die nach Jackson gekommen waren, um mich zu sehen, kam meine Frau Vera Mae mit Varah und ihrem Fahrrad
vorbei, das vorn und hinten einen Platten hatte. Varah fragte
mich leise: „Opa, kannst du mein Fahrrad reparieren?" Ich denke:
„Ich hab doch keine Zeit." „Reparierst du mein Rad?" Ich dachte
ein paar Sekunden drüber nach, sah in ihre Augen, die mich fle-
hentlich ansahen, und sagte dann: „Klar. Die Leute, die sich mit
mir treffen wollen, können warten. Ich mache das jetzt gleich."

Ich holte meine Pumpe und flickte die Platten. Das hat nur ein paar Minuten gedauert. Ich setzte sie auf ihr Rad und schob sie an. Ich hatte ihr das Radfahren beigebracht. Ich habe die ersten Stützräder drangeschraubt und war bei ihr, als sie zum ersten Mal ohne sie fuhr. Ich konnte sie auf keinen Fall mit zwei Platten stehenlassen. Als sie das Schwimmen lernte, war ich im Schwimmbad und habe ihr das beigebracht. Sie denkt, ihr Opi kann alles. (Erzähle ihr nichts anderes!) Und als ich ihre Platten flickte, sagte ich zu ihr: „Weißt du, du bist gerade jetzt die wichtigste Person in meinem Leben." Mit ihrem kleinen Lächeln sagte sie: „Ich wusste es, aber ich hab's nicht gesagt."

Oh Mann! Sie *wusste* es! Was wäre, wenn ich diese Chance vermasselt hätte, ihr das zu bestätigen? Kinder (und Enkelkinder) müssen wissen, dass sie wichtig sind. Varah wusste es, Mose wusste es … was würden Sie tun, wenn Ihr Enkelkind Sie bitten würde, dieses Buch wegzulegen und die Platten an seinem Rad zu flicken?

SHANE: Unterbrechungen sind ein Thema in der Bibel. Wir haben einen Gott, der uns andauernd unterbricht – unsere Routine, unsere Muster der Ungerechtigkeit, den Status quo. Abrahams Leben wurde unterbrochen. Moses Leben wurde unterbrochen. Johns und mein Leben wurden vom Geist unterbrochen.

Die Evangelien sind Geschichten von Unterbrechung nach Unterbrechung. Jesus war auf einer Hochzeit in Kana und seine Mutter unterbrach ihn und sagte: „Sie haben keinen Wein mehr".[2] Er war gerade in einer Region namens Gerasa an Land gegangen, als er von den Schreien eines von Dämonen besessenen Mannes unterbrochen wurde.[3] Er war unterwegs zu einem kranken Kind, als ihn eine Berührung am Ärmel unterbrach und er Kraft von sich ausgehen fühlte.[4] Das Unglaubliche daran ist, dass Jesus immer verfügbar und offen für Unterbrechungen und Überraschungen war, wie jemand, der wegen eines liegengebliebenen Autofahrers anhält, und ihm beim Reifenwechsel hilft.

Jesus war niemals so fixiert auf seine Vision des Königreichs, als dass er die Nöte der Leute direkt um ihn übersehen hätte. Manchmal haben sie ihn sogar angeschrien, weil er sich Zeit nahm, um mit den Kindern abzuhängen. Heute würde er in den meisten Kirchen in Schwierigkeiten kommen, weil er die Zeit mit dem Waschen von Füßen und dem Malen im Dreck verschwendet; schließlich gibt es so viel „bedeutende" Arbeit, die getan werden muss ... wie das Teilnehmen an Vorstandstreffen, das Sammeln von Geldern für Gebäude und das Führen von Telefonkonferenzen (zwinker). An den meisten Tagen fühlt sich unser Leben in Philly wie eine Unterbrechung nach der anderen an.[5] Es ist einfach vollgestopft mit Überraschungen: Ein Klopfen an der Tür, ein Notfall oder ein Kind, das uns die erste Knospe einer Sonnenblume zeigen will.

Es scheint, als seien dies genau die Dinge, die viele von uns aus unserem Leben verdrängen wollen. Wir lieben Vorhersehbarkeit. Wir wollen nicht, dass irgendetwas unseren Kurs ändert, selbst wenn wir wissen, dass es am anderen Ende der Unterbrechung etwas Schönes gibt. Wir halten uns lieber an das tägliche Einerlei und das bedeutungslose Herumwursteln, das vertraut und langweilig ist, als uns aus unserem Rhythmus bringen zu lassen. Und doch haben wir einen Gott, der uns die ganze Zeit unterbricht. Was ist, wenn wir die „Unterbrechung" verpassen? (Oh, tut mir leid, dass ich deine Geschichte von Mose unterbrochen habe, John.)

John: Das ist schon in Ordnung. Ich denke, ich habe mich selbst unterbrochen, und werde dich wahrscheinlich auch bald unterbrechen. Das passiert, wenn man leidenschaftlich ist. Selbst gute Leiter und gute Nachfolger unterbrechen einander. Doch sie halten auch inne und hören einander zu – und das ist der Schlüssel. Darauf kannst du dich verlassen.

Jetzt zurück zu Mose. Als Gott sein Volk leiden sah (in der Sklaverei unter dem Pharao) und einen Leiter wollte, der sie aus der Gefangenschaft führen sollte, fand er eine levitische Familie, eine priesterliche Familie, eine Familie, die „aus Glauben lebte" und in die er Mose geben wollte, damit er dort genährt werden konnte. Der Glaube dieser Familie erzeugte eine Umgebung für Mose, in der er ebenfalls glauben konnte. Moses Eltern gaben ihm alles weiter, was sie über Gott wussten und erzählten ihm, was ihr Ur-Ur-Urgroßvater Abraham gesagt hatte. Auf diese Weise wird Glaube in einer Familie weitergegeben – und durch das Wort Gottes. Es ist biblisch: „Glaube kommt durch das Hören und das Hören durch das Wort Gottes" (Röm. 10,17). Jeder von uns hat die Verantwortung, das Wort Gottes hervorzubringen (es zu sprechen und zu leben), damit Menschen – unsere Kinder und die Kinder anderer Leute – zum Glauben finden. Auch das ist biblisch: „Ohne Glaube ist es unmöglich, ihm zu gefallen" (Heb. 11,6). Als Leiter sollten wir uns dieser Kernverantwortung bewusst sein, denn ohne sie riskieren wir unsere Vision.

Die Bibel enthält Gottes Worte und das, was andere, die ihn kannten, über ihn gesagt haben. Deshalb wird sie „das Wort" genannt, und deshalb folgen wir ihr. Zu Zeiten des Alten Testaments war es üblich, diese Worte an Orten im Haus sichtbar zu machen – häufig am Türrahmen –, sodass das Wort Gottes sichtbar blieb, und die Familie daran erinnerte, was er in der Vergangenheit getan hatte.[6] Weil sie sich an das erinnerten, was Gott bereits getan hatte, wusste das jüdische Volk, dass Gott auch in Zukunft vertrauenswürdig sein würde. Das stärkte ihren Glauben.

SHANE: Bevor wir leiten können, brauchen wir Vertrauen in Gott. Wir hören heute gern Geschichten, und diese Geschichten zeigen uns, was Gott in der Vergangenheit getan hat und was wir von Gott in der Zukunft erwarten können. Was für eine großartige Geschichte!

John: Mose war ein „schönes Kind". Was heißt das? Einfach nur, dass er süß war? Nein. Es heißt, dass seine Eltern erkannten, dass Gott ihnen dieses Kind gegeben hatte. Sie würden es nicht sterben lassen. Sie würden es retten und für eine große Aufgabe erziehen.

Es gab eine junge Frau, die eine Weile in unserem Dienst gearbeitet hat, und sie hatte einen starken Minderwertigkeitskomplex. Als kleines Mädchen war sie bildhübsch gewesen, aber sie hatte dennoch dieses unerschütterliche Gefühl, dass alle anderen besser seien als sie. Es gab immer jemanden, der mehr Aufmerksamkeit als sie erhielt, der am liebsten gemocht wurde und der Schlauste war. Einmal sagte sie: „Ich habe Pfarrer Perkins und Schwester Perkins beobachtet und es sah so aus, als ob sie ungefähr gleich für uns alle sorgten." Was sie tatsächlich sagte, war: „Sie haben mich geliebt und sich um mich gekümmert." Und so wurde dieses Empfinden von Bestimmung in ihr genährt.

Kürzlich war ich mit ein paar guten Freunden in einem Think Tank in Santa Cruz, Kalifornien. Wir sprachen über Gemeinschaftsentwicklung. Ehrlich gesagt, mir war der mehrere Millionen schwere Geschäftsmann, dessen Namen du sicher kennen würdest, genauso wichtig wie der arbeitslose Geistliche, von dem du noch nie gehört hast. Beide waren auf dem Treffen, und in der Tat brauchte der Geistliche mehr Zuwendung als der Multimillionär. Was wir machen müssen, ist das Schaffen einer Umgebung, in der Leute zu ihrer Bestimmung finden können. Das ist es, was die Eltern des Mose und die Hebammen für ihn taten. Sie ließen sich nicht vom Befehl des Königs beunruhigen. Sie sagten: „Wir tun das, was nötig ist, um dieses Kind zu retten. Wir haben keine Angst." Wir dürfen uns selbst nicht nur als Leiter betrachten, sondern auch als Menschen, die andere nähren. Und wir müssen den Menschen gegenüber, die wir nähren, die gleiche Haltung entgegenbringen, wie sie Moses Eltern ihm entgegenbrachten.

Obwohl er von einer guten Familie aufgezogen wurde, weigerte er sich, als Sohn der Tochter des Pharaos bezeichnet zu werden. Ist das nicht seltsam? Er wurde in den besten Schulen Ägyptens erzogen. Er wurde als Ägypter ausgebildet. Er sprach wie ein Ägypter. Er wurde kultiviert, als Prinz anzutreten. Und dann lief er weg (wenn du den Zusammenhang wissen möchtest, lies 2. Mose 2). Selbst auf der Flucht sagte seine künftige Frau: „Der Ägypter hat uns geholfen." Doch tief in seinem Herzen wusste Mose, wer er war – ein Jude.

> **Wenn du Menschen in dem bestärkst,**
> **was sie sind, unterstützt du sie,**
> **ihre innewohnende Würde wiederzugewinnen.**

Tief im Innern weiß jeder von uns, wer er ist, und deshalb ist das Identitätsverständnis so wichtig. Was war der größte Schaden, der den Schwarzen während der Bürgerrechtsbewegung zugefügt wurde? Es war nicht die Diskriminierung, die Trennung, ja nicht einmal die körperliche Gewalt. Es war Selbsthass. Diejenigen, die uns unten halten wollten, versuchten uns zu Niggern zu machen ... und wir haben beinahe geglaubt, wir seien Niemand.

So lange wir die Idee akzeptierten, wir wären ein Niemand, haben wir uns an die Rassentrennung gehalten. Wir haben erst anders gedacht, als jemand wie Malcom X oder Stokely Carmichael aufstand und sagte: „Black is beautiful!"

Indem man bestätigt, was ein Mensch ist, hilft man ihm, seine innewohnende Würde zurückzugewinnen. Man *gibt* den Menschen nicht Würde, das ist Ausbeutung. Man bestätigt nur die Würde, die Gott in Menschen hineingelegt hat. Unser Job als Leiter ist es, zu den Menschen zu gehen und sie zu bestätigen und sie bei ihrer Motivation zu unterstützen. Unsere Aufgabe ist es, sie auszubilden und ihnen zu helfen, die Fähigkeiten zu entwickeln, die sie zum Bewältigen ihrer eigenen Angelegenheiten brauchen. Bestätigung endet nicht damit, jemandem zu sagen, er sei schön oder mit dem Anfeuern des Basketball-Teams mit den schwarzen Superstars; sie muss von Handlungen unterstützt werden, die wirklich allen Leuten helfen.

Mose war ein Jude und er musste als Jude bestätigt werden, denn nichts konnte etwas daran ändern, wer er war. Es gibt nichts Tödlicheres, als seine Identität zu verlieren oder so zu tun, als wäre man jemand anderes. Mordechai konfrontierte Esther mit der Wahrheit über ihre Identität.[7] Sie war im Palast, und der König wusste nicht, dass sie Jüdin war. Jeder dachte, sie wäre ein normales persisches Mädchen. Mordechai versuchte alles in seiner Macht stehende, um die Wahrheit ans Licht zu bringen. Schließlich ging sie zum Palast, um dort ihre Bereitschaft zu erklären, mit ihrem Volk zu sterben: „Wenn ich umkomme – dann komme ich um." (Esther 4,16).

Bevor wir irgendjemanden führen können, müssen wir wissen, akzeptieren und annehmen, wer wir sind – wie Gott uns geschaffen hat. Gott möchte, dass Weiße weiß sind, nicht „unweiß". Das gleiche gilt für alle Ethnizitäten. Ich bin nicht zufällig schwarz. Meine Mutter war schwarz, meine Großmutter war schwarz, mein Urgroßvater war schwarz. Ich bin ganz bewusst schwarz. Das Gleiche gilt für Geschlecht, Alter und Berufung. Gott wusste, was er tat, als er jeden von uns erschuf. Anders zu denken stellt Gottes Fähigkeit als Schöpfer und seine Souveränität als Herr infrage. *Gott wollte, dass du so bist, wie du bist.*

Ich werde dich nicht unterdrücken, weil du anders bist als ich. Ich werde dich akzeptieren und lieben. Ich versuche, mich mit deinem Schmerz zu identifizieren, ob du nun so aussiehst wie ich oder völlig anders. Ich versuche mich mit dem zu identifizieren, wer du nach Gottes Absicht sein solltest, egal ob das repräsentiert, wer du bist oder was du gerade machst. Ich erinnere mich daran, wie es war, missbraucht zu werden. Ich erinnere mich daran, von Polizeibeamten ins Gesicht geschlagen zu werden.[8] Ich erinnere mich daran, geschlagen zu werden. Ich weiß, was es heißt, gefoltert zu werden – völlig hilflos und dem Tod nahe, ohne wirklich zu sterben. Denen zu vergeben, die mich gefoltert hatten, befreite mich von der Last des Hasses. Gott vergab mir, und deshalb bin ich berufen, denen zu vergeben, die mich verfolgt haben. Jesus hat klar gemacht: „Wenn ihr denen vergebt, die euch Böses angetan haben, wird euer himmlischer Vater euch auch vergeben. Wenn ihr euch aber weigert, anderen zu vergeben, wird euer Vater euch auch nicht vergeben." (Mt. 6,14-15).

Mose war ebenfalls bereit, sich mit seinem Volk im Leiden zu verbinden. Wir sprechen später noch mehr über die Rolle des Leids, aber lasst uns schon mal einen ersten Blick auf das Thema werfen. Martin Luther King Jr. hat gesagt: „Unverdientes Leid ist erlösend." Für mich heißt das: „Ich habe nicht dein Problem, aber ich erkläre mich bereit, mit dir zu leiden." Wenn mein Bruder leidet oder hungrig ist, dann esse ich auch nicht. Auf diese Weise identifizieren wir uns mit den Umständen einer anderen Person. Es ist stellvertretend.

Ich glaube, dass das Entwickeln einheimischer Leiter – also das Fördern von Leitern innerhalb eines bestimmten Stadtteils, die ein Herz für dieses Viertel haben sowie eine Identität in ihm – dem Missionsbefehl innewohnt. Jesus sagte: „Geht hin in alle Welt und predigt das Evangelium jeder ethnischen Gruppierung, jeder Stammesgemeinschaft, wo immer ihr sie auch findet."[9]

Er meinte damit, dass wir ihnen die Gute Nachricht bringen, und sie dann lehren, andere zu lehren. Wir sollen die schwächeren Nationen (oder überhaupt irgendeine Nation) nicht unterwerfen und sie dann zurück zu unserer starken Nation tragen. Jesus wies uns an, die Gute Nachricht zu den Menschen zu bringen und ihnen zu sagen, dass sie nach dem Bild Gottes geschaffen sind. Wir sollen sie wissen lassen, dass der Erlöser gekommen ist, und sie beruft, ihre Gemeinschaft zum Besten aller Menschen ihres Landes und ihrer Nation zu leiten.

Das ist in der Vergangenheit nicht immer passiert. In früheren Jahrhunderten sandten europäische Nationen Männer und Schiffe an weit entfernte Orte auf der Suche nach Tee, Gold, Reichtümern ... und Sklaven. Wir lesen in unseren Geschichtsbüchern darüber, wie Afrika, Nord-, Süd- und Mittelamerika, Asien und die Pazifikinseln sowie andere Orte kolonialisiert wurden. Allzu häufig fanden die Siedler die Reichtümer, nach denen sie Ausschau hielten, auf Kosten der einheimischen Menschen, die sie verdrängten, unterdrückten und schwächten.

Es gibt heute eine neue Form der Kolonialisierung und Versklavung – wir nennen sie Outsourcing. Wir lassen die ärmeren Entwicklungsländer unsere Güter herstellen, ohne sie zu unterrichten und auszubilden, sodass sie der Armut entkommen könnten. Wir betreiben auch „Insourcing", indem wir die klügsten Köpfe dieser Länder anlocken, sie hier ausbilden und dann als Arbeiter behalten – damit wir in unserer Nation besser leben. Während das uns und den Personen, die in die USA einwandern, hilft, lässt es das Herkunftsland ausbluten. Die ganze Welt würde profitieren, wenn wir wirklich die Menschen in Armut und verarmten Gesellschaften ausbilden würden, damit sie Jobs in ihrem eigenen Land schaffen können. Das wäre wirklich die Gute Nachricht.

Der Fairness halber muss ich sagen: Wir machen große Fortschritte, und wir können diese Tatsache feiern. Im Laufe meines Lebens habe ich erlebt, wie der größte Teil Afrikas entkolonialisiert wurde. Nun müssen wir der Kolonialisierung ein vollständiges Ende bereiten, indem wir dorthin gehen, den Menschen das Evangelium bringen, sodass Menschen auf ihren eigenen Füßen stehen können. Wir müssen in sie investieren und sie lehren, wie sie ihre Ressourcen verwalten können, sodass sie diese auf Augenhöhe mit den anderen Nationen der Welt tauschen können. Wir müssen sie mit Würde behandeln und sie als die anerkennen, zu denen Gott sie gemacht hat. Das ist ihre Identität.

SHANE: Als ich in Südafrika war, hörte ich einen Spruch, der während der Zeit der Apartheid geläufig war: „Als die Kolonialisten kamen, hatten sie die Bibel und wir das Land. Jetzt haben wir die Bibel und sie das Land." Das hat mein Herz gebrochen. Gnade uns Gott! Trotz der Ungerechtigkeit der Rassentrennung erzählen die Leute viele Geschichten mutiger Leiter aus den Reihen

der einheimischen Afrikaner und der Europäer, die die Welt ab-
lehnten, die sie geschaffen hatten *und* die kranke Theologie, die
sie unterstützte. (Ja, es gab Leute, die tatsächlich Bibelstellen so
verdreht haben, dass der Eindruck entstand, Gott würde Apartheid gutheißen!)

Wahre Leiter warten nicht auf andere,
wenn es darum geht,
mutig falsche Dinge zu korrigieren.

Viele Visionäre gingen ins Gefängnis und riskierten ihr Leben,
weil sie die Gräuel des Kolonialismus aufdeckten. Damit die
Apartheid in Südafrika fallen konnte, musste es zuerst einmal
Leute geben, die sich eine Welt ohne sie vorstellen konnten. Es
gibt da in Johannesburg eine Gemeinschaft, bei der wir über-
nachteten, direkt am Rand von Soweto, wo viele der Aufstände
und Massaker stattfanden. Trotz der Gewalt passierte etwas
Schönes. Auf dem Höhepunkt der Apartheid traf sich eine Gruppe weißer und schwarzer Südafrikaner und beschloss, sich nicht
dem Muster der Welt um sie herum anzupassen. Sie kauften ein
Stück Land und gründeten ihre Familien im Rahmen einer Gemeinschaft. Ihr Leben wurde bedroht und sie riskierten, verhaftet zu werden. Dieser Akt der Versöhnung war illegal! Bis heute
leben Dutzende dieser mutigen Helden zusammen.

John: Das ist so ähnlich wie das, was mein Sohn Spencer mit
seiner Gemeinschaft getan hat, die Antioch heißt.

SHANE: Genau. Das ähnelt sehr dem, was Spencer und Chris Rice
in Jackson getan haben, als sie über Rassengrenzen hinaus eine
Familie gegründet haben und was Clarence Jordan und Millard
Fuller auf der Koinonia-Farm in Georgia formierten.[10] Sie leiteten
mit Kreativität und Ausdauer.

Damit sich die Welt ändert, wie sie es in Südafrika getan
hat, muss es zuerst Leiter geben, die sich eine andere Welt vorstellen können als die, in der sie leben. Das ist nicht leicht. Ich bin
sicher, es kostete Mose Anstrengung, an das verheißene Land zu
glauben, besonders, da er es nie mit eigenen Augen gesehen

hatte – und nie sehen würde. Ich bin sicher, die Leute in Südafrika mussten über ihren Schmerz hinaussehen, um sich eine Welt vorzustellen, die davon frei ist. Es ist nicht einfach für die Kids in meinem Viertel, sich eine Welt ohne Schusswaffen vorzustellen. Und es ist schwer für die Leute im Pentagon, sich eine Welt ohne Nuklearwaffen vorzustellen. Doch wahre Leiter werden führen und nicht warten, bis andere den ersten Schritt machen und Missstände korrigieren.

In Jesaja 2,4 und Micha 4,1-4 sprechen die Propheten darüber, wie Menschen ihre Schwerter zu Pflugscharen und ihre Spieße zu Sicheln machen. Es geht darum, todbringende Dinge in Dinge zu verwandeln, die Leben kultivieren. Und diese Abschnitte enden mit der Aussage, dass sich nicht mehr Nation gegen Nation erheben wird und die Welt den Krieg nicht mehr lernen wird. Mir fällt dabei etwas Interessantes auf. Der Friede, von dem die Propheten sprechen, fängt nicht mit den Nationen an – er beginnt mit dem Volk. In Jesaja 2,3 kommen die Menschen „zum Berg des Herrn", um dort Gottes Wege zu *lernen*. Im Unterwegssein mit Gott fangen sie an, ihre Schwerter zu Pflugscharen umzuarbeiten. Es sind nicht die Nationen und ihre Könige, die auf dem Weg zum Frieden vorangehen; es ist das Volk Gottes, das sich weigert, mit dem Blutvergießen weiterzumachen und es ist das Volk, das den Nationen, Königen, Präsidenten zum Frieden vorangeht.

Diese prophetischen Handlungen haben die Geschichte wieder und wieder verändert. Es fängt alles mit Leuten an, die sich eine andere Welt vorstellen können als die, in der sie leben. Es fängt mit einem Volk an, das der Vision so hingegeben ist, dass es anfängt, sie auszuleben … sofort. Im Bühnenstück *Zurück zu Methusalem* schreibt George Bernard Shaw: „Du siehst Dinge; und du sagst: ‚Warum?' Doch ich träume Dinge, die es nie gegeben hat; und ich sage: ‚Warum nicht?'"[11] Robert Kennedy zitierte später einmal Shaw und forderte die Nation heraus. Ich übernehme das jetzt als Maxime für gewöhnliche Radikale.

John: Große Träume zu haben heißt nicht, bloß eine gute Idee zu haben. Schau genauer hin und du wirst sehen, dass Leute mit Träumen, die die Welt verändern, normalerweise Leute sind, die gut geerdet sind. Bei meinen Beobachtungen, was einen großartigen Leiter im 21. Jahrhundert ausmacht, sehe ich mir stets mehr den Charakter als die finanzielle Entwicklung oder den Ruhm an. Charakter entwickelt die Art von Leidenschaft, die Nachfolger und Ressourcen anzieht. Wir müssen nicht die großen Dinge starten. Wir müssen kein großes Banner schwingen oder eine Tribüne errichten. Wir müssen im Stillen ein Freund der Menschen werden; beständig den Kurs halten. Jesus sagte, als er seine Jünger ausbildete: „Geht hinaus und nehmt nichts mit. Geht hinaus und gewinnt Freunde! Wenn sie sich nicht mit euch anfreunden wollen, dann geht zur nächsten Haustüre und werdet Freunde dieser Leute!"[12] (Notiere die Worte „Freunde". Gott ist unser Freund und wir sind die seinen. Ein Leiter braucht Freunde, und Nachfolger brauchen einen Leiter, der auch ein Freund ist.)

Die Menschen erkennen den Unterschied zwischen selbstsüchtiger Gier und wahrer Leidenschaft. Sie wissen, ob es jemandem um sich selbst oder um Gott geht. Wenn sie im Leben eines Mannes oder einer Frau Leidenschaft auflodern sehen, dann möchten sie daran teilhaben. Und wenn die Vision unseres Dienstes dem entspricht, wozu Gott uns berufen hat, dann werden sie uns helfen, die Arbeit zu tun.

SHANE: Jesus sandte die Jünger ohne irgendetwas aus – das ist so wie bei Abraham, Sarah und Mose, es machte sie verletzlich –, sodass sie vollständig von Gott abhängig waren. Sie konnten sich nicht auf eigene Sicherheiten oder Vorkehrungen verlassen, sondern nur auf Gott. Was an den frühen Christen so schön ist: Sie haben nicht einfach rumgesessen und gewartet, bis Gott das Manna vom Himmel regnen ließ, sondern sie haben, wie das John schon gesagt hat, Freunde gewonnen und unterwegs darauf vertraut, dass die Leute für sie sorgen und sie in ihre Häuser aufnehmen würden. Das brachte die frühen Christen in eine Position, in der sie nicht nur Gastfreundschaft praktizierten, sondern auch davon abhängig waren, sie selbst zu erleben. Einer der ersten Christen hat es so ausgedrückt: „Wir haben kein Haus, aber wir haben ein Zuhause, wo immer wir auch hingehen."[13] Ich weiß nicht, wie das bei John ist, aber obwohl ich kein Auto habe, gibt es in meinem Viertel ein Dutzend, das mir die Leute bei Bedarf leihen. Jesus hat sich auch dauernd Zeug geliehen. Er lieh sich einen Esel, ein Haus, ein Boot – er hat sich sogar das Grab geliehen, in dem er begraben war. Davon können wir lernen, dass Verletzlichkeit ein Wert ist, keine Bedrohung. Es ist etwas, das gute Leiter genau wissen: Sie brauchen andere Menschen.

John: Ich habe in den letzten fünfzig Jahren des Dienstes Freunde gefunden und behalten, weil ich an das Potenzial von Menschen glaube. Jede Person ist im Bild Gottes geschaffen und dazu bestimmt, kreativ zu sein. Ich habe so wenig weltliche Bildung und so viele Ideen, aber mir fehlen die Fähigkeiten, die Dinge durchzuziehen. Ich hatte während der Jahre meines Dienstes eine klare Vision und die Menschen haben mit mir Seite an Seite arbeiten wollen. Wenn sich Menschen mir anschließen, möchte ich, dass sie ihre Kreativität in das Projekt einbringen, an dem ich arbeite. Wenn jeder Ressourcen beisteuert, kann auch jeder die Entwicklung von Menschen oder eines Projekts erleben und die dadurch produzierten Ergebnisse! Einige meiner Freunde sind seit über fünfzig Jahren engagiert. Und ob du es glaubst oder nicht, sie mögen mich alle immer noch! Charakterliche Inhalte bestimmen das Kaliber deiner Beziehungen.

SHANE: Das ist, was wir als „Theologie des Genug" bezeichnen. Es gibt genug Ressourcen. Gott hat nicht eine Ökonomie des Mangels geschaffen. Gott hat nicht zu viele Menschen oder zu wenig Zeug geschaffen. Ghandi hat einmal gesagt: „Es gibt genug für eines jeden Bedarf, aber nicht genug für eines jeden Gier."[14] Warum haben also einige wenige mehr als andere und so viele leiden Mangel? Nun, einfach deswegen, weil wir nicht auf „unser tägliches Brot heute" vertraut haben.[15] Stattdessen häufen wir Geld auf der Bank an, wie dieser Mann, über den Christus gesprochen hat, der all sein Zeug in Scheunen auftürmt, wo Gott uns doch führt, es wegzugeben.[16] Unsere Ressourcen auf die Seite zu legen ist nicht, wie wir leben sollen.

John und ich haben kein großes Problem damit, dass wir zu viel Besitz hätten, da wir normalerweise jeden Cent, den wir bekommen, einsetzen und vor den Karren spannen können. Aber es gibt häufig die Versuchung, mehr für schwere Zeiten in der Zukunft beiseite zu legen, statt in der einfachen Reinheit der Lilien und Spatzen zu leben. Manchmal ist es eine Versuchung, ein wenig zu behalten ... wie etwa die Frage, was wir mit den Tantiemen machen, wenn sich von diesem Buch eine Million Exemplare verkauft haben!

Es gibt eine tolle, wenn auch skandalöse Geschichte über einen gerissenen Manager. Dieser Typ nutzt seine Position aus, um Schulden zu erlassen, sogar subversiv (ohne das Wissen seines Chefs), und sich selbst dadurch Freunde zu machen ... indem er bestimmte Schulden nach und nach reduziert. Er stellte das System der Schulden auf den Kopf und zog die Macht des Mammons ins Lächerliche.[17] Das beweist mal wieder, dass die beste Möglichkeit, die Macht des Geldes zu brechen, darin besteht, es wegzugeben. Wenn man sich das zur Gewohnheit macht, dann ist es nicht viel wert. Was Bedeutung gewinnt, sind Beziehungen, Freundschaften und ein Gemeinschaftssinn. Und die *können* uns erhalten, selbst wenn Systeme zusammenbrechen, wenn die Wall Street ins Schleudern gerät und Pyramidensysteme aufgedeckt werden. Kein Wunder, dass die skandalöse Geschichte vom gerissenen Manager mit den Worten endet: „Die Pharisäer, *die Geld liebten*, hörten das und spotteten über Jesus ...“

John: Es braucht Mut, zu leiten. Aber was ist Mut? Mut ist nicht die Abwesenheit von Angst, sondern vielmehr die Fähigkeit, den eigenen Überzeugungen im Angesicht der Angst zu folgen. Es braucht Mut, das zu tun, was von einem im Leben erwartet wird, nicht klein beizugeben, nicht locker zu lassen ... auch nicht drumherum zu tanzen.

SHANE: Ich habe einmal jemanden sagen gehört: „Mut ist Furcht, die noch eine Minute länger durchhält.“ Ich glaube, das hat ein General gesagt. Ich zitiere nicht jeden Tag Generäle, aber das ist ein guter Spruch.

John: Einer der beliebtesten Prediger, die ich je gehört habe, war ein Astronaut namens Scott Carpenter. Im Februar 1962 wurde Carpenter der zweite Amerikaner, der die Erde umkreiste. Beim Wiedereintritt kam es zu einer Fehlfunktion des Horizontkreisels und er musste die manuelle Kontrolle über die Mercury-Atlas 7 Rakete übernehmen. Es war eine der erfolgreichsten frühen Missionen der NASA. Carpenter ist ein demütiger Mann, doch von ihm diese Geschichte zu hören, war eine beeindruckende Lektion über Mut. Er sagt, alles was er bei diesem Flug getan hat, war das, was er gelernt hatte. Und obwohl er das Raumschiff mit Präzision steuerte, war ihm bewusst, dass es (wie auch sein Leben) verloren gehen konnte. Er schaffte es schließlich, die Mercury-Atlas 7 in einer Notlandung herunterzubringen – ein paar Hundert Meilen ab vom Kurs, aber sicher. Heute nennen wir ihn einen mutigen Helden.

Mose kam aus einer Familie mit Mut. Trotz beachtlicher Angst war er in der Lage, die Entscheidung umzusetzen, vor den Pharao zu treten. Moses Kampf war ein Kampf zwischen dem Gott des Himmels und dem Gott des Pharaos. Darum ging es bei den Plagen. Und der unsichtbare Gott Abrahams gewann! Der Gott des Himmels und der Erde gewann – derselbe Gott, der auf Menschen durch seinen Heiligen Geist herabkommt und sie mit Kraft erfüllt, sodass sie heute mutige Dinge tun.

SHANE: Manchmal geht es auch nicht darum, dass Leiter frei von Angst sind ... sie haben nur einfach nichts zu verlieren. Sie sind bereit, alles, selbst ihr eigenes Leben, aufs Spiel zu setzen für das, was sie glauben. Das ist es, was die Märtyrer und Menschen in Freiheits- und Gerechtigkeitsbewegungen im Lauf der Geschichte getan haben.

Ich war während des jüngsten Krieges im Irak, um Teil eines christlichen Zeugnisses für Frieden und Versöhnung zu sein und gegen die Bombardierungen und Kämpfe aufzustehen. Leute fragten mich oft: „Woher hattest du den Mut?" Um ehrlich zu sein, ich habe überlegt, was es mich kostet zu gehen, und was es mich kostet, nicht zu gehen – und als ich es durchdacht hatte, fühlte ich mich sehr gedrängt; es war so, als ob ich nicht *nicht* gehen konnte.

Als ich im Irak war, lag der Schlüssel in Gemeinschaft. Genau wie bei den Israeliten und den Schwarzen während der Bürgerrechtsbewegung trugen die Leute die Last des Kampfes gemeinsam.

Aber Angst ist mächtig. „Zu Leben ist Christus, zu sterben ist Gewinn"[18] ... wenn wir sterben, na und? Wir glauben an die Auferstehung. Wir tanzen auf der Ungerechtigkeit herum, bis sie uns umbringen ... und dann tanzen wir auf Straßen aus Gold. Viele Christen leben in solcher Angst, dass es scheint, als würden sie nicht wirklich, ich meine wirklich, an die Auferstehung glauben.

John: Kurz vor seinem Tod sprachen Peter Drucker und ich über Leiterschaft. Eine Frage war, woher große Leiter kommen – Leiter, die die Geschichte prägen und Menschen befreien. Wir rangen damit, ob diese Leiter einfach so großartig geboren oder ob sie ausgebildet wurden und dadurch ihre Größe gewannen. Weißt du, was ich sage? Große Leiter erstehen. Sie erscheinen aus den Qualen und Schmerzen und Kämpfen ihrer Zeit oder treten in sie hinein. Sie treffen irgendwo Gott, vielleicht hinter einem Berg wie Mose, und bekommen eine Vision von Gott. Man muss eine Vision haben, um zu leiten. Sie haben einen kleinen Blick auf das Versprechen Gottes geworfen. Man muss sich der Tatsache bewusst sein, dass Gott einen beruft, das Versprechen weiterzutragen. Es muss eine Zeit auf der eigenen Pilgerreise kommen, zu der man sich bewusst wird, dass Gott einen an einen spezifischen Platz zu einer spezifischen Zeit gestellt hat und einen führt. Das ist furchterregend. Es ist schmerzhaft. Es ist zu groß für einen. Mose erlebte all diese Dinge. Doch wie er, muss man dieses stille Gefühl von Gelassenheit spüren, dass Gott einen für diesen Moment berufen hat. Es ist demütigend.

Ich spreche nicht viel darüber, aber ich wusste, dass meine Zeit gekommen war, als knapp Hundert Männer nachts kamen und mein Haus beschützten. Das war Mississippi mitten in den 1960ern und die Bürgerrechtsbewegung war bereits am Laufen. Diese Männer sagten: „Du musst ins Bett gehen. Wir schützen diese Kinder. Du bist hier, um das zu tun, was wir nicht tun können, und es ist unsere Aufgabe, dich zu beschützen." Da wusste ich, dass Gott mich berufen hat. Diese Männer waren so edel. Sie liebten mich so sehr. Es waren alte Männer und sie sagten, sie hätten davon geträumt und sich danach gesehnt, dass jemand kommen und sie leiten würde. Ich respektierte sie so sehr, dass ich Angst vor ihnen hatte.

Bruce Stillman sagte: „Man führt nicht, um geliebt zu werden, sondern man führt, um wahrhaftig zu sein." Man leitet auf das Ziel hin, zu dem Gott einen berufen hat. Das ist Teil des Versprechens. Doch wenn die Leute, die du leitest, dich nicht lieben, werden sie dir nicht mit ganzem Herzen folgen. Deshalb sagt Paulus den Gläubigen in Ephesus, sie sollen die Wahrheit in Liebe predigen.[19] Er weist sie an, wie sie sich verhalten sollen. Petrus sagt: „Weise einen älteren Menschen nicht zurecht." Sauge das in dich auf! Denn es aufsaugen bewirkt etwas in dir. Es schafft in-

nerlich Demut. Und Petrus sagt auch, Gott „widersteht den Stol-
zen, den Demütigen aber gibt er Gnade."[20] Wenn man also berufen ist, dann ist die angemessene innere Antwort darauf Demut.
Mose war der demütigste Mann, der je auf Erden gelebt hat.

Gott gibt uns in Mose ein Bild, das zeigt, wie wichtig Demut ist, wenn man Leiter wird.

Gott gibt uns in Mose ein Bild, das zeigt, wie wichtig Demut ist,
wenn man ein großartiger Leiter werden möchte. Wir sehen in
der Situation, in der Mose den Felsen schlug und deshalb nicht
das Land betreten durfte, wie zornig Gott wird, wenn unser Ego
seiner Herrlichkeit im Weg steht. Mose durfte, als er den Fels
schlug, deshalb nicht ins verheißene Land einziehen, weil er
Gott dabei nicht die Ehre gab. Es ist beinahe Blasphemie gegen
den Heiligen Geist, wenn wir das, was Gott in unserem Leben
getan hat, als unseren Verdienst bezeichnen. Gott hatte ihm zuvor gesagt: „Mose, sprich zu diesem Fels. Und Mose sprach zu
dem Fels und Wasser kam herausgeschossen. Und Gott sprach
ein zweites Mal zu Mose: „Sprich zu dem Felsen. Ich bin derjenige, der Wasser aus dem Felsen fließen lassen wird." Mose wurde
in dieser Situation so wütend, dass er losging und den Felsen
schlug, statt zu ihm zu sprechen. Aus der Perspektive des Volkes
sah das so aus, als ob *er* den Felsen gesprengt und das Wasser
zum Fließen gebracht hätte. Mose ging deshalb nicht in das
Land, weil er sein Selbstbild verkorkst hatte. Er hat das Gesamt-
bild aus den Augen verloren, und das war Unterordnung und
Demut.

SHANE: Das scheint etwas zu sein, das wieder und wieder passiert. Leiter fangen an, auf ihre eigene Kraft, ihre Talente zu vertrauen und sind von ihren eigenen Leistungen beeindruckt. Deshalb wählt Gott die überraschendsten Kandidaten für die Aufgabe, das Reich Gottes zu bringen – wie die unfruchtbare Frau
(Sarah) als Mutter einer Nation; wie einen stotternden Propheten (Mose), der Gottes Stimme sein soll; wie einen kleinen
Schafhirten (David), der König werden soll; wie einen wiederge-

borenen Terroristen (Saulus), der ein Verkünder der Gnade wird. David hat das Gleiche gemacht. Wir haben ihn als einen Mann nach Gottes Herzen in Erinnerung,[21] doch in Wirklichkeit hat er königlich Mist gebaut – er lüstete, begehrte, beging Ehebruch, log deswegen, beging einen Mord, um es zu vertuschen – er brach in zwei Kapiteln der Bibel so ziemlich jedes Gebot.[22] Und David ist nicht allein.

Wir können alle große Leiter nennen, die am Ende ihres Lebens vom Kurs abkamen; selbst Leute, die wir als Helden in Erinnerung haben. Genau wie Mose und Martin Luther King enden ihre Geschichten nicht immer perfekt und wir können sehen, dass ihr Leben nicht vollkommen war – nicht mal annähernd. Wir werden alle damit versucht, die trügerische Macht in unseren Händen einzusetzen, und mit dem Gefühl, wir wären unverwundbar, denn Gott stünde auf unserer Seite. Das ist genau der Moment, an dem Gott dann die Seite wechselt. Wenn wir denken, wir hätten die Macht zur Veränderung in der Hand, lässt uns Gott mal alleine losziehen, damit wir das testen können, bis wir dann wieder zurückgekrochen kommen und um Hilfe beten.

John: Die Bibel legt sieben Dinge dar, die Gott hasst: hochmütige oder stolze Augen, eine lügende Zunge, Hände, die unschuldiges Blut vergießen, ein Herz, das böse Pläne schmiedet, Füße, die hastig eilen, Böses zu tun und falsche Zeugen, die Lügen hauchen und einen, der Zwietracht unter Brüder sät.[23]

Jetzt sprechen wir über den ersten Punkt. Wenn man stolz ist, rechnet man sich die Dinge selbst an. Obwohl Leiter eine Rolle spielen (wir sind die Hände und Füße), steht die Ehre immer Gott zu. Wir sind immer die Schafe. Er ist der ultimative Hirte. Das macht David zu so einem kraftvollen Leiter. Mitten in dem ganzen Sündigen, mit dem David da beschäftigt war, und all seinem Kram sagt er: „Der Herr ist mein Hirte. Mir wird nichts mangeln. Er führt mich zum stillen Wasser ... Er bereitet einen Tisch für mich ... Er führt mich den Weg der Gerechtigkeit um seines Namens willen" (Ps. 32,2). Und David endet mit den Worten: „Gutes und Barmherzigkeit werden mir folgen mein Leben lang, und ich werde bleiben im Hause des Herrn immerdar." (V. 6, *Luther 1984*). Wir sind durch die Gnade Gottes hier und müssen uns immer daran erinnern, dass er der Töpfer ist; wir sind der Ton.[24]

Mose selbst ist das Modell eines Hirtenleiters. Deshalb hat Gott so lange gebraucht, ihn groß zu machen. Es dauerte 80 Jahre, bis Mose die Art von vorbildlichem Leiter wurde, die wir sehen können – einer, der ein so von der Sklaverei angeschlagenes Volk zu einer vorbildlichen Nation machte.

SHANE: Da scheint es einen Trend zu geben. Abraham war 80. Mose war 80. John, bei dir dürfte es jetzt also erst richtig losgehen. Was bedeutet das für mich?

John: Vergiss nicht, Jesus wurde nur 33.

SHANE: Weise gesprochen.

John: Zurück zu Mose und unserer Stelle in Hebräer. Da heißt es schließlich in Vers 29: „Und sie gingen durch das Rote Meer." Mose hat sie nicht an einen Ort ihrer Wahl geführt; er führte sie vielmehr dorthin, wohin er sie nach Gottes Anweisung führen sollte – aus Ägypten heraus. Josua hat letztlich das jüdische Volk in das verheißene Land geführt, aber Mose führte sie so weit, wie Gott wollte, dass er sie führt.

Im Jahr 2000 reisten Tommy Tarrants und ich gemeinsam nach Amman, Jordanien, um dort bei einem internationalen Friedenstreffen zu sprechen. Da waren wir also: Tommy, ein früheres Mitglied des Ku Klux Klan, und ich, ein Schwarzer aus Mississippi, direkt neben einer Reihe von Nobelpreisträgern für Frieden und Versöhnung. Der König von Jordanien war ebenfalls mit einer Delegation dort. Er sagte: „Wenn ein Schwarzer aus Mississippi und ein weißes Mitglied des Ku Klux Klan Freunde werden können, dann gibt es Hoffnung für Juden und Araber." Das war wundervoll. Aber diese Hoffnung muss in Jesus Christus sein! Zur Versöhnung kam es, weil ein Mitglied des Ku Klux Klan Jesus Christus begegnet ist, und weil ein schwarzer Junge aus Mississippi Christus begegnete. Es war sein Tod am Kreuz, der diesen weißen Rassisten und mich zusammengeschweißt hat. Nur weil Jesus uns versöhnt hat, konnten wir Seite an Seite auf der Bühne neben dem König von Jordanien als Symbol der Friedenshoffnung im Mittleren Osten stehen.

SHANE: Das ist eine aufregende Zeit, in der wir leben. In mancher Weise sind die Themen, die Führung und Mut verlangen, heute nicht dieselben, wie vor dreißig Jahren. Der KKK ist zwar nicht tot, aber doch zumindest am Verblühen. Viele der alten Ungeheuer haben keine neue Generation charismatischer Leiter hervorgebracht, doch es gibt andere Ungeheuer ... neue Riesen, die es zu erschlagen gilt. Es gibt auch eine neue Reise in den Exodus. Und es gibt eine Generation, die sich der Herausforderung stellt.

Ich war gerade in Schweden, wo ich das Vorrecht hatte, Zeuge eines historischen Moments in der Kirche von Schweden zu werden. Eine wachsende Zahl von Menschen dort ist zu der Überzeugung gekommen, sich als Kirche über die Grenzen der Denominationen hinweg vereinigen zu müssen, und dass Jesus sich danach sehnt, uns einswerden zu sehen, so wie Gott eins ist. Dafür haben sie gearbeitet und den Weg bereitet. Nun haben die Bischöfe der wichtigsten Denominationen eine Erklärung unterzeichnet, wonach sie sich zu einem Leib zusammenschließen – *und die Initiative wurde von den jungen Leuten angeführt.* In Irland gibt es Gruppen junger Christen, sowohl Protestanten als auch Katholiken, die beschämt sind über die blutigen Seiten der Geschichtsbücher dort – über Katholiken und Protestanten, die sich gegenseitig umgebracht haben. Was machen sie also? Einige gründen Gemeinschaften, mit der Absicht, dort als Protestanten und Katholiken zusammenzuleben. Das ist erstaunlich. Gott ist in Bewegung. Ja, die Herausforderungen sind überall um uns herum – die Sklaverei hat nicht aufgehört, sie hat sich nur verändert ... und sie hat sich entwickelt und ist mutiert. Es gibt Sklaven in Ausbeutungsbetrieben, es gibt überall auf der Welt Menschenhandel. Aber es gibt auch eine Generation, die der Überzeugung ist, dass Gott diese Dinge nicht egal sind.

John: Unsere Hoffnung heute auf Versöhnung liegt in Jesus Christus. Wir haben einen Leiter, dem wir folgen können.

SHANE: Jedes Zeitalter hat seinen eigenen Exodus.

John: Und jede Generation braucht einen neuen Mose.

Anmerkungen

1. Siehe Jakobus 1,2-3.
2. Siehe Johannes 2,1-11.
3. Siehe Lukas 8,26-33.
4. Siehe Lukas 8, 41-47.
5. In diesem Buch spreche ich immer von „unserem", wenn ich auf das Leben in Philadelphia Bezug nehme. Ich bin Teil der Gemeinschaft The Simple Way und Teil des Viertels an der Potter Street. Es geht immer um „uns".
6. Siehe 5. Moses 11,20
7. Siehe Esther 13,13-17
8. Die ganze Geschichte ist nachzulesen bei John Perkins, *Let Justice Roll Down* (Ventura, CA: Regal, 2006).
9. Meine Umschreibung. Siehe Markus 16,15.
10. Weitere Informationen siehe Spencer Perkins und Chris Rice *,More Than Equals: Racial Healing for the Sake of the Gospel* (Downers Grove, IL: InterVarsity Press, 2000); und Millard Fuller und Diane Scott Fuller, *No More Shacks: The Daring Vision for Habitat for Humanity* (Waco, TX: Word Books, 1986).
11. George Bernard Shaw, *Back to Methuselah*, 1921.
12. Siehe Markus 6,8-10.
13. Society of Brethren, Eberhard Arnold, Hrsg., *The Early Christians: In Their Own Words* (New York: Plough Publishing House, 1998).
14. Rajendra Pachauri mit einem Zitat von Gandhi bei seiner Rede anlässlich der Verleihung des Nobelpreises 2007. Es handelt sich um ein beliebtes Gandhi-Zitat, das es in verschiedenen Übersetzungen gibt. Diese gefällt mir am besten.
15. Wie im Vaterunser gebetet, siehe Lukas 11,3.
16. Siehe Lukas 12,16-21.
17. Siehe Lukas 16.
18. Siehe Philipper 1,21.
19. Siehe Epheser 4,15.
20. Siehe 1. Petrus 5,5.
21. Siehe Apostelgeschichte 13,22.
22. Siehe 2. Samuel 11-12.
23. Siehe Sprüche 6,16-19.
24. Siehe Jesaja 64,8.

Der Abt oder die Äbtissin muss, sind sie erst in das Amt eingeführt, über die Anforderungen nachdenken, die ihnen durch die gewählte Bürde auferlegt sind, und bedenken, wem sie für ihr Verwalteramt einmal Rechenschaft ablegen werden müssen. Sie müssen begreifen, dass die Berufung ihres Amtes nicht darin besteht, Macht über die ihnen Unterstellten auszuüben, sondern ihnen in ihren Bedürfnissen zu dienen und zu helfen.

DER HEILIGE BENEDIKT VON NURSIA (480-547)

Der Schmerz

(DORT ANFANGEN, WO ES WEH TUT)

John: Wenn ich mir Leute ansehe, denen ich folgen würde, dann denke ich an Männer und Frauen, die sich tatsächlich in den Schmerz, das Leiden und das Ringen der Leute hineinbegeben. Es ist eine Sache zu sagen, Rassismus ist schlecht oder falsch; es ist etwas komplett anderes, ein krankes Kind in den Armen zu halten und darauf zu warten, bis in der Klinik alle weißen Patienten behandelt wurden, um dann erst vom Arzt hereingebeten zu werden – einer Klinik, in der man durch einen Seiteneingang hereinkommen und in einem Wartezimmer „Nur für Schwarze" sitzen muss, ohne zu wissen, wie krank dein Kind ist oder wie lange man warten muss. (Ja, das ist mir in Mendenhall, Mississippi in den 1960er Jahren passiert.)

Die effektivsten Leiter sind diejenigen, die echten Schmerz erfahren haben und aus diesem Schmerz heraus leiten und die Leute so aus ihrem eigenen Schmerz herausführen. Natürlich ist Freude eine wunderbare Emotion und Erfahrung. Gott hat die Freude erschaffen, aber damit geht es nicht los. Freude ist ein Ergebnis, eine Folge. Schmerz ist der Anfang. Wir werden in Schmerzen geboren und leben in Schmerzen – manchmal eine Menge Schmerz. Der Leiter, der sich unseren Schmerz erschließen und mit uns durch ihn hindurchgehen kann – indem er unsere Lasten trägt, so wie Jesus das getan hat –, der wird unser wirklicher Leiter sein.

Schmerz. Wir wollen ihn vermeiden, aber wir sollten es nicht. Wir müssen wirklich die Sache mit dem Schmerz kapieren. In der Bibel sehen wir, dass Gott anscheinend Leute in wirklich harte Situationen brachte, in der sie die Schmerzen anderer ertragen mussten – manchmal vieler anderer. Schaut euch Mose, Hesekiel und Jeremia an. Jeremia verstand und antwortete mit seinem eigenen Leben auf das Elend der Leute. Er weinte. Er weinte tatsächlich so viel, dass er zu einem Schauspiel wurde, und immer noch als der weinende Prophet bekannt ist. Er hat nicht nur wegen der Wunden der Leute geweint, sondern auch, weil er noch viel größeren Schmerz kommen sah.

Hosea weinte ebenfalls. Gott versuchte, ihm den Ehebruch der Nation zu zeigen, wie sich das jüdische Volk von Gott abgewandt hatte, und wie sie vielen anderen Göttern nachliefen. Also gab Gott Hosea eine Frau, die sich von ihm abwandte, und vielen Männern nachlief. Er musste mit der Schande und dem Schmerz ihrer Übertretung leben. Heute verstehen wir nicht ganz, warum das, was Gomer (Hoseas Frau) tat, so schlimm war, und so furchtbar weh tat; in unserer Kultur ist Sex außerhalb der Ehe okay oder zumindest nicht ungewöhnlich. Für Hosea war Gomers Untreue eine Schande und eine Peinlichkeit, die ihn persönlich traf.

Und Jesus weinte.[1]

SHANE: In der Schrift geht es um einen Gott, der den Schmerz der Menschen fühlt, der die Schreie der Sklaven in Ägypten hört und sie rettet, der dauernd auf den Schmerz reagiert. Beim Kommen Jesu geht es darum, dass Gott in die Schmerzen hineinkommt. Jesus fing beim Schmerz an. Er kam nicht als der gefeierte Messias, den jeder erwartete. Er kam ungeahnt als der leidende Diener, das Flüchtlingsbaby, der heimatlose Rabbi ... der Gott, der leidet.

Zu häufig stehen Leiter mit den besten Absichten zu schnell auf und werden zur Stimme *für* die Stimmlosen statt eine Stimme *mit* den Stimmlosen zu sein. Wir gehen davon aus, die Leute würden nicht sprechen – nur weil ihre Stimmen nicht gehört werden. Die Wahrheit ist, dass Menschen am Rand häufig aus tiefster Seele weinen, klagen und aufschreien, doch der Rest der Welt hat die Hände auf den Ohren.

Leiter sind Leute, die beim Entfernen der Ohrenpfropfen und Augenklappen helfen können, damit wir alle das Leid anderer sehen und fühlen können; sodass der Schmerz uns berührt und wir gar nicht anders können, als die Lasten mitzutragen und die Tränen abzuwischen.

Die meisten großen sozialen Bewegungen in der Geschichte haben ähnliche Anfänge: Sie fangen mit Schmerz an und entwickeln sich dann auf den Straßen, in den Slums und den verlassenen Ecken der Welt … Orten wie Nazareth, von dem die Leute sagten, es könne nichts Gutes aus ihm kommen. Die Leute, die vom Leid am meisten betroffen und der Ungerechtigkeit am nächsten sind, geben die besten Leiter ab. Sie fühlen und verstehen die Probleme besser als jeder andere. Ich glaube, deshalb kam Jesus nicht einfach, um den Armen zu helfen; er kam *als* der Arme. Mutter Teresa sagte immer, wir können die Armen nicht verstehen, bis wir unter ihnen stehen und mit ihnen leben. Ich liebe den Vers im Römerbrief, der davon spricht, wie die Welt leidet. Dort steht, dass die ganze Schöpfung stöhnt, wie eine Mutter bei der Entbindung … und dann sagt Paulus so wundervoll: „Und wir haben begonnen, mit ihr zu *leiden*."[2] Jeder Leiter, der in diesem Ringen nicht zuhause ist, muss eine Pilgerreise in den Schmerz unternehmen.

John: Heute neigen Christen dazu, Leiter auf ein Podest zu stellen. Wir haben Pastoren von Megakirchen, Fernsehevangelisten und christliche Stars. Es ist schwer für einen Leiter, sich in den Schmerz von Menschen hineinzubegeben, wenn er ihn nur aus der Perspektive vor einer Kamera erlebt oder im Besprechungszimmer eines Vorstands. Wir erweisen Leitern damit manchmal einen schlechten Dienst. Wir denken, wir schützen sie, priorisieren ihre Zeit und tun ihnen was richtig Gutes damit, wenn wir sie doch in Wirklichkeit dadurch abschirmen oder die Information filtern, die sie bekommen. So entsteht eine Distanz zwischen ihnen und echten Menschen mit wirklichen Bedürfnissen. Weil wir immer einen packenden Slogan, eine positive Antwort, eine trendige Kampagne oder eine große Belohnung haben, setzen wir uns nicht mit den wirklichen Themen oder dem Kern der Sache auseinander. Ich will damit nicht sagen, wir sollten keine Slogans, Kampagnen oder Belohnungen haben. Und ich sage auch nicht, das Pastoren von Megakirchen nicht Leiter in der Gerechtigkeit sein können. Doch manche Leiter sprechen von diesem Ort des Leidens aus und andere sprechen einfach nur. Wir müssen anhalten und uns selbst fragen, was Showbusiness und was Gottes Business ist.

SHANE: Mitgefühl heißt aber nicht nur, „etwas wichtig zu nehmen". Es bedeutet auch, „Bauchschmerzen" zu haben – einem wird buchstäblich schlecht wegen der Ungerechtigkeit, das Leiden schlägt einem auf den Magen.

An einer Stelle sagt Jesus: Gesegnet sind die, welche nach Gerechtigkeit hungern – manche von uns haben das so oft gehört, dass es seine Kraft verloren hat, aber nach Gerechtigkeit zu hungern ist ein kraftvolles Bild. Gerechtigkeit ist nicht einfach nur etwas, von dem wir eben möchten, dass es geschieht. Es ist nicht nur irgendetwas, auf das wir hoffen, wie etwa ein neues Auto. Es ist etwas, das uns auszehrt. Ich denke, aus diesem Grund kann das Fasten (ohne Nahrung sein) so eine wichtige christliche Praxis sein – weil wir anfangen zu fühlen, unser Körper schmerzt ein wenig. Wir fühlen mit den zwei Milliarden hungernden Bäuchen auf der Welt. Das wirkt körperlich auf uns, dann emotional und geistlich. Nicht viele von uns hungern so nach Gerechtigkeit. Viele wollen Gerechtigkeit. Aber es ist etwas anderes, danach zu hungern, nachts wach zu liegen, weil es uns auszehrt, das Reich Gottes auf der Erde kommen sehen zu wollen. Leute wie Oskar Schindler im Nazideutschland, der über Tausend Juden gerettet hat, oder Paul Rusesabagina in Ruanda, der Leute während des Völkermords rettete ... sie wurden zu außergewöhnlichen Leitern, weil der Schmerz sie so berührte. Er verfolgte sie. Sie konnten nicht *nicht* leiten. Sie hätten sicherlich aus dem Chaos fliehen und sich selbst und ihre Familie retten können. Stattdessen riskierten sie ihr Leben, denn der Schmerz der anderen wählte sie – sie wurden durch das Leiden um sie herum „eingezogen" zur Leiterschaft.

Der Schmerz der anderen muss unser Schmerz werden. Es ist, als würde man sagen: „Das Evangelium tröstet die Verstörten und verstört die Bequemen." Wenn wir uns dem Leiden annähern, werden die Probleme und Kämpfe unsere eigenen. Wir teilen die Kämpfe unserer Nachbarn in der Potter Street. Meine Freunde Nate und Jenny Bacon haben mehr als einen Freund durch die Gewalt der Gangs in San Francisco verloren. Meine neuen Freunde von FreeSet in Kalkutta, Indien, haben viele Nächte damit verbracht, Frauen aus der Zwangsprostitution entkommen zu helfen. Im Hebräerbrief heißt es: „Denkt an diejenigen, die im Gefängnis sind. Fühlt mit ihnen, als wärt ihr selbst dort" (Heb. 13,3). Wir fangen an, etwas vom Schmerz der

Welt zu tragen. Darum geht es bei Jesus und das ist der Weg des Kreuzes, zu dem er uns einlädt. Wo der Schmerz ist, da gibt es auch den Schrei nach Freiheit.

Wir sollen nicht nur mit dem Schmerz und der Zerbrochenheit anderer im Kontakt sein, sondern uns auch unserer eigenen Zerbrochenheit stellen. Durch die Risse dringt das Licht ein.[3] Unsere eigenen Wunden zu kennen, bereitet uns auf das Leiten vor. Darum zieht Gott die Schwachen den Starken vor und gebraucht die Narren, um die Weisen vorzuführen. Aus diesem Grund kann er aus einem Durcheinander etwas Schönes machen. Die besten Leiter tragen Narben aus der Schlacht. Jesus selbst war ein verwundeter Heiler. Und es sind unsere Wunden, die uns ermächtigen, Heiler für andere zu sein. Die besten Seelsorgerinnen bei häuslicher Gewalt sind Frauen, die zuhause selbst missbraucht wurden. Die besten Lehrer auf dem Weg der Genesung sind die Süchtigen selbst. Und die kraftvollsten Stimmen für Gnade sind diejenigen, die selbst enorme Gewalt erlebt haben und noch immer in der Lage sind, zu vergeben.

Henri Nouwen prägte den Begriff „verwundeter Heiler". Er hat es so formuliert:

Mitgefühl wächst mit dem inneren Erkennen, dass dein Nächster das Menschsein mit dir teilt. Diese Partnerschaft durchdringt alle Mauern, die dich getrennt haben mögen. Über alle Landes- und Sprachgrenzen hinweg, über Reichtum und Armut, Wissen und Unwissen hinweg sind wir eins, erschaffen aus demselben Staub, denselben Gesetzen unterworfen und für dasselbe Ende bestimmt. Mit dieser Leidenschaft kann man sagen: „Im Gesicht der Unterdrückten erkenne ich mein eigenes Gesicht und in der Hand des Unterdrückers erkenne ich meine eigene Hand. Ihr Fleisch ist mein Fleisch, ihr Blut ist mein Blut, ihr Schmerz ist mein Schmerz, ihr Lächeln ist mein Lächeln. Ihre Fähigkeit zu Foltern ist auch in mir; ihre Fähigkeit zu vergeben finde ich ebenfalls in mir selbst. Es gibt in mir nichts, das nicht auch zu ihnen gehören würde; nichts in ihnen, das nicht auch zu mir gehören würde. Aus tiefstem Herzen kenne ich ihr Verlangen nach Liebe und in meinem tiefsten Inneren kann ich ihre Grausamkeit spüren. In den Augen eines anderen sehe ich mein Flehen nach Vergebung und in einem verhärteten Stirnrunzeln meine Weigerung. Wenn jemand mordet, weiß ich, dass ich das auch hätte tun können und wenn jemand etwas gebiert, weiß ich, dass ich auch dazu in der Lage bin. Ganz tief in meinem Sein treffe ich meine Mitmenschen, mit denen ich Liebe und Leben und Tod teile."[4]

John: Leiter müssen mit dem tiefsten Verlangen der Menschen in Kontakt sein, die ihnen nachfolgen sollen. Wir haben gesagt, das kommt häufig aus Schmerz, gemeinsamer Erfahrung und gleicher Hoffnung. Doch Leiter müssen zum Volk Gottes sprechen. Sie müssen auf dessen tiefste Sehnsüchte hören – nicht von etwas ausgehen, sondern auf das hören, was sie sagen.

Vor nicht allzu langer Zeit stand ich vor der Family Health Care Clinic in Mendenhall, Mississippi – das liegt ungefähr 35 Meilen südöstlich von Jackson. Wir hatten das Gebäude vor über 30 Jahren gekauft und integriert, und Denis Adams – ein brillanter, freundlicher Bruder in Christus aus New York – war dort die letzten 30 Jahre der ansässige Arzt. In den 1960ern und den frühen 1970ern hatten die Menschen ein Verlangen nach guter Gesundheitsfürsorge. Als Leiter hörten wir zu und fanden eine Möglichkeit, dieses Verlangen zu stillen – gemeinsam. Dieses Verlangen wird noch heute durch die Klinik gestillt.

Das ist die gute Nachricht! Die gute Nachricht ist die Antwort auf die Sehnsucht des Volkes. Welche Sehnsüchte hast du? Was ist dein größter Schmerz? Wonach sehnen sich deine Nachfolger? Wie lieblich sind auf den Bergen die Füße dessen, der frohe Botschaft bringt.[5] Wie kann unser Verlangen zu einer guten Nachricht werden? Und denke daran: All unser Verlangen kann nur in Jesus und seiner Kirche gestillt werden – seinem Volk im Leib Christi.

SHANE: Jetzt darfst du eine Liste schreiben. Nenne einige der Dinge, die dir genauso wie den Leidenden weh tun. Welche Dinge lassen dich nach der Gerechtigkeit hungern? Welche Dinge, die deiner Meinung nach Gottes Herz brechen und dich (und uns alle) nachts wach liegen lassen sollten? (Also du siehst, ich weiß, was eine Liste ist ... und es gibt wahrscheinlich mehr als drei Dinge, also schreib ruhig weiter, wenn du magst!)

1. _____

2. _____

3. _____

Anmerkungen

1. Schau dir mal Johannes 11,35 an. Die Vulgata sagt hier „et lacrimatus est Iesus". Jesus schrie buchstäblich, als er die Nachricht vom Tod seines Freundes Lazarus hörte.
2. Siehe Römer 8,22-23.
3. Abwandlungen dieses Satzes werden Augustinus und Johannes vom Kreuz zugeschrieben.
4. Henri Nouwen, *With Open Hands* (Notre Dame, IN: Ave Maria Press, 1995); deutsch: *Mit offenen Händen. Unser Leben als Gebet* (Herder, Freiburg, 1996).
5. Jesaja 52,7

GESPRÄCH 3

Die Vision

(EIN ZIEL VERFOLGEN)

John: Jesus sagte: „Folge mir nach" (Mt. 16,24). Er wusste, wohin er wollte, und warum Leute ihm folgen sollten. Wenn wir mutig genug sind, Leute zu fragen – ja, sogar erwarten –, dass sie uns folgen, dann reicht es nicht aus, zu wissen, dass es ein Problem gibt; wir müssen uns selbst auch fragen: *Wohin wollen wir die Leute führen?*

Leiter brauchen Vision. Meine dreht sich um Versöhnung. Shanes ist für die Armen. Damit wir unsere Vision ausleben können, müssen wir damit anfangen, uns wirklich eng mit Leuten und ihrem Schmerz zu identifizieren. Und wir brauchen eine Vision, die über den Schmerz hinausgeht in Richtung Versöhnung und Heilung. Wir müssen wissen, wohin wir gehen.

Menschen folgen Vision. Die meisten Christen folgen Christus wegen dem, was er gibt, – emotional, materiell und geistlich. Wenn wir wirklich ehrlich sind, würden die meisten von uns wahrscheinlich sagen, wir folgen hauptsächlich, weil wir in den Himmel kommen wollen – wir wollen ewig leben und wir wollen, dass es gut ist.

Jesus sprach mit so großer Sicherheit darüber, dass seine Nachfolger in den Himmel kommen, dass ich darüber nicht sehr viel nachdenke. Ich bin jemand, der ihm folgt, und deshalb kümmert er sich darum. Er gab uns auch ein Beispiel dafür, für die Geringsten zu sorgen, während wir hier auf der Erde sind, und das ist meine Motivation für den Alltag.

SHANE: Ich erinnere mich an die Zeit, als ich auf dem College war. (*So* lange ist das nun auch wieder nicht her!) Eines Tages sprach mein Professor, Tony Campolo, darüber, dass viele von uns mit ganz gemischten Motiven zu Jesus kommen. Er fragte: Wenn es keinen Himmel und keine Hölle geben würde, würdest du Jesus trotzdem folgen?" Wie John (und Tony) glaube ich an Himmel und Hölle. Ich bin begeistert über das Leben nach dem Tod ... doch letztlich habe ich mich nicht für Jesus entschieden, weil ich im Himmel eine Krone wollte oder Angst vor dem Tod und der Hölle hatte. Ich habe ihn gewählt, weil er gut ist. Er ist Liebe. Er ist Friede. Er ist alles, wonach sich mein Herz sehnt. Und er nimmt uns mit auf ein Abenteuer, das hier und jetzt beginnt, nicht irgendwann einmal, wenn wir sterben.

Ich bin überzeugt, dass Jesus nicht gekommen ist, um uns auf den Tod vorzubereiten; er kam, um uns das Leben zu lehren. Die Vision, zu der Jesus uns einlädt, ist nicht nur eine Vision über den Himmel ... mal ganz ehrlich, wie schwer kann es sein, unsere Feinde zu lieben, wenn wir im Himmel sind?! Jesus lehrt uns eine Vision über das Leben hier auf der Erde, in der uns die anderen nicht egal sind. Hier und jetzt ist wo und wann wir herausfinden müssen, wie wir die lieben können, die gegen uns sind. Das Königreich Gottes, von dem Jesus sprach, ist nicht einfach etwas, auf das wir hoffen, wenn wir sterben, sondern wir sollen es auf die Erde bringen, so wie es im Himmel ist. Es geht nicht nur darum, nach oben zu kommen, sondern darum, Gottes Reich herunterzuholen.

John: Als Jesus seine Jünger rief, verwendete er sehr sorgfältig gewählte Worte: „Folge mir nach". „Mir nachfolgen" heißt, mit mir zu sein und mich zu beobachten. „Mir nachfolgen" bedeutet, die Vision zu sehen, und sie als deine eigene anzunehmen. „Mir nachfolgen" beinhaltet, meine Worte zu hören und sie als deine eigenen auszusprechen.

Leiterschaft fängt also beim Identifizieren mit dem Schmerz der Menschen an, die du leitest. Ein Leiter muss eine Vision haben und in der Lage sein, Hoffnung zu sprechen. Und er oder sie muss beten. Aber das reicht noch nicht. Wir müssen unsere Vision mit Charakter und Werten ausleben; wir müssen ehrlich vor den Menschen und Gott leben.

SHANE: Das Leben eines guten Leiters verleiht seinen Worten Glaubwürdigkeit. Das Leben eines guten Leiters wird sein Evangelium. Das Leben des Johannes ist seine beste Predigt. Mutter Teresas bestes Buch ist ihr Leben. In ihrem Leben sind ihre Worte, ihre Theologie und ihre Politik verkörpert. Denk mal darüber nach. Sie wurde nicht zur Vorkämpferin für das Leben und die ungeborenen Kinder, weil sie mit einem T-Shirt herumlief, auf dem „Abtreibung ist Mord!" stand. Sie wurde Vorkämpferin, weil sie sich in schwierigen Situationen zu Frauen stellte und ihnen anbot, sie beim Großziehen ihrer Kinder zu unterstützen. Dieses Herangehen an den Schmerz der Abtreibung beinhaltet eine Integrität, die niemand anfechten kann. Selbst Präsident Bill Clinton lud sie ein, bei seinem Gebetsfrühstück zu sprechen. Hier eine nette kleine Geschichte inmitten meiner eher ernsten Angelegenheit: Ein Freund von mir, der auch bei dem Frühstück war, erzählte mir, dass die Organisatoren einen VIP-Platz für Mutter Teresa ganz vorn, direkt neben dem Präsidenten, reserviert hatten. Als das Essen serviert wurde, war der Stuhl leer und sie nirgends zu finden. Sie war hinten in der Küche und aß dort mit dem Küchenpersonal und den Bedienungen.

Zu viele Leute versuchen zu leiten, indem sie einfach Bücher schreiben oder predigen. Ihnen ist nicht klar, dass das der einfache Teil ist. Jeder kann ein Buch schreiben. Doch Worte auf Papier (selbst auf teilweise recyceltem Papier wie diesem Buch) werden nur lebendig, wenn sie ausgelebt werden – und wenn das Wort Fleisch wird. Wir leiten aus dem, wer wir sind. Und das Beste, was wir sagen können ist: „Wenn du wissen willst, was ich denke, dann sieh dir an, wie ich lebe."

> **Worte auf Bpier werden nur lebendig,
> wenn sie ausgelebt werden –
> und wenn das Wort Fleisch wird.**

Ich lege meinen Terminplan für´s Schreiben und Vorträge halten meiner Gemeinschaft, den Ältesten und engen Freunden bei The Simple Way vor. Ich habe da ein kleines Komitee, das alle Anfragen als Sprecher mit mir durchgeht; sie achten auf meine Zeit, sodass ich Zeit hier in der Nachbarschaft verbringe. Sie lassen mich nicht für mehr als zwölf Tage pro Monat außerhalb der Stadt verreisen. Sie stellen sicher, dass ich nicht einfach nur über das Evangelium spreche, sondern es auch lebe. Deshalb haben John und ich so ein wildes Leben. Wir teilen die Dinge nicht in sichere kleine Kategorien ein, wir haben keine Stempeluhr, als wäre das Evangelium einfach ein Job, bei dem man irgendwann Feierabend hat. Wir sind auf der Straße, in unserem Viertel und draußen, wo die Leute leben. Von manchen wird versucht, dem, was wir tun, ein Großstadt-, Gemeinschafts- oder Basisdemokratie-Etikett aufzudrücken. Wenn ich auf Jesus sehe, dann geht es einfach nur um das, was sinnvoll ist. Also lasst uns die Etiketten beiseitelassen und einfach das Evangelium leben.

Im Leben der Menschen präsent zu sein, hält uns im Kontakt, aber es lässt uns auch ehrlich bleiben. Selbst wenn ich reise, versuche ich jemanden dorthin mitzunehmen, wohin ich fahre. Jesus sandte die Jünger zu zweit aus, und darin lag eine Menge Weisheit. So macht man auch Jünger; sie sehen jeden Bereich deines Arbeitslebens – gut und hässlich, fröhlich und langweilig. Und sie bewahren uns auch darin, ehrlich zu sein. Wenn jemand aus deiner Gemeinschaft dabei ist und zuhört, dann hat das Auswirkungen darauf, wie du eine Geschichte erzählst. Da ist kein Raum, um „evangelistisch" zu sein und etwas zu übertreiben. Die Person bei dir wird sagen: „Nein, in Wirklichkeit ist es nicht so passiert. Wir haben an dem Tag nicht wirklich vier Tote auferweckt. Es waren nur zwei." Es ist wesentlich einfacher, als Solist unterwegs zu sein (und keine Rechenschaft ablegen zu müssen). Aber das hat nicht den Glanz einer kompletten Symphonie oder eines Gospelchors. Es scheint, als seien zu viele Leiter Solisten, und vermutlich sind deshalb so viele von ihnen einsame Menschen.

John: Den größten Schmerz empfinde ich, wenn ich in mein Viertel gehe – dem ärmeren Viertel von Jackson, Mississippi. Ich sehe das Geld, das durch Regierungs- und gemeinnützige Hilfe dort hineinfließt, und auch durch illegale Aktivitäten wie beispielsweise Drogen. Ich beobachte, wie das Geld ausgegeben und verschwendet wird. Jeder denkt, er brauche persönliches Zeug, das keine Bedeutung hat – Nikes, iPods und Plasmafernseher. Es gibt genügend Ressourcen, mit denen die wichtigen Dinge wie Bildung, bessere Wohnungen und Gesundheitsvorsorge erreicht werden könnten, aber so viele der Leute verwenden das nicht richtig, was sie haben.

**Im christlichen Leben geht es darum,
uns mit den Menschen zu umgeben,
die wir werden wollen.**

All die Verschwendung zu sehen, tut mir weh. Dasselbe passierte vor 70 Jahren, als ich in New Hebron, Mississippi, aufwuchs – etwas mehr als eine Stunde südlich von Jackson, auf dem Land. Wir waren Naturalpächter, aber um nebenbei etwas Geld zu machen, waren wir auch tief in Schwarzbrennen und Glücksspiel verstrickt. Es gab Geld, aber es war nur Geld. Es führte nirgendwo hin und erreichte nur wenig, was die Verbesserung der Lebensbedingungen der Menschen betraf. Ich wuchs also mit diesem Wirtschaftsmodell auf: Es war leicht, Geld zu machen und noch leichter, es sofort wieder für bedeutungslose Dinge auszugeben, die nur einen Moment der Befriedigung oder des Verdrängens der Wirklichkeit boten. Es ist viel schwieriger, nachzudenken und dein Geld so einzusetzen, dass etwas Gutes damit bewirkt wird. Es ist nichts verkehrt daran, sich bei Dairy Queen einen Milchshake zu holen. Aber brauchen wir wirklich jeden Tag einen? Wir alle brauchen Schuhe, aber muss es wirklich das Paar für 100 Dollar sein? Wir brauchen keine Drogen, wir brauchen nicht das Trinken und andere Süchte, die Geldbörsen und Leben leersaugen. Der Schmerz packt mich, wenn ich mir das Viertel nach diesen Wellen der Zerstörung ansehe, und dann muss man mit diesem Schmerz leben.

Als Antwort brauchen wir eine ganzheitliche Lehre – wir müssen uns um den Körper, die Seele, die Erfahrung, die Lebensqualität der Menschen im Viertel sorgen. Der Leiter ist symbolisch für das Problem, das anzusprechen Gott ihn oder sie berufen hat. Wir sind auch berufen, die Leute um uns herum herauszufordern. Shanes Entscheidung für seinen Kleidungsstil und seine Lebensweise fordern uns heraus, über unsere eigene Lebensweise nachzudenken und wie wir unsere Ressourcen einsetzen. Wenn nun ein Leiter die Leute sehr stark herausfordert, muss er vorsichtig sein. Er kann damit enden, als Witzfigur angesehen oder als Extremist abgeschrieben zu werden. Shane vermag über seine Kleidung und seinen Lebensstil hinweg zu sprechen. So ist er in der Lage, mit den Leuten in Kontakt zu bleiben und sie nehmen ihn ernst. Aber die Balance zu finden ist eine Herausforderung für Leiter.

SHANE: Natürlich gibt es immer Leute, die uns herausfordern, noch größere Integrität zu leben. Ich denke da an eine Konferenz, bei der ich als Sprecher eingeladen war. Ein Freund von mir sprach ebenfalls dort. Als ich ihn sah, lief ich auf ihn zu, um ihn zu umarmen. Mir fiel auf, das er furchtbar aussah – total rot im Gesicht, verschwitzt, zerrupft. Ich fragte mich, ob er eine Erkältung hatte oder so was in der Art und fragte ihn: „Du siehst ja mies aus, Bro. Alles klar?" Er grinste über beide Ohren und sagte: „Ja, Mann, ich bin bloß fertig, weil ich ungefähr 700 Meilen hierher geradelt bin. Ich halte einen Workshop über ‚Bewahren der Schöpfung' und war der Meinung, ich muss das praktizieren, was ich predige." Haha. Ich wurde rot, denn ich war gerade eben aus meinem Flugzeug stolziert und hatte mich beschwert, wie lang die Schlange am Security-Check in Philadelphia gewesen war.

Ich möchte mich mit Leuten wie diesem Typen umgeben, der mit dem Fahrrad zur Konferenz fuhr – Leuten, die mich antreiben, mehr zu riskieren, mehr zu lieben, mehr zu lachen. Im christlichen Leben geht es darum, uns mit den Menschen zu umgeben, die aussehen wie jemand, der wir werden wollen, Leuten, die uns auf der Reise vielleicht ein paar Schritte voraus sind.

Nach der Begegnung mit meinem Radlerkumpel habe ich mich hingesetzt und neu darüber nachgedacht, wie ich reise. Ich sah, dass es massenweise christliche Autoren und Sprecher gibt, die darüber sprechen, wie wir einfach und verantwortungsvoll leben sollen (Gott sei Dank), aber ich sah auch die Notwendigkeit, mehr daran zu arbeiten, unseren Worten Substanz zu geben. Viele von uns hüpfen in den Flieger und verbrauchen alle paar Tage jede Menge Treibstoff, damit wir zu weit entfernten Städten reisen und dort darüber sprechen können, dass wir gute Verwalter der Erde sein sollen. Mir wurde klar, dass ich etwas tun musste. Deshalb haben mein Radlerkumpel, ein paar Freunde und ich einen Vertrag geschlossen, den ich jetzt einsetze, wenn ich als Sprecher zu einer Veranstaltung eingeladen werde. Andere reduzieren ihren Spritverbrauch, um den

CO$_2$-Ausstoß meiner Reisen auszugleichen. Eine andere Gruppe von Sprechern und Autoren, der ich angehöre, versucht „zertifiziert grün" zu sein, sprich: Wir achten darauf, die Umweltbilanz unserer Reisen ausgeglichen zu halten. Ich gebe den Leuten alle möglichen Ideen, wie wir das machen können – Fahrradfahren, Fahrgemeinschaften, Benzinfasten, Bäume pflanzen ... Ich habe mich sogar von einer Gruppe von Mennoniten mit der Pferdekutsche abholen und mich 30 Meilen zu einer Veranstaltung fahren lassen. Es ist also immer mehr drin, und überall sind Leute, die das Evangelium in eine neue Dimension führen. Wir müssen uns selbst mit diesen Leuten umgeben, egal wie viele Jahre, Predigten oder Bücher wir auf dem Buckel haben. Wir schieben einander ein wenig näher dorthin, wo Jesus uns haben möchte, auch wenn das nicht heißt, dass wir alle am Ende genau das Gleiche tun ... Für mich jedenfalls wäre es ziemlich hart, 100 Meilen mit dem Rad zu fahren, geschweige denn 700.

John: Amen dazu. Versöhnung setzt Gleichheit voraus, dass alle Leute gleich sind. Damit Leute, die anders aussehen und ein anderes Leben führen, versöhnt werden, müssen wir uns erst versöhnen. Damit ich mich mit dir versöhne, muss ich Würde in dir spüren und sehen und dich nicht einfach nur akzeptieren, weil mir die Bibel das vorschreibt oder weil es bequem ist. Ich muss mich fragen: *Sehe ich dich wirklich als gleichwertig an?* Das kann manchmal einfach passieren, indem man etwas von Wert im Leben des anderen sieht, das wir gerne in unserem eigenen hätten. Statt eifersüchtig zu werden, wertschätzen wir bestimmte Fähigkeiten oder Charakteristiken, die wir in unseren Freunden sehen. So bereichert uns dieser Freund.

Leiter und Nachfolger sind ebenfalls gleich. Leiter müssen ihre Nachfolger mit Würde betrachten. Und Nachfolger müssen ihre Leiter als Menschen sehen, mit den gleichen Sehnsüchten wie sie selbst. Es muss auch Liebe zwischen Leitern und Nachfolgern existieren. Wenn Leiter und Nachfolger die jeweiligen Stärken wertschätzen und in Liebe die Schwächen abdecken, dann bereichern wir einander. Effektives Leiten und Nachfolgen ist niemals eine Einbahnstraße, wenn es um Respekt geht. Eine bestimmte Lebensqualität entsteht, wenn es Gleichheit gibt. Wenn Leute die Qualität in einem Leiter sehen, dann möchten sie folgen.

Erinnert ihr euch daran, wie Colin Powell seine Unterstützung für Barack Obama als Präsident erklärte? Powell war Republikaner. Er hatte unter George W. Bush als Staatssekretär gearbeitet. Weshalb sollte er also einen Demokraten unterstützen? Ich denke, er sah in Obama eine Qualität, der er folgen wollte. Obama verströmte Hoffnung auf Veränderung. Powell sah Vortrefflichkeit in der Weise, in der Obama sich gab. Er hörte es in seinen Worten. Egal, ob man nun seiner Politik zustimmt oder nicht, das ist es, was eine Menge Leute in ihm sehen, und warum sie ihm folgen. Nun ist Obama nicht Johannes der Täufer, aber ich denke, wir sehen dieselbe Dynamik in der Schrift. Menschen folgten Johannes wegen seiner kraftvollen Botschaft und seiner charakterlichen Qualitäten. Was über Johannes gesagt wird, das wird von keiner anderen Person berichtet – dass er „schon vor seiner Geburt mit dem Heiligen Geist erfüllt" war (Lk. 1,15). Das war der Geist der Wahrheit, des Opfers, der Selbstlosigkeit, des Muts, der Ehrlichkeit und all der anderen heilenden Tugenden.

SHANE: Die Schrift hat eine Menge darüber zu sagen, dass ein Baum an seiner Frucht erkennbar ist und über die verschiedenen Früchte des Geistes – Dinge wie Liebe, Freude, Friede, Geduld, Freundlichkeit, Güte, Sanftmut, Treue und Selbstkontrolle. Es scheint, dass es immer ein gesunder Lackmustest ist, nach diesen Früchten Ausschau zu halten, wenn wir die guten Leute ausfindig machen möchten, denen wir folgen, beziehungsweise an denen wir uns ausrichten.

Gibt es da Frucht? Sieht diese Frucht wie der Charakter Gottes aus? Wir können alles Mögliche christlich nennen, aber die wirkliche Frage ist: Sieht es aus wie Jesus? Als ich 2003 im Irak war, war es für mich schmerzlich, all die Dinge zu sehen und zu hören, die im Namen Gottes begangen wurden; Jesus muss ganz schlecht davon geworden sein. Ich erinnere mich an Iraker, die die Leiter der USA als „christliche Extremisten" bezeichneten, genauso wie wir islamische Leiter als „muslimische Extremisten" bezeichnen. Eine irakische Mutter sprach davon, dass sie Gott aufgegeben und sowohl dem Islam als auch dem Christentum abgeschworen habe. Sie sagte: „Ihre Regierung tut schreckliche Dinge im Namen Gottes und bittet um Gottes Segen für diesen Krieg. Das gleiche macht meine Regierung. Meine Frage

ist, welcher Gott möchte das segnen?" Was ist mit dem Gott
der Liebe passiert, mit dem Friedefürst? Was in Situationen wie
dem Irak auf dem Spiel steht, ist nicht nur der Ruf Amerikas,
sondern auch der des Christentums. Und das hat in jeder Hinsicht etwas mit Leiterschaft zu tun ...

Wenn wir Leiter haben, die sich selbst stark mit Christus
identifizieren, sich öffentlich dann aber auf eine Weise verhalten, die nicht nach Christus aussieht, wird das für die Leute sehr
verwirrend. Ich will nicht auf George Bush und dem Irakkrieg he-
rumhacken. Bill Clinton beging Ehebruch. Ich sage nicht, auf Ab-
wege geratene Leiter sollten geächtet werden, oder dass wir
sagen sollten: „Sie sind keine echten Christen" oder etwas in der
Art. Aber wir können sagen: „Auch wenn du Christ bist – das,
was du getan hast, sieht nicht nach Jesus aus." Damit laden wir
zu Bekenntnis und Buße ein und bieten wiederherstellende Gerechtigkeit an, indem wir den strauchelnden Leiter mit Gnade
umgeben. Aber wir nehmen es nicht auf die leichte Schulter,
wenn diejenigen in Führungspositionen öffentlich Gott beschämen und unseren Glauben falsch darstellen.

> **Wir laden zu Bekenntnis und Buße ein
> und bieten wiederherstellende
> Gerechtigkeit an, indem wir den
> strauchelnden Leiter mit Gnade umgeben.**

Die Schrift hat eine Menge darüber zu sagen, dass wir eine öffentliche Plattform ernst nehmen sollen und macht deutlich,
dass Leiter sehr streng gerichtet werden, wenn sie ihre Machtposition missbrauchen. Sicherlich, am Ende triumphiert Barmherzigkeit immer über das Gericht. Das ist die gute Nachricht.
Dennoch können wir deswegen nicht Gnade billig machen und
Fehlgriffe wie Ehebruch und die Invasion des Irak entschuldigen
... und die Liste geht weiter. Wir müssen immer den Geist dessen
prüfen, was wir sehen ... es Jesus entgegenhalten und sehen, ob
es Bestand hat. Einen Baum erkennt man an seiner Frucht. Ich
spreche die Bezeichnungen der Frucht des Geistes aus – sage sie
eine nach der anderen, mehrmals am Tag. Ich bete, dass sie in
mir leben und bei jedem Austausch aus mir herauskommen sol-

len. Ich habe sie sogar an die Wand meiner Kapelle geschrieben und sie auf vier Holzbrettern am Fenster unseres Gemeinschaftshauses aufgehängt.

Ich denke, die frühen Christen hatten Recht. Sie sagten: „Wenn jemand ein Heiler ist, dann soll er nicht rumlaufen und es sagen, sondern es zeigen."[1] Wenn jemand ein Prophet ist, erkennt man das nicht daran, dass er es behauptet, sondern an der Frucht seiner Prophetie. Baut sie auf? Trifft sie ein? Wer spricht? Meine Pfingstfreunde spotten darüber, dass in manchen Kirchen dieselben drei Männer genau dieselben drei Prophetien seit Jahren im Gottesdienst ablassen. Ich vermute, jeder kann behaupten, er sei ein Prophet und vielleicht ist sogar jemand davon erbaut, aber was wirklich zählt, ist die Frucht!

Jeder kann behaupten, er sei ein Leiter. Jeder kann sagen: „Hey, ich habe eine tolle Idee, wie wir Brunnen in Kambodscha bauen können." Und andere können haufenweise Geld für Brunnen in Kambodscha einsammeln. Und wieder andere machen tolle Websites über Brunnen in Kambodscha. Aber es bleibt eine gute Idee, bis irgendjemand tatsächlich etwas riskiert und zu den Leuten nach Kambodscha geht. Wie John sagt, es kann sogar eine gute Idee sein. Aber ein echter Leiter hat mehr als eine gute Idee ... Er oder sie hat Nachfolger, die darauf brennen, eine Vision mit allen möglichen Fähigkeiten und mit Leidenschaft umzusetzen. Und ein echter Leiter ist der Erste, der jemanden erkennt, der besser als er oder sie selbst in der Lage ist, das Projekt zu leiten. Er wird auch der Erste sein, der beiseite tritt und folgt.

John: Leiter brauchen Vision. Aber nicht nur irgendeine Vision. Sie muss inspirierte Weitsicht sein – ein großer Traum. Die Schrift entsprang nicht einfach dem Denken eines schlauen Menschen. (So schlau sind Menschen nicht.) Das war prophetisch, von Gott gegeben. Genauso muss unsere Vision von Gott und aus seinem Wort kommen. Leiterschaftsliteratur über Vision kann helfen. Aber sie kann auch in die Irre führen. Wenn wir einen Persönlichkeitstest machen, eine Liste unserer Ziele erstellen und uns motivieren, aber das alles mit eigener Willenskraft machen, dann führt das, wenn es denn ans Ziel kommt, nur zur eigenen Genugtuung, nicht zu echter Veränderung. Wenn unsere Leiterschaft nur uns selbst zufriedenstellen soll, dann werden wir letztlich nicht viele Nachfolger haben. George Barna schreibt in *The Power of Vision*: „Gott räumt uns ausgiebigen Handlungsspielraum und Kreativität beim Artikulieren, Verbreiten und Implementieren der Vision ein, aber wir sollten nicht vergessen: Visionäre Leiter erhalten ihre Vision für den Dienst von Gott."[2]

Wenn wir eine Vision von Gott bekommen – und wir sicher sind, dass sie von Gott ist – dann macht es einfach Sinn, unser ganzes Leben in diese Vision zu investieren. Aber woher wissen wir, ob sie tatsächlich von Gott ist? Wir sollten damit anfangen, uns selbst zu fragen: *Entspricht diese Vision Gottes Wort?* Das Wichtigste, was wir tun können, ist unsere spezielle Vision am Wort Gottes auszurichten ... denn Gottes Plan für unser Leben kommt aus dieser Nebeneinanderstellung.

Egal wie aufregend die Vision ist (und wenn sie von Gott kommt, dann ist sie aufregend), wir müssen immer daran denken, wer sie geschaffen hat. Manchmal machen wir Projekte und Strukturen zu etwas, das wichtiger wird als die Vision selbst oder der, der sie uns gab. Nehmen wir zum Beispiel die Familie. Wir müssen verstehen, dass aus Gottes Sicht die Familie das Instrument für Reproduktion und Nähren in der Welt ist. Damit dieses Ziel erreicht wird, sind Häuser, Disziplin und Struktur nötig. Doch wir dürfen dieses Streben nicht die ursprüngliche, größere Vision verdrängen lassen. Gott möchte, dass wir für die Familie sorgen, doch unsere Bemühungen, die diese Versorgung sichern, sollten niemals wichtiger werden als die Familie selbst.

Nun sieh dir einmal das größere Bild der Familie Gottes an. Die Vision der Familie Gottes fußt auf Evangelisation und Nähren. Wir verlieren diese Ausrichtung, wenn wir zu viel mit Gebäuden, Budgets und Institutionen herummachen. Warum bauen wir größere Kirchen, wenn wir Schwierigkeiten damit haben, die Leute zu nähren, die bereits zu uns kommen? Zu häufig haben unsere Visionen dazu geführt, Institutionen zu schaffen und nicht Leute zu entwickeln. Wir müssen die Ausrichtung auf das Volk Gottes behalten – sie mit Gott und miteinander zu versöhnen.

Tom Skinner sprach einmal darüber, wie Menschen eine ursprüngliche Vision verzerren, und gebrauchte dabei das Beispiel der Schöpfer des Eisenbahnsystems. Diese Leute begründeten ihren Erfolg mit einer Vision, ein System zu schaffen, das Güter in Amerika von einer Küste zur anderen befördern würde. Als sie anfingen, waren sie „Transportleute" und träumten von neuen Wegen, um Leute und Gegenstände von einem Ort zum andern zu bringen. Als jedoch das System wuchs und effektiver wurde, veränderten sie sich von Transportleuten zu „Eisenbahnleuten" und verloren in der Folge ihre ursprüngliche Vision. Statt über den Transport von Leuten und Gütern zu sprechen, fingen sie an, sich durch ihre Schienen, ihr Netzwerk, zu definieren.

Später kam Präsident Eisenhower daher und baute ein Netzwerk von Autobahnen durch Amerika. Nun konnten die Leute ihre Produkte bis an ihre Haustüre bekommen. Das Schienensystem war nicht länger für den Transport von Gütern und Menschen unbedingt notwendig, denn jetzt gab es eine bessere Möglichkeit. Obwohl heute die Schiene immer noch eine Rolle in der Wirtschaft spielt, ist sie lange nicht mehr das System, das sie einmal war. Die Eisenbahnleute waren kurzsichtig, ihnen fehlte die Vorausschau, und in der Folge verloren sie ihre ursprüngliche Vision für Transport.

SHANE: Vision ist nicht genug. Ich denke an den Turm von Babel. Es hat vielleicht damals nach einer guten Idee geklungen, und ohne Zweifel trieben gute Visionäre und Leiter das Projekt voran. Die Babylonier hatten wahrscheinlich einen fantastischen Entwicklungsdirektor. Aber sie hatten auch ein großes Problem: Sie dachten, sie könnten sich selbst einen Namen machen. Sie dachten, es wäre ihre Pflicht, Himmel und Erde zu verbinden ... was für die Paparazzi vielleicht eindrucksvoll gewesen sein mag, aber Gott war nicht beeindruckt. Er ließ den Turm einstürzen und zerstreute sie.[3] Sie konnten nicht einmal mehr miteinander kommunizieren (daher kommt unser Wort „Gebabbel").

Die einzige Hoffnung für Versöhnung lag in Gott – das Einzige, was Himmel und Erde miteinander verbinden konnte (und das ist auch heute noch das Einzige). Die einzige Hoffnung, einander wieder zu verstehen, wäre eine mächtige Bewegung des Heiligen Geists. Das ist genau, was an Pfingsten passierte, als die aus unterschiedlichen Sprachgruppen stammenden Leute einander plötzlich wieder verstehen konnten.[4]

Gott scheint eine Aversion gegen Macht zu haben ... nicht weil die Leute eine Bedrohung für ihn sind, sondern füreinander. Im Fall Babylons war es nicht ein Mangel an Leiterschaft oder

Vision, der die Leute zerstörte. Sie wurden zerstört, weil die Vision ein Götze geworden war, und umgestürzt werden musste.

Ich erinnere mich selbst oft daran, dass es Gottes Werk ist und nicht meins. Was wir in Nord-Philly machen, ist Gottes Werk, nicht unseres. In *Jesus for President* schreiben Chris Haw und ich:

> Wir haben einen Gott, der die Welt durch Kleinheit betritt – ein Flüchtlingsbaby, ein heimatloser Rabbi, die Lilien und die Spatzen. Wir haben einen Gott, der das kleine Opfer von ein paar Münzen einer Witwe mehr schätzt als die Megaspende von Millionären. Wir haben einen Gott, der durch kleine Leute spricht – ein stotternder Sprecher namens Mose; der sture Esel Bileams; eine lügende Bordellbesitzerin namens Rahab; ein ehebrecherischer König namens David; ein zwielichtiger Haufen von Jüngern, die betrogen, zweifelten und verleugneten; und ein bekehrter Terrorist namens Paulus.[5]

John: Leiter müssen sich über die Zukunft Gedanken machen. Sie sollten darüber nachdenken, darüber beten, darüber mit anderen sprechen und sie sich vorstellen. Wahre Leiter müssen sich eine bessere Zukunft vorstellen. Das ist prophetisch. Ein guter Leiter ist in der Lage, die Hoffnung, den Traum seinen Nachfolgern zu kommunizieren. Martin Luther King hat das getan. Mutter Teresa hat es getan. Billy Graham tat es. Shane Claiborne tut es.

In Sprüche 29,18 steht: „Wenn keine Offenbarung (Vision) da ist, verwildert ein Volk". Wir brauchen Hoffnung für die Zukunft. Der Leiter ist derjenige, der die Vision empfängt und trägt, sie artikuliert und Menschen hilft, sie als ihre eigene anzunehmen. Die meisten Nachfolger sehen nur Teile dessen, was vor ihnen liegt, doch ein Leiter hat das, was ich volles Wissen oder ein komplettes Bild nenne. Jeder kann einzelne Bäume in einem Wald erkennen; der Leiter muss den ganzen Wald sehen. Nicht nur muss der Leiter jeden Baum, Hügel, jedes Tal, jeden Spalt und Strom sehen, sondern er muss auch in der Lage sein, die Leute auf einem Pfad zu führen, sie in die richtige Richtung zu weisen und mit ihnen durch den Wald zu gehen. Ein Leiter muss das vorhersehen, was voraus liegt. Nicht nur das Jetzt –

nicht nur im Moment leiten und leben. Wenn die Sonne hell scheint, dann wollen wir vielleicht alle aufspringen und an den See zum Schwimmen gehen. Wir machen uns keine Sorgen darüber, wo wir eine Übernachtungsmöglichkeit finden werden. Ein guter Leiter aber denkt voraus und weiß, die Sonne wird untergehen. Und er bereitet sich vor.

Anmerkungen

1. Society of Brethren, Eberhard Arnold, Hrsg., *The Early Christians: In Their Own Words* (New York: Plough Publishing House, 1998).
2. George Barna, *The Power of Vision: Discover and Apply God's Plan for Your Life and Ministry* (Ventura, CA: Regal Books, 2009), S. 28.
3. Die ganze Geschichte findet sich in 1. Mose 11
4. Siehe Apg. 2
5. Shane Claiborne und Chris Haw, *Jesus for President: Politics for Ordinary Radicals* (Grand Rapids, MI: Zondervan, 2008); deutsch: *Jesus for President: Kompromisslose Experimente in Sachen Politik* (Gießen, Brunnen-Verlag, 2009).

Gespräch 4

Nachfolgen

(Entscheiden, wem man folgt)

SHANE: Wir fangen alle als Nachfolger an. Aber wem sollen wir folgen? Das ist eine gute Frage.

John: Es ist so wichtig, weise *zu wählen*, wenn man entscheidet, wem man folgen möchte, und sich nicht einfach so jemandem anzuschließen. Nachfolger können beauftragt werden, einen Esel zu holen oder bei der Beseitigung der Folgen eines der verheerendsten Hurrikans der bekannten Geschichte mitzuarbeiten.

SHANE: Wem bin ich gefolgt? Ich habe versucht, Leuten zu folgen, die mich an Jesus erinnern. Ich sehe mir Männer und Frauen an, deren Integrität im Leben ich bewundere. Und es gibt so viele. John ist einer davon.

Ich wusste damals, vor ungefähr zehn Jahren, als ich neu im Vorstand von CCDA war, dass ich angreifbar war, und aus einem anderen Hintergrund kam. Deshalb bat ich John: „Wenn du jemals hörst, dass ich irgendetwas sage, bei dem du mich korrigieren musst, dann mach es. Und wenn du jemals denkst, ich sollte weniger reden, dann sag mir, ich soll weniger reden." Weißt du, wenn er mir sagen würde, ich soll nicht so viel schreiben, dann würde ich aufhören, so viel zu schreiben. Ich möchte einem Ältesten untergeordnet sein, und als weißer Mann wollte ich einen afroamerikanischen Ältesten als Mentor.

Diese Art von Unterordnung unter Männer und Frauen, die weiser sind als ich, hat mich geformt. Sie hat mich verändert und stärker gemacht. John nahm mich nach meinem ersten Buch, als es eine ganze Menge an frischem Medienrummel gab,

beiseite und fragte mich, wie es meiner Seele gehe. Und er erinnerte mich daran, sicherzustellen, dass ich die Menschen nicht
zu mir selbst oder meiner Vision einer Revolution führte, sondern zu Jesus und seiner Revolution. Das war ein gutes Wort,
das ich niemals vergessen werde.

Tony Campolo ist ein weiterer Mann des Glaubens und der
Integrität, dem ich folge. Er war einer der Ersten, die mich lehrten, dass Gott zu lieben und meinen Nächsten zu lieben zusam-
mengehören. Tony war mein Professor an der Eastern University, an der ich Soziologie studierte. Er ist noch immer ein enger
Freund und Mentor. Ich habe so viele Campolo-Geschichten,
dass ich gar nicht weiß, wo ich anfangen soll. Ich hatte einige
Kurse bei ihm, bei denen er unsere Arbeiten maßschneiderte –
eine meiner Aufgaben war es, das Problem der Obdachlosigkeit
in Philadelphia zu analysieren und darüber zu schreiben ... aber
ich musste die Arbeit schreiben, als sei ich Friedrich Nietzsche.
Ich erinnere mich daran, wie ich sechs Stunden hintereinander
Tony hatte. Er predigte Dinge (und spuckte sie aus) wie „Du bist
so jung wie deine Träume und so alt wie dein Zynismus ... und
ich bin jünger als jeder von euch." Gutes Wort, oder, John? Tony
hat uns wirklich herausgefordert. Mit einfachen Antworten hat
der sich nicht zufriedengegeben. Einmal debattierte er mit Studenten so aggressiv, dass sie zu weinen anfingen (es gab auch
ein Publikum). Das sorgt für starke Denker ... wie ein Football-
Trainer. Was will man mit einem Lehrer, der einen mit lahmen
Argumenten durchkommen lässt. Man will doch auch nicht,
dass einen der Papa beim Schach gewinnen lässt.

Ein anderes Mal ging Tony das soziologische Konzept des
„Looking-glass Self" von Charles Cooley durch, wonach wir alle
verschiedene Masken und Fassaden tragen, mit denen wir uns
anderen zeigen. Er sprach über Authentizität und Transparenz in
der Leiterschaft und sagte, keiner ist *wirklich* vollständig ehrlich
darüber, wer er ist. Eine tapfere junge Frau hob ihre Hand und
sagte: „Mein Pastor schon ..." (kein guter Ansatz, ein Argument
zu beginnen). Sie sprach darüber, dass er völlig ehrlich und transparent sei. Tony schoss zurück (vor einem Publikum von über
hundert Leuten): „Masturbiert dein Pastor?" Es war still (bis auf
etwas Kichern). Er fuhr fort: „Ich bin mir sicher, dass er es macht,
aber er spricht nicht am Sonntagmorgen drüber oder wenn er
sich mit dem Gemeindevorstand trifft." So also ist Tony.

Tony macht es denjenigen, die er bewundert, aber ebenfalls nicht leicht. Im zweiten Jahr an der Eastern gab es eine Krise in Philadelphia. Obdachlose Familien wurden aus einer leerstehenden Kathedrale geräumt, in der sie lebten, und das entzündete eine große Studentenbewegung an unserer Uni, bei der etwa Hundert von uns praktisch bei ihnen einzogen und sich einer möglichen Verhaftung gegenübersahen. (John erwähnte das in der Einführung.)

Tony stellte sich hinter uns und erzählte mir, ich dürfte den Unterricht verpassen, solange ich über die Soziologie, die ich lernte, Arbeiten schreiben würde. Und dann lud er eines Tages meinen Freund und mich ein, bei ihm im Unterricht zu sprechen. Wir fühlten uns geehrt und tauchten begeistert dort auf, weil wir eine leidenschaftliche Bitte um Unterstützung abliefern und ein paar bewegende Geschichten erzählen wollten. Aber Tony hakte sofort nach: „Habt ihr mit der katholischen Erzdiözese gesprochen, der die Kathedrale gehört? Ich bin sicher, das sind keine bösen Menschen. Was ist ihre Seite der Geschichte? Sind sie haftbar? Was passiert, wenn es brennt? Was, wenn ein Kind missbraucht wird? Wie verhalten sich die Familien? Was ist euer Endziel?" Am Ende weinten wir praktisch, aber Jahre später lernte ich genau die Art von Charakter und Weisheit zu schätzen, die Tony uns eintrichterte. Und außerdem durften wir uns ein paar Jahre später revanchieren.

> **Wir hatten einige ernste Debatten über die letzten Wahlen, wie man sich engagiert. Wir waren unterschiedlicher Meinung. Und es war wundervoll.**

Wir hatten ein paar richtige Meinungsverschiedenheiten mit Tony über einige Dinge, die er gesagt hatte, und setzten uns zusammen. Ich erinnere mich, Tony mit den Worten herausgefordert zu haben, wie lange es denn schon her sei, dass er mal was mit einem Obdachlosen gemacht, oder einem Kind bei den Hausaufgaben geholfen habe. Ich war etwas anmaßend, aber Tony hörte zu und antwortete. Er bat uns sogar, ein paar Freunde mitzubringen, die obdachlos waren, um ihn zu treffen und

ihm beim Vorbereiten einer Predigt zu helfen. Das ist gute Leiterschaft – niemals schüchtern, noch stolz ... bereit, herauszufordern und herausgefordert zu werden. Bis heute erhalte ich
häufig E-Mails von Tony, wie von einem Vater, in denen er mir
sagt, wie sehr er mich liebt und wie stolz er auf mich ist. Aber,
wenn er irgendwann einmal nicht meiner Meinung ist, oder
mich anpfeifen will, dann zögert er nicht. Wir hatten wirklich
einige ernste Debatten rund um die letzte Wahl und wie man
sich engagiert. Wir waren unterschiedlicher Meinung. Und es
war wundervoll.

Ich bin auch ein Nachfolger von Mutter Teresa. Nach dem
College fragte ich mich: „Wo kann ich lernen, indem ich Gott bei
der Arbeit zusehe?" Mutter Teresa war einer dieser Menschen,
die die Welt mit Gottes Liebe faszinierten. Sie war eine Leiterin
und auch noch eine unfreiwillige Leiterin. Ich schrieb ihr einen
Brief und sprach am Ende mit ihr am Telefon. Dann reiste ich
nach Indien. Es gibt da mehr Geschichten, als hier Platz haben,
aber ich erzähle das alles ausführlich in meinem Buch *Ich muss
verrückt sein, so zu leben* (noch eine Sache, die ich von John gelernt habe: ab und zu etwas Werbung für meine Bücher zu machen. John sagt: „Wenn's nicht wert ist, beworben zu werden,
war's auch nicht wert, geschrieben zu werden.")

Eine der Geschichten, die ich nicht so oft erzählt habe, hat
mit diesem Gedanken zu tun, dass Leiter in der Lage sind, das
Beste aus anderen herauszuholen. Als ich in Kalkutta war, erzählte mir eine der Ehrenamtlichen dort, dass sie mit ihrer Sexu-
alität kämpfe. Sie war lesbisch und hatte alle möglichen Fragen
darüber, warum sie von Frauen angezogen wurde und wie sie
ein heiliges Leben führen könnte. Sie erzählte mir also, dass sie
mit Mutter Teresa darüber reden wollte. *Hey, warum auch nicht?*

Am nächsten Tag fragte ich sie, wie's gelaufen sei. Was hatte ihr Mutter Teresa gesagt? Sie sagte: „Mutter hat mir nur zugehört und mich gehalten ... und dann fragte sie mich, ob ich
morgen in der Messe die Schriftlesung machen würde." Es war
eine große Ehre, von Mutter Teresa gebeten zu werden, aus der
Schrift zu lesen. Es war, als würde sie Gott einladen, sich weiterhin zu bewegen und seine Arbeit in dieser Frau fortzusetzen,
während sie die Schrift vorlas. Und Mutter Teresa schien die feste Zuversicht zu haben, dass man dem Heiligen Geist zutrauen
konnte, in dieser Art von Dingen zu leiten, zu überführen und sie

in Ordnung zu bringen. Wie Billy Graham gesagt hat (tatsächlich, als er genau zu diesem Thema der Homosexualität gefragt wurde): „Es ist Gottes Aufgabe, zu richten; es ist die Aufgabe des Geistes, zu überführen; und es ist meine Aufgabe, zu lieben." Vielleicht machte das Mutter Teresa zu so einer großartigen Leiterin: Sie wusste, dass sie nicht Gott war. Und dass es ihre Aufgabe war, Menschen zu ermutigen, sich näher auf Jesus hin zu bewegen. Christliche Leiter waren oft genug genau die Hindernisse, die Menschen von einem Schritt auf Jesus zu abgehalten haben.

Es war also ein Geschenk, mit Mutter Teresa zu arbeiten. Als ich sie beobachtete und mit ihr unterwegs war, lernte ich sie als eine Person kennen, die aus ihrer Leere, Güte und Treue heraus führte. Nach ihrem Tod haben wir alle von ihrer Glaubenskrise gehört – ihren Zweifeln und ihrem Kampf mit Gott. In *Komm, sei mein Licht!* schreibt sie über ihre Einsamkeit und ihre Fragen.[1] Ich denke, sie kam Christus und den Armen so nahe und spürte den Schmerz und das Leid so tief, dass es beinahe so war, als wäre sie völlig verlassen, wie es Christus am Kreuz war.

Aber sie zweifelte niemals an Gottes Liebe und Treue. Sie sprach oft darüber, wie erstaunlich es war, dass Gott sie so einflussreich gemacht hatte und was für eine große Verantwortung damit verbunden war. Eines der klassischen Zitate von ihr: „Ich weiß, Gott gibt mir nicht mehr, als ich bewältigen kann ... ich wünschte nur, er würde mir nicht so sehr vertrauen." Bei anderer Gelegenheit fragte sie ein Journalist, ob sie verheiratet sei (wenn man es überlegt: eine ziemlich komische Frage an eine Nonne), und ihre Antwort war brillant: „Ja, bin ich. Und mein Ehemann kann ziemlich anspruchsvoll sein." Aber es gab keinen Moment, an dem sie dachte, ihre Arbeit gehöre ihr – sie beklagte sogar, dass die Leute ihr folgten. Das ist ein ziemlich gutes Zeichen dafür, dass ihre Motive rein waren und weshalb sie wahrscheinlich auch eine Person war, der Gott sicher vertrauen konnte. Die besten Leiter kämpfen immer mit dieser Art von innerem Widerstand. Mutter Teresa schrieb dauernd in ihr Tagebuch: „Mehr von Dir, weniger von mir. Denn je mehr Ehre ich bekomme, desto weniger bekommt Jesus." Einmal wurde sie von einem Reporter gefragt: „Wird Ihre Arbeit Sie überleben?" Sie wies die Frage still und respektvoll zurück: „Das geht mich nichts an." Es war, als würde sie sagen: „Das ist Gottes Angelegenheit."

Das ist eine Lektion für uns alle. Es ist Gottes Arbeit, nicht unsere. In dem Moment, in dem wir das aus den Augen verlieren, kommen wir vom Kurs ab. Es ist ein gefährliches Zeichen.

Nachdem Mutter Teresa gestorben war, fragte mich ein Reporter: „Wird der Geist von Mutter Teresa weiterleben?" Ich antwortete: „Der Geist von Mutter Teresa starb vor langer Zeit. Was die Menschen an Mutter Teresa geliebt haben, ist der Geist Jesu in ihr, und der wird ewig leben." Ich würde dasselbe über John Perkins sagen. Es gibt in seinem Leben oder Zeugnis alle möglichen kantigen Stellen, aber ultimativ ist es Gottes Werk.

Wir haben einige Hinweise von Mutter Teresas Leiterschaft aufgegriffen. In unserer Satzung bei The Simple Way schreiben wir: „Das ist das Werk Gottes, deshalb ist Gott verantwortlich dafür, es erblühen oder enden zu lassen. Und so oder so jubeln wir, denn wir wissen, dass es um Gottes Werk geht."

Heute haben wir so viele Leute, denen wir folgen. Jemand hat mal gesagt, wir stehen auf den Schultern großer Männer und Frauen Gottes. Das ist wahr, doch manchmal schätzen wir das nicht. Wir hängen uns zu sehr am neuesten Skandal oder der starrköpfigen, gesetzlichen Handlung eines Pastors oder Kirchenmitglieds auf und vergessen, dass Kirche größer ist als das. Klar, es ist ein Schlamassel. Menschen sind ein Schlamassel. Aber wir sind alle besser als die schlimmsten Dinge, die wir tun. Und so wie wir in den schlimmsten Sündern das Böse erkennen können, zu dem Menschen fähig sind, so können wir auch die Güte, zu der wir fähig sind, in den Heiligen erkennen.

Nicht alle meine Lehrer und Leiter und Helden und Heldinnen haben Namen, die man kennt. Meine Mama ist eine meiner besten Freundinnen und treuesten Unterstützerinnen. Meine Nachbarn gehören zu den am härtesten arbeitenden Leuten, die ich je getroffen habe und überwinden die größten Hindernisse. Und natürlich ist da Schwester Margaret. Sie ist eine 80-jährige katholische Nonne, mit der ich eine Menge heiligen Unfug angestellt habe. Wir waren zusammen im Gefängnis, weil wir gegen schlechte Gesetze wie die Verordnungen gegen Obdachlose hier in Philadelphia protestierten, und unsere Körper der Ausführung von Todesstrafen entgegengestellt haben. Ich denke mir, wenn ich schon ins Gefängnis muss, dann sollte ich eine Nonne neben mir haben. Ich habe gesehen, wie sie bösartigen Leuten in die Augen gesehen hat und ihnen zugeflüstert hat, dass sie besser seien, als die bösen Dinge, die sie tun. Sie kann das Bild Gottes in Menschen finden, die andere abgeschrieben hätten.

John: Wem folge ich? Was sind die Dinge, nach denen ich bei einem Leiter Ausschau halte? Ich bin meinen Freunden im Laufe meines Lebens gefolgt und dankbar, es getan zu haben.

Freundschaft ist eines der größten Gnadengeschenke Gottes, das ein Mensch bekommen kann. Ein Freund sieht immer wieder Dinge in dir, die du nicht mal selbst sehen kannst. Freunde sehen die Möglichkeit – und manchmal die Hoffnung –dass ihr Leben durch diese Beziehung bereichert wird. Freunde zu haben ist ein Kompliment. Sie sehen etwas in dir. Ich bin Empfänger dessen, was sie bringen – das macht Freundschaft zu einer Gnade. Sie erkannten das, was in dir steckt, sie sahen, was sie geben mussten, und sie lenkten es in deine Richtung. Man wird nicht zu einem Freund, ehe man dies in dem anderen erkennt. Manchmal ist es die andere Person, die die Initiative ergreift, und die Barriere durchbricht. Meine Freunde haben meine Barrieren durchbrochen und ich habe darauf reagiert. Liebe und Freundschaft sind ähnlich. Wenn die Barriere durchbrochen wird, ist das sehr kraftvoll – ein Geschenk Gottes.

Liebesbeziehungen fangen an, wenn du jemanden siehst, der dich anzieht. Und während man sich kennenlernt, verliebt man sich. Bei Freundschaft ist das ganz ähnlich. Du erkennst, wie sehr man sich gegenseitig bereichern kann.

Es gibt ein interessantes Element beim Leiten und Nachfolgen und es wird in der Freundschaft wirklich sichtbar. Es existiert eine Autorität, die sich auf Freundschaft gründet. Deine Freunde haben Autorität über dein Leben. Sie werden dich mit deiner Unwissenheit konfrontieren, und aufgrund des Respekts, den du für sie hast, kannst du sie nicht ignorieren. Wenn du eine schwache Autorität in deinem Leben hast, wirst du eine schwache Person sein. Ohne sie taugst du nicht zu Vielem. Dies sind alles Leute, die an irgendeinem Punkt Autorität in meinem Leben hatten.

Meine Freunde sind Leute, die mich geliebt haben. Ich sah guten Eigenschaften der Liebe in ihnen. Freundschaft ist eine Sehnsucht nach Liebe. Du siehst andere Menschen im Schatten deines Verlangens. Ich drehe das ins Negative, wenn ich Leute treffe, die nicht die Kapazität zu lieben haben. Ich verbinde Liebe und Wohlergehen. Deshalb will ich ein Gesundheitszentrum haben. Deshalb möchte ich Kindern helfen. Ich möchte das nehmen, was sie schon haben, und versuchen, sie dazu zu bringen, es zu erweitern und damit andere zu erreichen. So liebe ich Menschen.

Meine Freunde sind außerdem Menschen, die mein Bestes im Sinn haben. Es sind Leute, die über das nachdenken, was ich tue, nicht darüber, was sie aus der Beziehung rausholen können, oder wie ich ihr Anliegen unterstützen kann. Ich wuchs ohne Mutter auf. Darum habe ich tief in mir ein Bedürfnis nach Angenommensein. Vielleicht hat das etwas mit der Art von Mensch zu tun, der nachzufolgen ich mich entschlossen habe. Leute, die mich schnell an Bord holen und Leute, denen ich in meinem Leben gefolgt bin, sind solche, die mich gleich annehmen. Sie stimmen nicht notwendigerweise dem zu, was ich tue oder sage, aber sie stimmen mir als Person zu. Sie nehmen mich an. Sie bestätigen mich.

In einer Freundschaft wird Autorität etabliert. Deine Freunde haben Autorität über dein Leben.

Mary Nelson ist einer dieser Menschen, denen ich folge. Sie ist im Vorstand von CCDA und war Gründungsmitglied und CEO von Bethel New Life in Chicago. Bethel New Life ist eine sehr effektive Organisation für Familien- und Gemeinschaftsentwicklung. Mary akzeptiert mich, aber sie zögert nicht, mich zu korrigieren oder Vorschläge zu machen. Normalerweise, wenn sie sagt, ich müsse mich ändern, weiß ich bereits, dass sie Recht hat. So funktioniert das mit Leuten, die dein Bestes im Sinn haben. Sie versucht nicht, mich in ihren Zeitplan einzureihen. Nein, sie möchte, dass ich in der Agenda aufblühe, die Gott mir gegeben hat.

Der kürzlich verstorbene Bill Grieg Jr. und Gary Vander Ark sind für mich wie Brüder, so, wie ich sie mir immer im Leben gewünscht habe. Sie sind meine Freunde, die mich ergänzen – sie stehen nicht im Wettbewerb mit mir. Ich denke, meine

Freunde sind mir überlegen, und sie empfinden mir gegenüber genauso. Ich wurde für Bill und Gary der Bruder, den sie nie hatten. Ich füllte ein Loch in ihrem Leben, so wie sie das bei mir taten. Wir hatten keine Angst voreinander, denn wir sind gleich. Wir betrachteten einander tatsächlich als mehr als nur Gleiche. Freunde zu sein bereicherte unser aller Leben zutiefst – es ging über die materiellen Dinge dieser Welt hinaus. Authentische Freundschaft überschattet immer die „Güter".

Wayne Gordon ist ein weiterer Freund. Er hat eine tiefgehende Fähigkeit zu lieben. Es ist beinahe ansteckend und nimmt einen gefangen. Ich folge ihm, denn ich sehe seine Liebe für Menschen in seiner Gemeinde. Es ist für Wayne ungewöhnlich, über jemanden etwas Negatives zu sagen. Wenn wir über etwas sprechen, das gerade läuft, dann sprechen wir über das Thema, nicht die Person. Ich bin beeindruckt von dieser Qualität in ihm. Ich möchte Leuten folgen, die diese Art von Liebe haben.

R. A. Buckley, der schon fünfundsiebzig Jahre alt war, als wir uns kennenlernten, war der brillanteste Mann, den ich je gekannt habe. Er nahm alles, was man sagte, und verwandelte es in etwas Profundes. Er erzählte die besten Witze (die am Ende immer wirklich profund waren). „Ein Weißer und ein Schwarzer sind Hundetrainer. Der Schwarze ist ein Experte, der Weiße aber nicht so gut. Der Weiße würde sich aber niemals die Blöße geben, den Schwarzen zu bitten, ihm etwas beizubringen. Also sieht er dem Schwarzen zu und klaut seine Tricks (das ist Raub und eines der Übel des Rassismus). Eines Tages, nachdem der Weiße gesehen hat, wie der Schwarze ein wahres Wunder mit einem wirklich schlimmen Hund vollbracht hat, bröckelt sein Widerstand und er sagt: ‚Wie hast du das gemacht?' Ohne aufzusehen antwortet der schwarze Mann ruhig: ‚Du musst schlauer als der Hund sein.'"

Ich habe langjährige Freunde wie Howard Ahmanson, Roland Hinds, Bill Hoehn und Malcom Street. Es gibt andere, zu viele, um sie alle aufzuzählen, aber diese Freundschaften stehen für die Qualität von Freundschaft, die ich im Laufe meines Lebens hatte. Die Effektivität meiner Arbeit und meines sogenannten Erfolgs sind mit der Qualität der Freunde verbunden, die Gott mir gegeben hat. Deine Freunde sehen Wert in dir und dem begegnest du mit Wert. Das Streben nach diesem Wert ist die Freundschaft. Wenn das aufhört, weil sich etwas in den Weg gestellt hat – Zeit, Ziele oder etwas anderes – dann wird es Gnade, denn man profitiert von etwas, für das man sehr wenig getan hat.

Freundschaft ist ein gegenseitiger Gewinn! Das waren Hiobs Freunde für ihn. Sie waren hart im Nehmen und sie trauerten mit ihm. Das einzige Problem bei ihnen war, dass sie nicht wussten, was Gott tut. Sie wussten nicht, dass nichts sie von der Liebe Gottes trennen kann. Aber sie waren seine guten Freunde. Ich sehe in ihnen allen echte Liebe. Ich erkannte in allen meinen guten Freunden etwas, das ich nicht wirklich habe. Sie bereichern mein Leben bis heute. Die meisten meiner Freunde fallen in diese Kategorie und ich bin so dankbar für sie alle.

Das war mein Modell. Es war das, was ich in dem presbyterianischen Ältesten sah, der mich vor so langer Zeit in der Jüngerschaft anleitete, Mr. Wayne Leitch. Er hörte zu und gab dann Hoffnung. Er träumte beinahe seine Träume durch mich. Er dachte, ich könnte Dinge erreichen, die er nicht konnte. Und er sagte immer: Wenn ich du wäre ... dann würde ich das tun." Das waren immer kreative Ideen – mächtige Ideen. Einmal sagte er mir, ich solle eine Scheune besorgen und keine Mitglieder haben, nur einen Chor, wie bei einem spontanen Basketballspiel. Ich wünsche mir immer noch, ich hätte so etwas auf den Weg gebracht. Ich habe das fast ausgelebt, was ich laut seinen Worten in der Lage zu tun war.

Ich bewunderte Tom Skinners Fähigkeit, trotz seiner großen und einschüchternden Statur die Wahrheit zu kommunizieren. Er war ein Tiger auf der Kanzel, aber in unserer Freundschaft war mir wirklich klar, dass er mich liebte. Barbara Skinner, seine Frau und Vorsitzende des Vorstands von CCDA, hatte ihre eigene, fesselnde Präsenz – genau wie Tom, bevor er starb. Ich folgte Tom wegen seiner Stärke im Wort Gottes, seinem Verlangen nach Wahrheit und seiner Sicht vom Ausleben des Reiches Gottes.

In Monrovia, Kalifornien, empfing ich so viel Hilfe und Liebe von Mama Wilson. Ich war nicht in der Stadt, als ihr Sohn bei einem Autounfall starb. Als ich zurückkam, gab sie mir den Platz in ihrem Leben, die ihr Sohn eingenommen hatte. Sie ließ ihren Sohn los und nahm mich an. Sie behandelte mich wie ihr eigenes Kind. Ich hatte nie die Liebe einer Mutter. Und sie wurde zu der Mutter, die ich nie gehabt hatte.

Mama Wilson war so eine wundervolle Dame, eine gefestigte Christin. Und wenn sie sprach, hatten ihre Worte Gehalt. Sie sagte etwa: „Die meisten Prediger wollen nur mit den Frauen ins Bett." Das war ein Augenöffner, und dahinter stand eine Wahrheit, zumindest in unserer Stadt. Sie war die ehrlichste Person, die ich je gekannt habe. Als ich Monrovia verließ, um wieder nach Mississippi zurückzukehren, gab sie eine Party für mich. Was als Party anfing, verwandelte sich in ein wöchentliches Gebetstreffen für meinen Dienst in Mississippi. Diese treuen Freunde wurden das Fundament meiner Unterstützung. Und das hielt eine lange Zeit. In diesen neunzehn oder zwanzig Jahren wurde ihr Heim unser Zuhause in Kalifornien. Vera Mae und ich hatten die Ehre, sowohl Mama als auch Papa Wilson zu beerdigen. Selbst nachdem sie gestorben waren, gab es immer noch Gebetstreffen für unseren Dienst. So ist es, wenn aus Leiterschaft und Gefolgschaft eine starke Freundschaft wird.

SHANE: Es ist wahr: Ich war mit den Leuten, denen ich gefolgt bin, nicht immer einer Meinung. In der Tat, wenn in der Bibel die Rede davon ist, dass Eisen durch Eisen geschärft wird ... das ist es, was passiert, wenn man sich mit Leuten und ihren Ideen reibt und mit ihnen zusammenstößt.

John sorgt nicht ständig nur dafür, dass man sich gut fühlt. Er ist nicht ein endloser Strom von Schmeicheleien, trotz dessen, was er am Anfang dieses Buchs über mich gesagt hat. Er ist dafür zu ehrlich und ich bin ihm zu wichtig, und er respektiert mich genug, um seine Kritik privat zu halten.

Wir können aber auch von unseren Feinden lernen. Einige meiner besten Lehrer sind meine Kritiker. Wir lernen mehr von Leuten, die infrage stellen, was wir sagen, als von Leuten, die einfach nur wie Papageien zu jeder Äußerung von uns „Amen" sagen. Wir alle sehen durch einen undeutlichen Spiegel. Und ich denke, an dieser Stelle war John für mich sehr wichtig. Unsere Erfahrung formt uns. Wenn man also eine sehr unterschiedliche Lebenserfahrung hat, gelangt man zu unterschiedlichen Schlüssen. Aber das ist das Geschenk daran, Teil eines Leibes zu sein ... unsere Vision wird vollständiger, wenn wir sie durch die Augen des jeweils anderen sehen können.

John: Wer sind die Menschen, denen du folgst? (Ich hoffe, du führst mindestens zwei Leute auf, von denen wir nie etwas gehört haben!)

1. _____

2. _____

3. _____

4. _____

5. _____

6. _____

7. _____

Anmerkung

1. Siehe Mother Teresa, _Come Be My Light: The Private Writings of the Saint of Calcutta_ (New York: Doubleday Religion, 2007); deutsch: _Komm, sei mein Licht! Die geheimen Aufzeichnungen der Heiligen von Kalkutta_ (Pattloch, 2007).

Gespräch 5

Leiten

(Ein Leiter werden)

John: Woher *kommen* Leiter? Die Brüder des jungen Königs David tadelten ihn, als er ihnen sagte, er wolle gegen Goliath kämpfen. Er antwortete: „Gibt´s hier keinen Anlass?"[1] (1. Sam 17,29). Was für eine Antwort! David war nur ein Teenager, aber er kannte die Antwort. Wahre Leiterschaft kommt aus einem Anlass oder einer Bestimmung.

Leiterschaft entsteht im Innern des Leiters. Sie gleicht einer Sehnsucht nach etwas Besserem; einem Hunger nach Würde. In uns ist ein Schrei danach, weil wir im Bild Gottes erschaffen sind. Ob Leiterschaft zu Gutem oder Schlechtem führt: Es ist dieses geerbte Verlangen nach Würde, das die Menschen motiviert zu folgen. Die amerikanischen Gründerväter verstanden dieses angeborene Bedürfnis. Als sie die Unabhängigkeit von der Tyrannei der britischen Herrschaft und der Besteuerung ohne Repräsentanz erklärten, verkündeten sie, dass jeder Mensch „bestimmte unveräußerliche Rechte" habe.[2] Diese Erklärung schließt das Streben nach Würde ein.

In seinem Buch *Dynamics of Leadership: Open the Door to Your Leadership Potential* beschreibt der Autor Harold W. Reed eine Handvoll mächtiger moderner Leiter – selbst Leute, für die wir vermutlich nicht die allergrößte Hochachtung empfinden, wie beispielsweise den früheren chinesischen Kommunistenführer Mao Zedong. Reed betrachtet Leiter aus dem Blickwinkel verschiedener Disziplinen und streicht ihre Fähigkeiten, Intelligenz und Motivation heraus. Er kommt zu dem Schluss, dass Leiterschaft aus großen Krisen heraus entsteht: „Alle großen Leiter besitzen die Bereitschaft, eindeutig dem größten Leiden der Menschen ihrer Zeit entgegenzutreten."[2] Das ist meine Motivation – der Schmerz meines Volkes. Wenn ich mich darauf konzentriere, diesen Schmerz zu erlösen und zu transformieren – hier auf der Erde und in der Ewigkeit –, dann bleiben meine Motive rein und es gibt immer die Gelegenheit, zu leiten. Weil wir in einer gefallenen Welt leben, sind wir dauernd von Schmerz umgeben.

Jeden Tag wache ich auf und sehe nichts als Gelegenheiten. Als Leiter braucht man einen Sinn für Schönheit, den man im Herzen trägt. Ein Leiter blickt auf die Welt und sieht, wie ihre Schönheit ruiniert wurde und sagt: „Das geht auch anders." Wir sehen eine Leinwand; Michelangelo sieht ein Meisterwerk, das danach verlangt, geschaffen zu werden. Wenn ich mich in meinem Viertel und in Ghettos überall im Land umsehe, dann sehe ich Gottes Schöpfung. Die Leute sehen nur die vermüllten Straßen, die kaputten Autos und Leben, aber ich sehe ein Kunstwerk, das geschaffen werden will – erlöst von der Liebe Gottes. Man muss all die Gelegenheiten um einen herum sehen!

Es gibt eine Geschichte über einen Geschäftsmann, der nach Afrika fährt, um dort Schuhe zu verkaufen. Er sieht sich um und stellt fest, dass niemand Schuhe trägt und fährt wieder nach Hause. Ein anderer Mann kommt nach Afrika und sieht, dass alle Menschen barfuß laufen, und er sagt: „Hier sollte jeder Schuhe tragen!" Natürlich war die Vision und Motivation größer, als einfach nur Geld zu verdienen. Er sah es als eine großartige Chance an, den Menschen einen Dienst zu erweisen und das auch noch auf eine kreative Weise.

Wenn ich mich in meinem Viertel und in Ghettos überall im Land umsehe, dann sehe ich Gottes Schöpfung.

Betrachten wir mal Warren Buffett. Soweit ich zuletzt gehört habe, lebt Buffet in demselben Haus, in dem er schon seit vielen Jahren wohnt. Er geht zu Dairy Queen um dort zu frühstücken. Er ist Multimilliardär, in Sachen Reichtum ungefähr auf der Ebene, auf der sich Bill Gates bewegt, aber er bezieht von seiner Firma ein Gehalt, das nur einen Bruchteil dessen ausmacht, was er einsacken könnte. In seiner Demut hat er Tausende von Jobs überall im Land und auf der Welt geschaffen. Buffet hatte ein Motiv und er war ein großartiger Leiter in der Unternehmenswelt. Im Laufe seines Berufslebens hat ihn etwas motiviert, das größer als er selbst war – im Gegensatz zu einem Investmentbanker, dessen Aussage ich kürzlich bei einer Anhörung des Kongresses verfolgt habe, und dessen Lebensmotive völlig verdreht waren.

Der Investmentbanker wurde gefragt, wie er sich denn dabei fühle, 500 Millionen Dollar als Vergütung zu erhalten, während sich sein Unternehmen im Sturzflug befinde. Er sagte: „Na ja, das war schon eine Menge, aber es waren keine 500 Millionen. Es waren eher so um die 400 Millionen." Also, wenn ich jemals einen Ganoven gesehen habe, dann war das einer. Seine Hauptmotivation war Geld, und sein Leben lief in eine Sackgasse. Deine Motive müssen sauber bleiben. Man muss sehr vorsichtig sein, um nicht Geld oder Ruhm zu den hauptsächlichen Dingen werden zu lassen, die einen motivieren. Und man muss sehr darauf achten, dass weder das eine noch das andere zum Götzen wird.

Anerkennung unterscheidet sich von Ruhm. In manchen Kulturen (und Familien) werden Menschen, die nicht bestimmten Erwartungen entsprechen, verspottet, verhöhnt oder ausgeschlossen. Dann setzt Scham ein. Die Person, die „versagt" hat, sieht einen Fehler in sich selbst. Diese verunglimpfende Form der Scham ist nicht gesund und sollte vermieden werden. Aber ich denke, dass ein anderer Aspekt der Scham durchaus einen gewissen Wert hat. Eine äußerliche Form der Scham ist es, wenn einem etwas peinlich ist. Die Scham sagt: „Ich trage meinen Teil nicht bei." Sein Bestes tun zu wollen, um Scham und Peinlichkeitsempfinden zu vermeiden, ist nicht unbedingt etwas Schlechtes.

SHANE: Manchmal sind auch die Leute, die am schnellsten bereit sind zu führen, nicht unbedingt die besten Leiter. Und mancher wäre ein megamäßiger Leiter, aber er oder sie bekommt nie die Chance, es mal zu versuchen. Deshalb sollten bestimmte Leute, besonders, wenn sie weiß und männlich sind, manchmal einen Moment zögern, ehe sie sich auf den Fahrersitz plumpsen lassen. Es gab ein paar Leute hier in meinem Viertel, die mich frag-

ten, ob ich ihr Block Captain werden würde (was die respekta-
belste Form der Leiterschaft in der Innenstadt ist, so eine Art
Dorfältester, wenngleich diese offiziell von der Stadt anerkannt
sind) – und doch bestehe ich darauf, nur stellvertretender Block
Captain zu sein. Ich möchte sicherstellen, dass es genügend
Raum gibt für andere, besonders Leute, die aus dem Viertel
stammen.

Viele Menschen glauben nicht an sich selbst – genau wie
Petrus, als er Jesus auf dem Wasser laufen sah. Er hätte einfach
im Boot sitzen und die tollen Fähigkeiten seines Meisters be-
wundern können. Er hätte sich einfach wie der letzte Dreck fühlen und sich denken können, er sei niemals in der Lage, so etwas
zu tun. Aber Jesus rief Petrus auf, sich nicht den Hintern plattzu-
sitzen, sondern loszugehen. Auch als er dann strauchelte, ließ
ihn Jesus nicht absaufen. Er trug ihn auch nicht Huckepack ins
Boot zurück ... Er hat einfach nur die Hand ausgestreckt und ihn
wieder hochgezogen, und Petrus lief weiter.

Manche Leute haben einfach noch nie die Chance bekommen, aus dem Boot zu steigen und das Risiko des Leitens einzu-
gehen. Wir haben eine Selbsthilfegruppe hier in Philly, die sich
aus Leuten mit stofflichen Abhängigkeiten zusammensetzt,
hauptsächlich Crack und Heroin. Und sie wird von Menschen
geleitet, die selbst genesende Süchtige sind. Eine der Wirklich-
keiten, die wir dabei entdeckt haben: Jeder ist ein Lehrer und
jeder ist Lernender. Wir genesen alle von irgendwas. Jeder kann
aus seiner Erfahrung und Verletztheit heraus führen. Gott hat
das brillant angelegt, auf die Schwachen und Einfältigen gesetzt, statt auf die Starken und Gelehrten – denn damit kann
Gott jeden von uns gebrauchen. Es ist nur die Demut nötig, zu
erkennen, dass wir alle etwas zu lehren haben, und alle etwas zu
lernen. Das gilt besonders, wenn es um Genesung geht.

Ich erinnere mich an Leute, die vor Jahren in unserem Haus
lebten und die Heroin nahmen; es war eine Katastrophe. Überall
im Haus lagen Nadeln herum, jemand nahm im Bad eine Über-
dosis ... Wir sagten schließlich: „Was für ein Chaos! Warum läuft
das so schlecht?" Die Antwort war ziemlich klar – weil wir nicht
viel von Heroin verstanden und von dieser Bestie namens Sucht.
Hier mussten wir also zu Lernenden werden und andere leiteten
uns dabei an, eine Gemeinschaft zu entwickeln, die Menschen
in Richtung Güte und Heilung führt.

Ich denke, dass eine Menge Weiße zu Leitern werden, weil sie weiß sind, und nicht, weil sie Leiter sind. Eine Menge Bücher werden nicht deshalb verkauft, weil sie gut sind, sondern weil sie gut vermarktet werden und Geld dahinter steht. So hat Jesus die Dinge nicht getan. Jesus hat vielmehr gesagt, wir sollten erwarten, dass die Welt uns hasst. Da soll es einen Zusammenstoß mit der Kultur geben. Wenn die Leute also gut von dir sprechen, dann wehe dir; so haben sie die falschen Propheten behandelt. Wir können nicht einfach auf den Rummel hören und auf die lautesten Stimmen. Manche von Gottes kostbarsten Heiligen sind stille Leute, sanfte Propheten, geheime Heilige, die im Schatten leben. Als Weißer bedeutet das für mich, kreativ zu sein und Risiken eingehen zu müssen, damit ich Raum für diese anderen Leiter schaffen kann. Vor ein paar Jahren war ich Sprecher bei einer großen Leiterkonferenz für Pastoren und mir fiel auf, dass es überhaupt keine Frau auf der Sprecherliste gab. Ich hab' denen sogar gesagt, ich könnte ihnen eine Liste dynamischer weiblicher Sprecherinnen geben. Aber sie haben mein Angebot nicht angenommen. Ich beriet mich also mit einigen meiner weiblichen Freunde und hatte eine kleine Idee. Ich hielt meine Rede dort und trug dabei einfach ein Schild, auf dem stand: „Gott liebt Predigerinnen." Das brachte mich ein bisschen in Schwierigkeiten.

Wir – besonders wir Männer, wir Weißen aus einem sogenannten privilegierten Hintergrund (beachte: Ich sage „sogenannter privilegierter Hintergrund", weil ich es nicht wirklich als Privileg betrachte, aus einer Linie von Vorfahren und einer Geschichte zu stammen, die auf Völkermord, Vertreibung, Blutvergießen und Sklaverei aufbauten) – müssen kreative Risiken eingehen, damit Raum für andere Leiter und Stimmen entsteht. Es stimmt sicherlich nicht, dass Frauen oder Farbige keine guten Leiter oder dynamischen Sprecher sind, nur weil wir eine Konferenzbroschüre sehen, auf der einen nur weiße Gesichter anlächeln. Es ist einfach nur, dass wir nicht sorgfältig, nicht kreativ genug waren, um sicherzustellen, dass jede Stimme mit am Tisch sitzt.

John: Manchmal sind sie nicht eingeladen und manchmal ist es auch so, dass Leute nicht motiviert sind. Man fragt sich vielleicht: „Was begründet Leiterschaft? Woher kommt die Motivation oder Inspiration?" Menschen können ihre Ambition zu leiten verlieren. Weißt du, für mich scheint die beste Motivation unser tägliches Brot zu sein – die Tatsache, dass wir Energie zum Leben brauchen und wir möchten, dass auch andere leben können. Und das sollte unsere grundlegende Motivation sein. Manche Leute glauben, es gehöre zur grundlegenden Motivation eines Menschen, dass er essen muss, um leben zu können. Das ist ausreichend als Motivation, um einen in die Gänge zu bringen. Und wenn man einer Person ein Essen vorsetzt, die nicht begreift, dass er oder sie dazu etwas beitragen muss, dann werden die Dinge schwierig. Was einen motiviert, was einen inspiriert, das ist eine große Frage ... denn es muss mehr sein als Geld.

SHANE: Es gibt alle möglichen Dinge, die Leute zum Leiten motivieren – Prestige, Geld, die Damen. Oder Schuld. Schuld kann motivieren (hast du noch nie einen der Aufrufe für den Kinderdienst gehört?!). Schuld kann ein wichtiger Grund sein, weshalb Menschen leiten, aber weißt du, das hält nicht lange vor. Schuld kann anfangs eine gute Sache sein, etwa wenn man sich die Wahrheit über Armut, Sklaverei und die Menge an Zeug bewusst macht, die wir in Amerika verbrauchen. Schuld kann ein guter Indikator sein, aber als Motivation ist sie furchtbar. Man kann nicht aus der Schuld heraus leiten. Wenn man einmal seine Schuld bezahlt und das Gewissen beruhigt hat, dann braucht man eine andere Motivation oder man wendet sich einfach ab. Oder wenn nicht, dann lähmt einen die Schuld.

Wie John bereits erwähnt hat, die Menschen im Ghetto können einen geringen Selbstwert haben, der ihre Motivation lähmt. Es gibt in den Vorstädten eine Menge Kids, die mit Schuldgefühlen und Scham auf den Wohlstand ihrer Eltern reagieren – sie verwandeln sich in junge Alternative mit keiner wirklichen Initiative, irgendwas zu leiten, oder sie werden irgendwie zynische, schüchterne, sich selbst herabsetzende Erwachsene, weil sie auf das sogenannte Privileg reagieren, das einen eben auch lähmen kann. Sie wollen nicht die Verantwortung, die mit Leitung einhergeht, also lehnen sie jedes entsprechende Angebot einfach ab.

Und hier kommt die Sache mit der Freiheit ins Spiel. Gute Leiter können nicht bloß erkennen, was in der Welt schiefläuft, sondern müssen auch auf das weisen, was richtig ist. Mose sah die Sklaverei und den Schmerz seines Volkes, aber er hatte eine Vision des verheißenen Lands. Martin Luther King sah den Rassismus, die Sklaverei und die Menschheit in ihrer schlimmsten Form, aber er hatte auch den Traum eines liebevollen Miteinanders. Wir von The Simple Way reden darüber, wie wichtig es ist, nicht nur zu protestieren, sondern zu „protestify", also gleichzeitig auch Zeugnis abzulegen. Da braucht man ebenfalls visionäre Leiter.

Gute Leiter können nicht bloß erkennen, was in der Welt schiefläuft, sondern auch auf das weisen, was richtig ist.

Eine der Schwachstellen der Reformation lag darin, dass die Reformer zwar wussten, was schieflief (schließlich ist die Hälfte des Wortes „Protestant" der „Protest"). Als sie aber selbst am Ruder waren, wussten sie nicht, was sie tun sollten. Und ich denke, die meisten Leute wollen tun, was richtig ist. Sie kennen einfach nicht die Alternativen. Die Leute wollen beispielsweise keine Kleidung kaufen, die durch Ausbeutung hergestellt wurde. Doch häufig wissen sie nicht, was sie alternativ einkaufen oder wie sie selbst nähen können. Und das Marketing hat eben zum Teil die Aufgabe, Menschen von den Gesichtern der Ungerechtigkeit zu isolieren, von den unsichtbaren Menschen, die hinter unserem Lebensstil stehen. Man sieht einen Star, aber man sieht nicht die 14-jährigen Mädchen, die die Schuhe des Stars herstellen. Die Aufgabe der Werbung und Werbespots besteht also darin, uns vom Schmerz zu trennen. Ich denke, die Aufgabe von Leitern ist es, die Wahrheit auszusprechen ... zu enthüllen. Das ist eine Art Offenbarung, was so viel heißt wie „offenzulegen", oder aufzudecken oder zu enthüllen – unsere Aufgabe besteht darin, aufzudecken, was sich unter der Oberfläche befindet. Dann sind wir gezwungen, uns die Hände schmutzig zu machen und etwas gegen das Problem zu unternehmen, und nicht einfach die Dinge nur unter den Teppich zu kehren.

Eine Menge Leute können sich mit Problemen identifizieren. Eine Menge Leute sagen „Amen!", wenn John über systemische Ungerechtigkeit predigt, wie man sie etwa in der Gefängnisindustrie findet. Die Leute reagieren darauf, wenn John erklärt, dass 70 Prozent der Gefängnisinsassen Farbige sind, oder dass 97 Prozent von ihnen keinen Vater haben. Aber dann sagt er: „So, und was tun wir nun dagegen?" Und dann herrscht Schweigen ... nur die Grillen zirpen. Wenn aber die Botschaft sich einzig und allein auf die „Fehler im System" bezieht, dann führt sie einen nirgendwohin. Man ist einfach nur ein Opfer oder jemand, der zu bemitleiden ist, machtlos den Bossen ausgeliefert. Als Leiter haben wir die Fähigkeit zu sagen: „Das hier also läuft schief und hier zeige ich euch, wie es richtig laufen kann." Wir brauchen eine gute Nachricht.

Der großartige Prediger E. V. Hill sprach kurz vor seinem Tod über eine Frau, die immer in der ersten Reihe seiner Gemeinde in Los Angeles saß. Er sprach über all die Dinge, die falsch liefen und sie sagte: „Komm zur guten Nachricht. Komm zur guten Nachricht, Pastor. Komm zur guten Nachricht." Viele Leuten kommen nie zur guten Nachricht. Es stimmt, wir müssen mit den schlechten Nachrichten beginnen, mit den Problemen, dem Schmerz ... aber wir müssen auch zur guten Nachricht kommen. Das hat uns Jesus gebracht. Es gab eine Menge von Propheten und Eiferern, die wussten, dass alles schieflief – lies einfach das Alte Testament und weine. Die Leute brauchen gute Nachrichten. Und die gute Nachricht ist, dass wir einen Gott haben, der die Welt so sehr geliebt hat, dass er seinen einzigen Sohn sandte, nicht um sie zu verdammen oder sie in der Sünde und Ungerechtigkeit zappeln zu lassen, sondern um sie zu retten.

Wir sind weder unverwundbar noch unentbehrlich. Das wäre ein schöner Spruch, um ihn sich auf einer Tafel an die Wand zu hängen.

John: Dieser Gedanke, „Wir sind weder unverwundbar noch unentbehrlich", bringt mich zum Thema des „Ruhens" und seiner Bedeutung im Leben eines Leiters. Ich habe mir das Buch Matthäus angesehen, in dem Jesus sagt: „Kommt alle her zu mir, die ihr müde seid und schwere Lasten tragt, ich will euch Ruhe schenken. Nehmt mein Joch auf euch. Ich will euch lehren, denn ich bin demütig und freundlich, und eure Seele wird bei mir zur Ruhe kommen. Denn mein Joch passt euch genau, und die Last, die ich euch auflege, ist leicht." (Mt. 11:28-30) All die großen Worte des Alten Testaments sind in dieser einen Stelle zusammengefasst. Besonders in dem Wort „Ruhe". Ruhe steht symbolisch für Gott, der die Schöpfung vollendet und dann ruht. Wenn wir also mehr wie Gott sein wollen, dann gibt es für das Volk Gottes ebenfalls Ruhe. Sechs Tage lang schuf Gott – wir kennen die Geschichte in 1. Mose. Dann hörte er auf. Als Leiter müssen wir erkennen, dass es eine Zeit für Gottes Arbeit gibt und eine Zeit, aufzuhören, zu ruhen, eine Atempause einzulegen.

Aber in diesem Abschnitt findet sich ein Paradox. Gott macht uns zu seinen Arbeitern, aber wir sollen in ihm ruhen – immer in ihm ruhen, nicht nur am siebten Tag. Wenn wir lernen, in ihm während unseres Arbeitens zu ruhen, dann ist die Arbeit nicht länger die unsere. Sie wird seine Arbeit, denn er trägt die Last. Er trägt die Belastung. Wenn du irgendein Typ von Leiter bist, dann hast du eine Vision. Wenn du anfängst, andere in dieser Vision zu leiten, dann trägst du Lasten; nicht nur was das Erreichen der Vision oder Aufgabe selbst betrifft, sondern auch, dass die Vision in anderen lebendig und dort vollendet wird. Man wird das nie passieren sehen, wenn man versucht, die eigene Vision zu tragen und mit Gewalt Wirklichkeit werden zu lassen. Man sieht sie nur dann in anderen zur Vollendung kommen, wenn man lernt, Gott die eigene Vision tragen zu lassen.

SHANE: Ich habe diesen Vers bei Matthäus ebenfalls studiert. Jesus sagt uns hier, wir sollen zu ihm kommen und sein Joch auf uns nehmen. Die Gelehrten sagen, dass man das Wort, welches Jesus hier verwendet, um seine Last zu beschreiben, besser mit „gut", „freundlich" oder „voller Gnade" übersetzen sollte und nicht mit „leicht" (ein Wort, das an vielen anderen Stellen in der Schrift auftaucht). Das macht für mich mehr Sinn; denn schließlich lädt Jesus uns ja ein, das Kreuz zu tragen ... eine etwas abschreckende Einladung. Überall in der Schrift geht es bei den Bildern eines „Jochs" um etwas, das alles andere als leicht ist, etwa beim „Joch der Sklaverei". Doch ein Teil der guten Nachricht des Evangeliums lautet, dass wir nicht allein sind. Andere helfen uns, die Lasten zu tragen. Selbst Jesus hatte jemanden, der ihm beim Tragen des Kreuzes half. Die Last, die zu tragen Jesus uns einlädt, ist nicht einfach, aber sie ist gut und voller Gnade. Und verglichen mit dem Joch des Imperiums, verglichen mit dem Joch der Sklaverei des Pharaos ist sie leicht, ja sogar befreiend.

Leiter müssen in der Lage zu sein, Pausen zu machen. In unserer Gemeinschaft geben wir einander die Erlaubnis, sich Raum zu nehmen – zu ruhen, zu beten und Auszeiten zu nehmen. Über unserer Tür haben wir ein Schild, auf dem steht: „Heute kleine Dinge mit großer Liebe ... oder die Tür nicht öffnen." Leiter müssen lernen, wie sie ruhen können. Sie müssen lernen, dass sie nicht unentbehrlich sind. Wir nehmen jede Woche einen Sabbat – wo alles ruht – alle unsere Programme, alle unsere Aktivitäten. Wir gehen nicht mal ans Telefon oder machen die Tür auf, wenn es klingelt. Das Jubeljahr und der Sabbat sind einige der besonderen Kennzeichen von Gottes eigentümlichem Volk. Dieses Volk weiß nicht nur, wie man arbeitet, sondern auch, wie man Partys feiert (Jubeljahr) ... und wie man ruht (Sabbat).

Ruhen und Spielen hilft uns, die Dinge in der rechten Perspektive zu behalten, sodass wir sie auf lange Sicht erhalten können. Ich habe einmal die Geschichte von ein paar jungen Missionaren gehört, die während eines Bürgerkriegs nach Zentralamerika kamen. Mit ihrem jugendlichen Schwung und einem tiefen Empfinden der Dringlichkeit fingen sie an, den Besitz aus den zerstörten Häusern der Leute zu retten, hielten Kinder im Arm, die traumatisiert waren, kochten, putzten, taten so ziemlich alles, um zu helfen. Irgendwann einmal waren sie jedoch etwas frustriert wegen einer Gruppe von Frauen, die auf der Veranda saßen und Tee schlürften, wo doch so viel Arbeit zu tun war. Die Kids gingen zu den Frauen und sagten: „Wie könnt ihr hier mitten in einer Revolution Tee trinken?" Die Frauen sahen sich die jungen Leute gründlich an und eine der Frauen sagte mit einem breiten, sanften Lächeln, das man erst mit dem Alter entwickelt: „Wie könnten wir während einer Revolution keinen Tee trinken? Arbeit gibt es immer. Es wartet immer eine Krise auf uns. Wir haben junge Missionare kommen und gehen sehen, und wir sind dankbar für euch. Aber wenn ihr geht, sind wir immer noch da. Und wenn wir keinen Tee trinken, dann halten wir nicht bis morgen durch."

Das ist die Art von Weisheit, die uns auf lange Sicht bei der Stange hält. Echte Bewegungen und echte Leiter werden nicht in Jahren gemessen, sondern in Jahrzehnten. Diese Art von Ausdauer verlangt nicht nur, sich die Finger wund zu arbeiten, sondern eben auch, gemeinsam Tee zu schlürfen.

John: Lasst uns mal einen Blick auf Psalm 1,1-2 werfen: „Glücklich ist der Mensch, der nicht auf den Rat der Gottlosen hört, der
sich am Leben der Sünder kein Beispiel nimmt und sich nicht mit
Spöttern abgibt. Voller Freude tut er den Willen des Herrn und
denkt über sein Gesetz Tag und Nacht nach." Das Gesetz, das
durch den Gerechtigkeitsleiter Mose offenbart wurde, hat sich
in Jesus erfüllt.[3] Diejenigen also, die in Jesus (der Erfüllung des
Gesetzes) sind, sollen Tag und Nacht über ihn meditieren.

Ich denke, es gibt etwas in der Inkarnation (dem Sohn Gottes, der als Mensch auf die Erde kommt), das Gott uns als Modell
geben wollte. Er war sanft und auf vielfältige Weise einsam. Leiter sind häufig wegen ihrer Sorge für andere einsam. Andere
können nicht immer körperlich bei einem sein.

Einsam zu sein heißt für mich, an meine Frau Vera Mae zu
denken, wenn sie nicht bei mir ist. Als ich noch jünger war und
viel gereist bin, dachte ich an Vera Mae und die Kinder, an all die
Dinge, die daheim passierten wie Hausaufgaben und Sportver-
anstaltungen. Heute sind wir älter und hatten ein gutes Leben
miteinander, und ich denke an ihre Gesundheit und ihr Wohlergehen. Manchmal denke ich daran, wie es sein wird, wenn einer
von uns beiden nicht mehr da ist. Ich kann mich in Gedanken an
sie verlieren.

Manchmal komme ich spät heim, nachdem ich auswärts
war und sie schläft bereits. Ich sehe alle möglichen Töpfe und
Pfannen auf dem Tisch, und weiß, dass sie gekocht hat. Sie kocht
gern für ihre Familie. Selbst wenn ich nicht hungrig bin, werfe
ich einen Blick in den Kühlschrank. Häufig steht im obersten
Fach etwas, das ich mag. In einem solchen Moment weiß ich,
dass es für sie auch einsam wird, wenn ich weg bin.

Wir werden zu einem gewissen Grad so absorbiert von Jesus und Gottes Willen, dass wir uns selbst sterben, unseren
selbstsüchtigen Wünschen. Sein Streben wird unser Streben.
Sein Streben treibt uns an und wird unsere Bestimmung. Jesus
versprach: „Doch wenn ihr mit mir *verbunden bleibt* und meine
Worte in euch *bleiben*, könnt ihr bitten, um was ihr wollt, und es
wird euch gewährt werden!" (Joh. 15,7, meine Betonung). Allzu
häufig schauen wir auf das Ende dieses Verses, in dem es um
unser Verlangen geht. Bleiben bedeutet, dort zu verweilen, dauernd zu meditieren, sich dort aufhalten. Wenn wir in Christus
bleiben, der der Weinstock ist, dann sterben wir uns selbst. Wir

übergeben unser Verlangen und ersetzen es mit dem seinen, was sowieso besser ist.

Als Leiter richtet sich unsere Ambition nicht auf ein bestimmtes Ziel, einen Preis oder ein Lobwort. So sehr wir auch die Welt verändern wollen, kann unser Ziel nicht einmal eine bestimmte Veränderung sein. Unsere Ambition ist der Wille Gottes. Wir müssen über Gott selbst meditieren, der sich in der Person Jesu Christi und seinem Wort offenbart hat. Im Meditieren, Tag und Nacht, gibt er uns die Weisheit und zeigt uns, wie wir das tun können, zu dem er uns berufen hat.

SHANE: Früh in meiner Jugendzeit, vor langer, langer Zeit im 20. Jahrhundert (Zwinker) verbrachte ich eine Menge Zeit mit dem Nachdenken über die Frage: *Was ist Gottes Wille für mein Leben?* Du weißt ja, wie das läuft – als ob sich das ganze Universum sozusagen nur um mich dreht. Eines Tages schnappte ich von einem Priester diese Idee auf: „Gute Dinge kommen zu denen, die Warten, aber großartige Dinge kommen zu denen, die ihren Hintern hochkriegen und *Gott in der Arbeit finden.*" Das ist eine ziemlich andere Art, die Dinge zu betrachten. Und es ist sehr befreiend zu wissen, dass ich nicht darauf warten muss, bis Gott eine magische Formel für mich an die Wand schreibt. Ich kann mich stattdessen einfach umsehen, wo Gott am Werk ist und mitmachen. Statt auf meine Sandalen zu starren, gehe ich einfach aus der Haustüre und schaue meinem Nächsten in die Augen.

Gemeinschaft ist eine Möglichkeit, unseren Ruf zu erkennen. Wir tun häufig so, als könnten wir Gottes Willen in einem Vakuum erkennen. Aber ich denke, Jesus spricht hier etwas an, wenn er sagt: „Denn wo zwei oder drei in meinem Namen versammelt sind, da bin ich in ihrer Mitte." (Mt. 18,20, *Neue Genfer Übersetzung*). Eine Möglichkeit, Gottes Stimme zu hören, besteht darin, einander zuzuhören. Ich habe in dieser Hinsicht viel von den Quäkern gelernt. Sie haben häufig „Klarheitstreffen", bei denen Menschen eine Gruppe von Ältesten um sich versammeln, um wichtige Entscheidungen oder Berufungen zu prüfen. In unserer Gemeinschaft haben wir das gemacht, als zwei Mitglieder von uns zu klären versuchten, wie sie am Besten ihre Kinder großziehen sollten, also ob sie zuhause unterrichtet oder in die öffentlichen Schulen gehen sollten. Ich hatte Klärungstreffen, als ich das erste Mal den Impuls hatte, ein Buch zu schrei-

ben, und ich habe alle möglichen Klärungstreffen gehabt, als ich
mich entschied, ob ich alleinstehend bleiben oder heiraten sollte (und ich brauche vermutlich noch ein paar mehr). Aber Gemeinschaft hilft uns, unseren Ruf zu erkennen.

Während wir Gottes Willen suchen, ist ein möglicher Weg,
unsere Berufung zu erkennen, der, sich zu fragen: Wo über-
schneiden sich meine Gaben mit der Not in der Welt. Wir werden wirklich lebendig, wenn unsere Gaben auf die Not in der
Welt um uns herum treffen. Da ereignet sich das Königreich.
Wir sind dafür geschaffen, für etwas zu leben, das größer ist als
wir selbst. Ein Leiter, der anfängt Frucht zu tragen, ist jemand,
der die Not in der Welt wahrnimmt und dann sagt: „Also, wie
passen die einzigartigen Gaben, die ich bekommen habe, damit
zusammen?" Ich sehe Beispiele dafür überall.

Vor kurzem traf ich einen jungen Mann, der Ingenieur für Ro-
botik ist (was ich wirklich cool fand). Er erzählte mir davon, dass
er den Beruf ursprünglich gewählt hatte, weil man damit eine
Menge Geld machen kann und die Leute von seinen Fähigkeiten
beeindruckt waren (schließlich baute er – nun, Roboter). Aber
dann, so erzählte er, begann er seinen Beruf und seine Gaben im
Hinblick auf das Reich Gottes zu überdenken ... und die Not in der
Welt. Jetzt hat er eine Gruppe von Robotik-Ingenieuren um sich
versammelt, die Roboter entwickeln, mit denen Landminen ent-
schärft werden können. Die sollen nach Afghanistan geschickt
werden – die Roboter können die Arbeit erledigen, bei der kleinen Kindern oft die Hand weggesprengt wird. Und sie können
Felder entminen, sodass Kinder dort wieder spielen können. Er
hat erlebt, wie seine Gaben für Gott lebendig wurden.

Es gibt auch eine Gruppe von Krankenschwestern und –
pflegern gleich hier um die Ecke bei uns in Philly, die tief beunruhigt waren von der Krise in der Gesundheitsfürsorge, so wie sie
in unserem Viertel sichtbar wird (etwa 47 Millionen US-Bürger
haben keine angemessene Gesundheitsfürsorge). Statt zu jammern oder darauf zu warten, dass Politiker alles lösen, haben sie
eine kostenlose Klinik eröffnet. Jetzt gibt es hier Ärzte, Chiro-
praktiker und sogar Krankenpfleger, Zahnärzte und Masseure,
die Teil der Klinik sind. Manche von ihnen haben nebenbei noch
eigene Praxen. Wenn man sie aber nach dem Höhepunkt ihrer
Woche fragt, dann ist es immer die Arbeit in der kostenlosen
Klinik.

John: Begabte Menschen schaffen es nicht notwendigerweise an die Spitze, aber früher oder später stechen sie heraus. Die ganze Idee hinter geistlichen Gaben im Neuen Testament besteht darin, dass Gott unterschiedliche Gaben an unterschiedliche Menschen verteilt hat. Wir müssen nur rausfinden, was für Gaben das sind und warum Gott sie uns gegeben hat ... und nicht nur für uns selbst.

In der Welt würden wir sagen: Stell die begabtesten Leute, die du finden kannst, an deine Seite. Präsident Nixon dachte strategisch. Er fand begabte Männer und Frauen und holte sie in seine Regierung. So dynamisch Nixon auch war, er wusste, dass er die Nation nicht alleine leiten konnte. Das hat nichts mit politischen Vorlieben zu tun. Es geht darum, wie man das richtige Team findet und führt.

Chuck Colson ist ein guter Freund von mir. Ich habe im Vorstand der Prison Fellowship mitgearbeitet und kann dir versichern, dass er ein toller Typ ist. Chucks Stärke ist seine Loyalität. Wenn du sein Freund bist, dann hast du einen *Freund*. Aber seine Loyalität war auch sein Verhängnis. Er diente in Nixons Komitee für die Wiederwahl des Präsidenten und war Nixon und dessen Wiederwahl so verpflichtet, dass er den moralischen Boden unter den Füßen verlor. Seit dieser Zeit ist er eine mächtige Kraft für die opferorientierte Justiz und Gerechtigkeit in Amerika und überall auf der Welt.

Shane: Im Idealfall werden Leiter nicht ernannt, sondern erkannt. Alle Leute sprechen über das Wählen oder Ernennen von Ältesten, aber ich habe einen Freund, der Pastor ist und mir erzählt hat, dass sie in ihrer Gemeinde die Ältesten einfach „erkennen". Die Leute wissen schon, wer die Ältesten sind; zu der Zeit, zu der sie anerkannt werden, sind sie der Aufgabe bereits gewachsen. Das ist genauso, als wäre man ein Prophet: Erklär es nicht; zeig es. Du weißt es, wenn du ein Ältester bist, also müssen wir nicht Lose ziehen oder Namen in die Schüssel werfen.

Ein Haufen von uns fing zusammen unsere Gemeinschaft an. Und als sich die Größe verdoppelt hatte, fragte sich jeder: „Ja, wer soll das Ding denn jetzt leiten?". Ich meine, es war echtes Chaos. Wir hatten Leute, die zwei Monate da waren und andere, die seit drei Jahren dabei waren, und sie versuchten, die Sache gemeinsam zu leiten. Also schalteten wir einfach einen

Gang zurück und sagten: Lasst uns drüber sprechen. Wer sind die Leute, ohne die diese Gemeinschaft schwer vorstellbar ist? Wer sind die Leute, die wir als solche ansehen, die uns leiten? Und dann ordneten wir uns mehr oder weniger dem unter, was wir da äußerten. Und das, denke ich, macht echt einen Unterschied. Es ist auch das Zeichen einer starken Gemeinschaft.

John: Shane hat's gesagt. Ich sage dasselbe. Leiter tauchen auf. Leiter erscheinen sozusagen auf der Bildfläche. Manche Leute warten auf die richtige Zeit, ehe sie leiten. Es kommt aus ihrer Treue. Und oft sind gescheiterte Leiter Leute, die es nicht erwarten können, etwas zu übernehmen. Aber im Allgemeinen sind Leiter diejenigen, die anfangen, die Arbeit zu tun, und dann von anderen entdeckt werden. Eine Ausbildung, eine Aktentasche und ein hübsches Büro machen aus niemandem einen Leiter.

SHANE: Das ist ein guter Punkt.

John: Wir ringen auch damit, welche Art von Leiter wir sind. In Südafrika wurde Bischof Tutu gebeten, politischer Führer zu werden, aber er zögerte. Er war ein Kirchenleiter. Also spielte er eine zeitlang beide Rollen. Es ist wichtig zu wissen, welche Art von Leiter man ist und das eigene Spielfeld zu kennen. Wenn man versucht, eine Herde wilder Mustangs auf einer Ranch in Wyoming zu führen, aber keine Ahnung von Sätteln und Steigbügeln und ähnlichem hat, dann ist es egal, ob man Donald Trump ist. Man muss etwas von Hengsten verstehen, nicht von der Wall Street, um diese Art von Leiter zu sein.

SHANE: Manchmal ist es schwieriger, Teil einer Gemeinschaft zu sein, als einfach nur der einsame Cowboy oder Rächer. Es ist vielleicht einfacher, ein Solist zu sein, als Teil eines Chors – aber letztlich geht es hier um Gemeinschaft. Ich habe ein Zitat an der Wand hängen, das so lautet: „Ich weiß, du bist stark genug, es allein zu tun; aber bist du auch stark genug, es gemeinsam zu tun?"

John: Der gefällt mir.

SHANE: Hier noch einer. Ein altes afrikanisches Sprichwort geht so: *Wenn du schnell gehen willst, gehe allein; wenn du aber weit gehen willst, gehe gemeinsam.* Auf gewisse Weise ist Leiterschaft die Entscheidung, gemeinsam weit zu laufen, statt nur so schnell man kann selbst zu rennen. Als jemand, der immer schnell geht, bin ich versucht, die Dinge allein zu machen. Aber ich habe mich entschieden, das Leben gemeinsam zu leben. Ich habe mich ganz bewusst anderen angeschlossen. Ultimativ können wir gemeinsam mehr erreichen, als ich das allein kann.

Jesus hat die Jünger ein wenig über Bevollmächtigung und Gemeinschaft gelehrt. Etwa in der Geschichte über die wundersame Speisung. Die Jünger weisen Jesus darauf hin, dass es um sie herum überall hungrige Leute gibt (als ob Jesus das nicht aufgefallen wäre). Jesu Antwort darauf ist brillant. Er sagt zu den Jüngern: „Nun, gebt ihr ihnen zu essen." Und die Jünger sind erstaunt – sie fangen an, darüber zu jammern, wie viel Geld man dafür bräuchte, und wie weit die nächste Frittenbude ist. Jesus nimmt ihnen den Wind aus den Segeln und fragt: „Was habt ihr?". Alles, was sie zusammenbringen, ist die Pausenmahlzeit eines kleinen Jungen, ein paar Fische und Brote. Aber Jesus sagt ihnen, sie sollen das teilen, was sie haben, und das tun sie ... nur um zu entdecken, dass es Körbe voller Reste gibt.[4]

Jesus nahm das, was die Leute hatten, und gab dem Ganzen noch etwas Gott-Extra dazu. Er lehrt die Jünger, das Wenige anzubieten, das sie haben, und versichert uns, dass das ausreichend ist. Es ist nicht dasselbe Wunder wie Brot vom Himmel regnen zu lassen, obwohl es daran erinnert. Diesmal besteht das Wunder darin, dass Gott zerbrechliche, magere Gaben aus unserer Hand nehmen kann, und damit die Arbeit des Königreichs tut. Was für eine verrückte Idee – der Gott, der die Massen allein ernähren kann, widersteht der Versuchung, Steine in Brot zu verwandeln oder Manna vom Himmel regnen zu lassen und entscheidet sich, uns zu gebrauchen, uns zu brauchen, uns zu wollen! Jesus entschied sich, das Wunderwirken mit einer Gruppe von Nachfolgern zu tun, einem zwielichtigen Haufen, der die ganze Zeit herumstritt, aufeinander einschlug, ihn verleugnete, betrog und blamierte. Aber das scheint die Natur des Königreichs Gottes zu sein. Es ist die Geschichte der Gemeinschaft. Wir haben einen Gott, der die Welt nicht ohne uns ändern will.

John hat ein unglaubliches Motto: *Wenn die Aufgabe eines Leiters erledigt ist, dann sagen die Leute: „Das haben wir selbst geschafft."* John sagt: „Ein guter Leiter motiviert die Nachfolger, das zu tun, was sie seiner Meinung nach machen sollen, und sie denken, es sei ihre Idee gewesen." An dieser Stelle ist gute Leiterschaft eine Kunst. Wenn Leiter als zu stark empfunden werden, dann muss ihnen klar sein, dass sie sich letztendlich selbst aus ihrem Job arbeiten werden, und sie sind nicht unentbehrlich. Wenn ein Leiter den Leuten ernsthaft zugehört hat, und auf ihren Gaben aufbaut, wenn er bei jeder Gelegenheit beiseite getreten ist, um Raum für andere zu schaffen, dann eignen sich die Leute ganz natürlich die Arbeit an. Wenn der Leiter sich selbst kleiner und kleiner macht, sehen die Leute nicht mehr den Leiter, sondern nur die Vision. Und wenn die Nachfolger sich die Vision des Leiter zu eigen gemacht haben, war der Leiter erfolgreich. Das englische Wort „to succeed", erfolgreich sein, das auch mit dem Wort „success" (Erfolg) verwandt ist, heißt wörtlich „weitergeben", „nach etwas kommen", „etwas nachfolgen". Erfolg hat nicht mit Geld oder Hartnäckigkeit zu tun, dafür aber sehr viel damit, ob die Leute die Vision weitertragen, wenn wir zu Staub geworden sind.

Anmerkungen

1. *Anmerkung des Übersetzers:* Die englische King James Version übersetzt hier mit „a cause", was auch *Anliegen, Sache* bedeuten kann, aber nicht dem Urtext wirklich gerecht wird. Die meisten anderen Übersetzungen haben hier „Ich habe doch nur gefragt".
2. Der zweite Satz der Unabhängigkeitserklärung lautet: „Wir halten die nachfolgenden Wahrheiten für klar an sich und keines Beweises bedürfend, nämlich: dass alle Menschen gleich geboren; dass sie von ihrem Schöpfer mit gewissen unveräußerlichen Rechten begabt sind; dass zu diesem Leben Freiheit und das Streben nach Glückseligkeit gehöre" (4. Juli 1776; Übersetzung von Traugott Bromme, 1849).
3. Harold W. Reed, *Dynamics of Leadership: Open the Door to Your Leadership Potential* (Vero Media, Inc., 1982).
3. Siehe Matthäus 5,17-18; Lukas 24,44.
4. Siehe Lukas 9,10-17.

[Der Abt oder die Äbtissin] sollte immer die eigene Zerbrechlich-keit im Sinn haben und daran denken, das geknickte Rohr nicht abzubrechen. Natürlich meine ich nicht, dass sie die Übel wild wachsen lassen sollten, sondern sie sollen vielmehr Besonnenheit und Barmherzigkeit einsetzen, um sie herauszuschneiden, um so einander in den jeweiligen Bedürfnissen zu helfen ... Sie sollten da-nach streben, mehr geliebt als gefürchtet zu werden.

DER HEILIGE BENEDIKT VON NURSIA (480-547)

GESPRÄCH 6

Nachfolger

(ANDERE FINDEN, DIE SICH DER SACHE ANSCHLIESSEN)

Wer von euch mir nachfolgen will,
muss sich selbst verleugnen und sein Kreuz auf sich nehmen
und mir nachfolgen.
MATTHÄUS 16,24

John: Wir sind alle Nachfolger. Wir beginnen und enden als Nachfolger Gottes. Wir folgen alle unserem Herzen, unserer Vision und unseren Instinkten. Ein guter Leiter ist ein guter Nachfolger, und ein guter Leiter folgt immer jemand anderem.

SHANE: Ich muss daran denken, was John mir vor langer Zeit gesagt hat: Ein guter Leiter ist jemand, der das lehrt, was er weiß und zugibt, wenn er etwas nicht weiß." Manche Leiterschaftsgurus raten, dass man große Worte gebrauchen soll. Sorge für Wirbel. Wenn es so klingt, als würdest du dich auskennen, denkt jeder, du kennst dich wirklich aus. Wenn du wie ein Experte sprichst, dann bist du einer. Ich habe nie gesehen, dass das wirklich funktioniert hätte. Selbst wenn es funktionieren würde, dann würde ein Leiter seine Autorität auf der Vorspiegelung falscher Tatsachen aufbauen. Der wahre Test für einen guten Leiter besteht darin, ob er sagen kann: „Ich weiß es nicht." Und das führt zur Bereitschaft, jemanden zu finden, der es weiß. Viele von uns denken, wir müssten alle Antworten haben. Und wenn wir sie nicht haben, dann denken wir uns einfach etwas aus. Dieser Ansatz geht irgendwann nach hinten los.

Deshalb macht es so viel Spaß, Teil eines Leibes mit vielen unterschiedlichen Gliedern zu sein. Bob Lupton zum Beispiel ist ein enger Freund von John und mir. Bob fing eine tolle Arbeit in Atlanta an und war ein großartiger Verfechter des direkten Angriffs auf die Gentrifikation. Es gibt einige Dinge, bei denen wir sehr gegensätzlicher Ansicht sind, wenn es zum Beispiel um Politik und Wirtschaft geht. Ich erzähle den Leuten, dass er in der Tat der von mir am meisten geschätzte „verantwortliche Kapitalist" ist.

Bob war einer der ersten, der an Bord kam, als wir The Simple Way ins Leben riefen. Er dachte wahrscheinlich, wir wären ein wenig naiv und verrückt. Aber ich bin auch sicher, dass er in uns ein Feuer sah, das er bewunderte und vielleicht sogar einen jugendlichen Idealismus, von dem er dachte, CCDA würde ihn brauchen. Und du kannst glauben – sobald wir in unserem Viertel Probleme mit Gentrifikation hatten, riefen wir Bob. Ich gestehe, ich werde ihn bei der nächsten Wahl nicht fragen, wen ich wählen soll, aber weder er noch ich glauben sowieso, dass eine Wahl die Welt verändert.

Um herauszufinden, wie ein Nachfolger aussieht, müssen wir bloß in den Spiegel schauen.

Vor ein paar Jahren lähmte uns in gewisser Weise ein Muster, das wir hier bei The Simple Way beobachteten. Viele unserer Besucher und neuen Mitglieder, aber auch die langfristige Leiterschaft, setzte sich aus jungen Weißen zusammen. Und wir wollten doch eine Arbeit der Versöhnung tun und strebten danach, die Vielschichtigkeit von Gottes Familie widerzuspiegeln. Einige meiner afroamerikanischen und Latino-Brüder und -Schwestern fingen an, unsere „Weißheit" zu kritisieren. Das war hart. Ich rief schließlich einige dieser Freunde an und fragte sie mit Tränen in den Augen, ob sie uns helfen würden, das zu lösen. Wir nahmen einige wichtige Änderungen vor und tun das immer noch – aber es fing damit an, dass wir gute Zuhörer waren, und nicht in die Verteidigungsposition gingen. Wir mussten bereit sein, ein paar von unseren Kritikern an den Tisch zu holen und ihnen Freiräume zu schaffen, uns zu führen, denn wir bewegten uns auf unbekanntem Terrain. Wir mussten in der Lage sein, zu sagen – nun ja, dass wir einige Dinge ganz gut machen, aber dies hier eben nicht dazu gehört. Hoffentlich wird das zu einer Sache, die wir gut machen, denn unser „wir" ist jetzt viel größer.

John: Um herauszufinden, wie ein Nachfolger aussieht, müssen wir bloß in den Spiegel schauen oder uns auf eine Parkbank setzen und den Leuten zusehen, die an uns vorbeilaufen. Manchmal sind es die Leute, die wie wir aussehen, die uns zuhören und sich uns anschließen; ein andermal ist es eine völlige Überraschung, wer uns folgt. Wir sollten es vermeiden, Nachfolger in Schubladen zu stecken, so wie wir auch nicht klischeehaft betrachtet werden wollen.

Als ich die Genossenschaften in Mississippi in den 1960er Jahren gründete, waren es die Schwarzen, die zuhörten und folgten. Sie waren diejenigen, die einen wirtschaftlichen Durchbruch brauchten, nicht die Weißen. Wir wollten und brauchten die Unterstützung von Weißen, aber es würde länger dauern, die zu bekommen.

Wir müssen lehren, was wir wissen. Wir kommunizieren den Menschen das, was wir erlebt haben. Wenn die Leute ähnliche Dämonen haben wie wir, ähnliche Kämpfe und ähnlichen Schmerz, dann möchten sie vermutlich auch unsere Hoffnung mit uns teilen.

Shane: Wir sprechen in meiner Gemeinschaft viel darüber, dass wir berufen sind, zu harmonisieren und nicht zu homogenisieren. Für uns heißt das, wir singen die gleiche Melodie und tanzen zur selben Musik, aber wir sind deswegen noch lange nicht alle identisch. Nur weil wir demselben Rabbi folgen, müssen wir nicht in Gleichförmigkeit enden. Tatsächlich scheint genau das Gegenteil der Fall zu sein. Gleichförmigkeit und Eintönigkeit (Homogenität) sind Teil des Imperiums und des Systems dieser Welt. Den Leuten wird Konformität beigebracht und sie werden in bestimmte Arten zu handeln, sich zu kleiden, zu essen und zu sprechen sozialisiert.

Es ist komisch, dass John Leiter ermahnt, Nachfolger nicht in Schubladen zu stecken. Das ist ein gutes Wort ... und ist es nicht genau das, was wir in unserer Kultur die ganze Zeit machen? Es gibt ein altes Lied, das so anfängt: „Little boxes on the hillside; little boxes made of ticky tacky." (*Kleine Schachteln am Hang des Hügels; kleine Schachteln aus 08/15-Material.* Ich kann das hier nicht alles zitieren, aber man findet den Text im Internet. Einfach mal googeln oder bei Wikipedia nachsehen.) Malvina Reynolds beschreibt in diesem Lied haargenau das Imperium. In einem Gedicht und mit einem Jingle zeigt sie, wie wir als Kinder, Studenten, Rechtsanwälte, Geschäftsführer in Schachteln (oder Schubladen) gesteckt werden – die Liste ist lang.

Es ist das System, das Imperium, die Matrix. Das ist Cäsars Welt. Cäsar macht die Münzen und sie sind alle identisch. Aber unser Gott ist ein Gott der Vielfalt. Unser Gott ist Künstler. Das Königreich Gottes ist der Ort, an dem jeder Mensch einzigartig ist, genauso wie unsere Fingerabdrücke. Wenn die Leute uns folgen, dann können wir nicht so tun, als würden sie alle die genau gleichen Entscheidungen treffen oder absolut gleich reagieren. Es gibt bestimmte Dinge, von denen wir eindeutig sagen können, dass sie ein Mandat des Evangeliums darstellen – wie etwa die Sorge für die Armen oder das Verkündigen der erlösenden Liebe Jesu. Aber Jesus sagt nicht jedem dasselbe, wenn er jemanden einlädt, ihm nachzufolgen. Zur einen Person sagt er: „Werde wiedergeboren." Zur nächsten sagt er, sie solle alles verkaufen, was sie hat, und es den Armen geben. Und es gibt einen unmissverständlichen Aufruf in der Schrift, nicht „gleichförmig dieser Welt" zu sein (Röm. 12,2, *Revidierte Elberfelder).* Aber nur weil wir berufen sind, radikale Nonkonformisten zu sein, heißt das noch lange nicht, dass wir alle am Ende dasselbe tun.

Nonkonformität heißt nicht Gleichförmigkeit. Wir sind alle berufen, ein Kreuz zu tragen. Aber das heißt nicht, alle Kreuze wären gleich. Denk an die beiden Steuereinnehmer, die Jesus nachfolgten – Matthäus und Zachäus. Obwohl sie beide denselben Beruf hatten, waren ihre Reaktionen auf Jesus nicht identisch. Matthäus verlässt alles und folgt Jesus barfuß durch die Straßen. Zachäus macht das nicht. Er verkauft die Hälfte von allem und gibt es den Armen, und dann zahlt er den Leuten das Vierfache dessen zurück, was er ihnen abgeknöpft hat. Er ist eine andere Art von Steuereinnehmer, der Jubeljahr-Wirtschaft betreibt und die Schuldenspirale auf den Kopf stellt. Weder Matthäus noch Zachäus waren mehr den Mustern dieser Welt

gleichförmig und den Unterdrückungssystemen der Besteuerung, in denen sie sich befanden. Aber sie reagierten auf unterschiedliche Weise.

Ein kleines Nonkonformitätsabenteuer, auf dem wir unterwegs waren – eines, für das man heute gute Leiter und Propheten braucht – ist Fair-Trade-Kleidung. Wir versuchen, den Ausbeutungsbetrieben, der Kinderarbeit und der modernen Sklaverei den Garaus zu machen. Ganz viele von uns sind der Meinung,
dass etwas passieren muss, aber wir bekämpfen diese Ungerechtigkeit nicht alle auf dieselbe Weise. Ich sehe so viel Kreativität. Einer meiner Freunde gründete in der Nähe von Philadelphia eine T-Shirt-Firma. Sie sind entschlossen, die hier in der
Gegend so dringend benötigten Arbeitsplätze zu schaffen und
dabei umweltfreundliche Farben und T-Shirts aus fairem Handel zu verwenden. Dann gibt es Leute wie Tony Campolo und
mich, und vielleicht demnächst auch John (kleiner Wink mit
dem Zaunpfahl), die darum bitten, dass alle Veranstaltungen,
auf denen wir sprechen, die lokale Wirtschaft unterstützen.
Speziell versuchen wir sicherzustellen, dass die T-Shirts auf
christlichen Konferenzen nicht mit Blut und Schweiß der Armen
hergestellt werden. Und die Strategie geht auf ... nicht nur bringt
das Frucht für das Evangelium (wir sind gute Verwalter), sondern es stellt auch Geld für Jobs und Arbeit im lokalen Umfeld
sicher. Wie cool ist das denn? Wenn du also irgendwann mal T-
Shirts zu bedrucken hast, dann ruf' meinen Kumpel Adam von
Dotted Line an.[1]

Wir müssen immer unsere Augen für das offenhalten, was
als nächstes kommen könnte und nicht einfach nur annehmen,
wir wären schon angekommen. Kürzlich traf ich ein paar Leute,
die ihre Jobs in großen Firmen aufgegeben hatten, um eine Firma für T-Shirts und Taschen aus fairem Handel zu gründen. Damit geben sie Frauen in Kalkutta Jobs, womit sie die Flucht aus
der Sextourismusindustrie in den Rotlichtbezirken ermöglichen.
Sie nennen sich Freeset und wie es aussieht, sind sie unser größter Lieferant für T-Shirts. Wir wollen ihre Ware sogar an andere
T-Shirt-Drucker überall im Land vertreiben, für die so was wichtig ist. Der Gründer von Freeset, Kerry Hilton, sagt: „Unser ei-
gentliches Geschäft ist die Freiheit und um die zu bekommen,
stellen wir qualitativ hochwertige Jutetaschen her und expor-
tieren sie."

Es ist fantastisch zu erleben, wie jeder seine eigenen Gaben entdeckt, wie Leidenschaften entfacht werden und unterschiedliche Leute bei ihrer eigenen kleinen Sache auf dem Fahrersitz Platz nehmen. Keiner muss alles machen, aber jeder muss etwas tun. Wie die Teile eines Puzzles ... wir sind ein Leib, Gottes Leib, und treten Ungerechtigkeit und Ungleichheit entgegen. Ich habe gehört, wie John gesagt hat: Wir müssen Armut und Ungerechtigkeit aus allen Richtungen angreifen. Gib einem Menschen einen Fisch, und er hat Nahrung für einen Tag; lehre ihn zu fischen, und er kann sich selbst ernähren. Aber wir müssen auch fragen: „Wem gehört der Teich?" Andere werden fragen: „Wer hat den Teich verschmutzt?" Wieder andere fragen: „Warum kostet eine Fischereilizenz so unverschämt viel?" Wir müssen immer weiter Fragen stellen und kommen irgendwann zur Wurzel der Ungerechtigkeit, die bestimmte Menschen daran hindert, sich ernähren zu können, während andere in Saus und Braus leben.

Wenn wir „zuerst nach dem Reich Gottes suchen", verlieren einige von uns vielleicht ihre Stelle. Andere werden ihren Job neu definieren. Wieder andere stellen das System auf den Kopf, weil wir dieses andersherum funktionierende Königreich Jesu leben. Was wir sagen können, ist, dass eine Begegnung mit Jesus sicherlich nicht nur das, was wir glauben durcheinander bringt und transformiert, sondern auch wer wir sind – unsere Wirtschaft, unsere Politik, unsere Familien, sogar unser Leben selbst. Also folgt nicht uns. Folgt Jesus, und folgt uns insoweit, wie unsere Fußspuren näher zu ihm hinführen.

John: Wir neigen dazu, Leitern zu folgen, die unser Verständnis von dem widerspiegeln, wie wir uns das Leben vorstellen oder worauf wir hoffen – oder die wenigstens unseren grundlegenden Ansichten entsprechen. Ein Leiter, der in seiner Vision handelt, gibt den Menschen ein tieferes Verständnis der Existenz. Gute Leiterschaft macht für Nachfolger und die Welt um sie herum eine qualitativ hochwertigere Art der Alltagserfahrung zugänglich. Dieses „gute Leben" beruht nicht auf Materialismus. Es gründet sich im menschlichen Geist.

Wie wir materiellen Besitz betrachten, wirkt sich auf unsere Wahrnehmung des Lebens aus und auf die Art, wie wir leiten und nachfolgen, ob wir uns nun im Lager des extremen Wohlstandsevangeliums befinden, mit den Amischen in Pennsylvania oder in der Innenstadt. In meiner Gemeinschaft haben manche der armen Leute die Vorstellung, wenn sie schon selbst keine Güter haben (ein schönes Auto, hübsche Kleider, Diamanten und so weiter), dann können sie diese Dinge ja wenigstens ihrem Leiter geben. Und manche Leiter machen da mit. Ich nenne das die Salomo-Mentalität. Salomo war einer der reichsten Männer des Alten Testaments.[3] Er hatte 12.000 Pferdereiter; religiöse Führer von heute fahren einfach nur Autos mit vielen Pferdestärken.

Hier ist das Prinzip: Die Leute als Kollektiv neigen dazu, ihrem Leiter das zu geben, was sie einzeln für sich selbst verwirklichen möchten und von dem sie merken, dass sie es selbst nicht haben können. Einige Leiter spielen mit dieser Art von Mentalität und es dauert nicht lange, bis sie die Leute nicht zu deren Bestem führen, sondern für ihren eigenen Nutzen. Einige der bekanntesten Fernsehprediger verwenden genau die richtigen Worte, um Konsum im großen Maßstab zu rechtfertigen: Boote, Häuser, Flugzeuge und dergleichen. Jesus sagt, Geben ist seliger als Nehmen. Es ist eine geistliche Gabe. Und die eine Gabe, die jeder haben kann. Das eigentliche Problem, das ich mit Wohlstandsleitern habe, liegt darin, dass sie das gutmütige Geben der Menschen manipulieren – die Gabe Gottes.

Wir neigen dazu, Leitern zu folgen, die unser Verständnis dessen widerspiegeln, wie wir uns das Leben vorstellen oder worauf wir hoffen.

„Und in ihrem Gebet für euch sehnen sie sich nach euch wegen der überschwänglichen Gnade Gottes bei euch. Gott aber sei Dank für seine unaussprechliche Gabe!" (2. Kor. 9,14-15, Luther 1984). Diese unaussprechliche Gabe ist die Gabe des Gebens. Das ist die Idee hinter Johannes 3,16. Gott gab seinen einzigen Sohn für uns. Es macht mich wütend, dass wir das heiligste Geschenk nehmen, diese Gabe des Gebens, und wir verderben es, indem wir es für unsere eigenen, selbstsüchtigen Zwecke benutzen. Deshalb sollte es nicht manipuliert werden.

Das betrifft weiße Prediger genauso wie schwarze – es ist ein menschliches Charakteristikum. Viele der schwarzen Wohlstandsprediger erhielten ihr Training von ihren weißen Entsprechungen. Ich bin nicht gegen Fundraising als Aufgabe, solange es nicht nur zum Vorteil einer Person ist, sondern den Armen und dem Allgemeinwohl der Gesellschaft dient ... also „Allgemeinwohl" im Sinne von Krankenhäusern, Kunst und all den kulturellen Entwicklungen, die das menschliche Dasein aufwerten.

Shane fuhr einen Bus mit Biotreibstoff auf seiner Buchtour für *Jesus for President*. Nun, das sendet eine Botschaft, aber ich hoffe, dass wir für dieses Buch in keinen Bus steigen. Ich bin nicht sicher, ob ich dazu bereit bin, dieses Zeug zu filtern!

SHANE: Keine Sorge, das mit dem Biobus haben wir schon durch. Für dieses Buch müssen wir etwas anderes probieren – vielleicht eine Buchtour per Pferd, wie John Wesley und die Erweckungsprediger es machten! Hey, wirklich, der Biobus war ein unglaubliches Abenteuer. Wir waren in über 20 Städten in Nordamerika und ich reiste fast 18.000 Kilometer in der alten Kiste, roch wie Pommes, hielt an Restaurants und fragte, ob ich ihr altes Frittenöl haben könnte. Aber es wurzelt alles in Integrität. Als wir die Tour planten, entschieden wir, dass wir bei einer Reise durch das Land, in der wir über die sonderbare Politik von Gottes Reich sprechen, auch das praktizieren müssen, was wir predigen. Also fragten wir ein paar Freunde, ob wir uns ihren Dieselbus ausleihen dürften. Den hatten sie nämlich so umgebaut, dass er mit altem Pflanzenöl fuhr. Er wurde Teil unserer Botschaft, Teil unserer Politik. Sogar CNN stieg zu uns in den Bus. Es war Teil unseres Zeugnisses – dass es Gott wichtig ist, wie wir reisen, wie wir leben, wie wir unsere Ressourcen gebrauchen. Mal ganz davon abgesehen, dass wir echt billig reisen konnten. Das gesamte *Jesus for President*-Projekt mit Buch und Tour sollte die Fantasie beflügeln – die Leute zum Nachdenken bringen, und zwar nicht nur über die Wahl am 4. November, sondern auch darüber, wie wir am 3. November und am 5. November leben, jeden Tag.

Wir müssen dort kratzen, wo es die Leute juckt. Darum ging es bei diesem Projekt *Jesus for President*. Die Leute fingen an, über wichtige Themen zu sprechen und über Dinge, die wirklich etwas bedeuten – wie Gesundheitswesen, Einwanderung, Abtreibung, Armut, die Umwelt, Militarismus ... und wir wollten zu diesen Gesprächen einen Beitrag leisten und dabei den Medien, den brisanten Themen, den alten Lagern und den ausgelutschten Debatten nicht erlauben, den Rahmen für die Diskussion zu setzen. Wir mussten querdenken. Das ist eine Sache, die Jesus ganz ausgezeichnet beherrschte. Er malte nicht nach Zahlen. Er beantwortete nicht einfach die Fragen; er hinterfragte die Fragen.

Leiter identifizieren die Dinge, die den Leuten wichtig sind (zum Guten oder zum Schlechten). Die Menschen möchten sicher sein, sie sind zu Tode verängstigt, was den Tod angeht, also folgen sie Leitern, die ihnen ein Gefühl von Sicherheit geben (natürlich hat Jesus die Dinge hinterfragt, auf die wir hoffen und denen wir vertrauen; er tut das heute noch – und bietet einen Sicherheitsplan an, mit dem niemand jemals eine Wahl gewinnen würde: „Verliere dein Leben, um es zu finden." (Es ist schon ein Wunder, dass er mit so einem Plan überhaupt zwölf Nachfolger hatte.) Menschen wollen in den Himmel kommen, also sehen wir Bücher und Filme darüber. Ich bin mir nicht so sicher über die Theologie der *Finale*-Serie, aber Tim LaHaye und Jerry Jenkins verkaufen auf jeden Fall eine Menge Bücher.

Als Leiter haben wir die Pflicht, unsere Aufmerksamkeit auf die Dinge zu richten, die den Leuten wichtig sind und von denen sie angezogen werden. Das sagt etwas über ihr tiefstes Verlangen. Wir können Menschen nicht einfach deswegen abschreiben, weil wir anderer Meinung sind als sie. Wir müssen anfangen uns zu fragen: *Was steckt dahinter?* – selbst wenn wir anderer Ansicht sind oder ihren Stil nicht besonders mögen. Selbst die religiöse Rechte in den USA hat Leiter, wenn auch solche, mit denen einige Leute nicht einer Meinung sind. Aber wenn wir nicht aufpassen, dann schreiben wir alle ihre Nachfolger ab, wenn wir uns nicht mit ihrer Botschaft und den Gründen auseinandersetzen, weshalb Leute ihnen folgten und immer noch folgen. Jesus ging immer auf den Dialog mit seinen Kritikern zu. Er war in der Lage, ein ziemlich eklektisches Gespräch beim Abendessen zustande zu bringen. Schau dir seine Nachfolger an. Er konnte einen Zeloten-Revolutionär genauso an den Tisch holen wie einen römischen Steuereinnehmer. Zeloten brachten Steuereinnehmer mal eben zum Vergnügen am Wochenende um. Was für eine Mischung ... und alle wurden zu einer neuen Schöpfung in Christus umgewandelt.

Gute Leiter fürchten nicht diejenigen, die Dinge anders sehen. Ich denke, dass es tatsächlich ein Zeichen der Schwäche und nicht der Stärke ist, wenn wir die Stimmen der Abweichler zum Schweigen bringen wollen. Mir wurde eine Einladung als Sprecher storniert, weil ich „zu liberal" war. Ein paar Monate später wurde mir eine andere Einladung storniert, weil ich „zu konservativ" bin. Vielleicht ist das ein Zeichen dafür, dass wir irgendetwas richtig machen. Aber es ist auch ein Zeichen dafür, dass Leute ängstlich sind, als ob der Geist nicht in der Lage wäre, uns in die Wahrheit zu führen, und uns als Türwächter der Wahrheit bräuchte.

John: Als ich Al Whitaker das erste Mal bei einem überfüllten Treffen am Flughafen begegnete, hätte ich nie gedacht, dass er einmal einer meiner besten Freunde werden würde. Wir waren bei so ziemlich jeder Sache anderer Meinung. Er war ein konservativer Investment-Banker-Typ. Aber neben seiner geschäftlichen Versiertheit begriff er auch den Wert einer guten Beziehung. Für unser erstes Zusammentreffen kam er nach Mississippi und verbrachte eine Woche mit mir. Wir fuhren überall hin und lernten einander auf einer Herzensebene kennen. Aufgrund dieser Woche beteiligte er sich an der Vision von Christian Community Development.

Er ist der Mann, der den ersten Schritt zur Entwicklung von CCDA machte. Er schuf das erste christliche MBA-Programm an der Eastern University. Er startete Opportunity International, eine kleine internationale Bank, die Darlehen an Banken in Entwicklungsländern vergibt, welche wiederum Mikrodarlehen an Bäcker, Schneider und alle möglichen anderen Leute in armen Gegenden vergeben. Ich bin so dankbar, dass wir es gewagt haben, uns aufeinander einzulassen. Trotz unserer anfänglichen Differenzen ist unser Leben durch unsere Freundschaft enorm bereichert worden – und gemeinsam verändern wir die Welt.

SHANE: Manche von uns folgen Menschen nicht, weil diese irgendeine Wahrheit vertreten, sondern weil sie sich von ihnen geliebt fühlen. Das kann sich als ein gefährlicher Grund für das Nachfolgen erweisen. Denn oft schließen sich Menschen deshalb einer extremistischen Gruppe an. Es ist eine unserer tiefsten Sehnsüchte, versichert zu bekommen, dass wir schön sind, dass wir Würde haben, dass wir Bedeutung besitzen; und wir können das an allen möglichen hässlichen Orten finden. Diese Bedürfnisse sind echt, aber wir können uns dabei auf etwas einlassen, das sie nicht wirklich erfüllt. Das ist eine Art von falscher Gemeinschaft oder falschem Evangelium. Deshalb haben Wohlstandsprediger auch so eine Gefolgschaft. Sie erzählen den Leuten, was diese hören wollen – das Versprechen von Gesundheit, Segen und Wohlstand. Sie sagen „Friede", selbst wenn es keinen gibt. Das klingt einfach zu sehr nach den falschen Propheten in der Schrift … und falsche Propheten können Nachfolger haben. Sie können sogar eine verführerische Botschaft und eine charismatische Persönlichkeit besitzen.

Der wahre Test ist Frucht, und das ist auch der Lackmus-Test Jesu. Wenn das Evangelium, das wir hören, keine gute Nachricht für die Armen ist und Freiheit für die Unterdrückten bedeutet, dann ist es nicht das Evangelium von Jesus, egal wie groß das Gefolge ist. Es gibt da draußen ein anderes Evangelium. Es ist ein selbstzentriertes, auf Segen versessenes Evangelium des Wohlstands. *Werde ein besseres Selbst. Finde das bestmögliche Leben.* Wenn wir nicht aufpassen, verlieren wir in unserer Selbstverliebtheit das Geheimnis Jesu: „Wenn du dein Leben finden willst, musst du es weggeben." Verliere dich selbst. Wir sind dazu geschaffen, für etwas zu leben, das größer ist als wir selbst. Wenn wir so viel Zeit damit verbringen, in den Spiegel zu schauen, dann blicken wir nicht mehr auf Jesus.

Das ist genau, worum es bei Jüngerschaft geht, nämlich uns mit Leuten zu umgeben, die uns an Jesus erinnern und zu hoffen, dass sie ein wenig auf uns abfärben. Wie einer meiner Freunde immer sagt: „Jüngerschaft heißt, einen Rabbi zu finden, dem wir so eng folgen, dass wir von dem Staub bedeckt werden, den er aufwirbelt." Absichtsvolle Gemeinschaft bedeutet einfach, eine Gruppe von Menschen zu wählen, mit der man leben will, weil sie einen näher an die Person heranbringt, die wir nach Gottes Willen werden sollen.

Das ist eine der Schlüsselfragen, mit der wir Gottes Willen erkennen können; wir fragen: „Bringt mich das – diese Gemeinschaft, dieser Ehepartner, dieser Leiter – näher zu Jesus?" Kann ich den Duft Jesu an ihnen riechen?

Ich habe einen Freund in Philadelphia, der immer Zeug verschenkt. Tatsächlich hat er fast jedes Mal, wenn wir uns treffen, seinen Mantel oder seine Schuhe oder eine Decke verschenkt, weshalb ich ihn immer frage, ob er etwas braucht. Ich habe herausgefunden, dass es eine seiner Grundregeln ist, jedes Mal etwas wegzugeben, wenn jemand ihm ein Kompliment wegen etwas macht, das er hat oder trägt, damit er nicht zu stolz wird, während die Person den Gegenstand dringender benötigt als er selbst.

Einmal hatte er ein Fahrrad, von dem ein Kind sagte, dass es ihm gefällt. Ehe ich mich umdrehen konnte, war das Rad schon weg.

Eine der Grundregeln meines Freundes ist es, angesichts der Unmengen von Lebensmitteln, die sinnlos vernichtet werden, wann immer möglich Weggeworfenes zu essen. Einmal sprach ich an einer angesehenen Eliteschule und nahm meinen Freund mit. Nachdem ich meinen Vortrag gehalten hatte, gab es ein VIP Buffet mit allen Schikanen, das für uns mit den Dekanen und Leitern der Universität geplant war. Wir standen alle an und mir fiel auf, dass sich mein Freund herausgemogelt hatte und an der Schlange mit den Tellern stand. Dort kratzte er die Reste zusammen, die die Leute wegwarfen. Das waren andere Sachen als das, was wir am Buffet zu essen hatten. Als er an den Tisch zurückkam, hatte er tatsächlich einen Teller voller recht köstlich aussehender Speisen und zog ein paar neugierige Blicke von den Schulleuten auf sich. Einer von ihnen sagte höflich zu ihm „Das sieht wirklich gut aus." Und mit einem netten Lächeln und einem Zwinkern in meine Richtung schob er seinen Teller nach vorn und bot einen Bissen an. Das ist die Art von Person, die ich um mich haben will. Solche Menschen halten uns davon ab, gleichgültig zu werden.

Als Leiter muss es das Gefühl geben, die Leute näher heranzubringen, und zwar nicht zu uns, sondern zu dem, wer Gott ist. Und als Leiter müssen wir mit Paulus sagen: „Soweit ich wie Jesus bin, folge mir" (und wo ich nicht wie Christus bin, folge nicht!).

In meiner Generation gibt es so ein Misstrauen gegenüber Leiterschaft, was zum Teil daran liegt, dass es so viele schreckliche Leiter gibt. Die Leute haben Fernsehevangelisten gesehen, die das Geld der Leute nehmen, Priester, die Kinder missbrauchen und Pastoren, die außereheliche Affären haben. Ich vermute, das ist nichts wirklich Neues. Jedoch ist neu, dass bei jedem

„Skandal" die Welt darüber Bescheid weiß – durch die Medien, das Internet, Twitter und Blogs. Wenn die Kacke am Dampfen ist, verbreitet sich der Geruch sehr schnell und es *scheint* zumindest so, als ob jeder Leiter bis zu den Ellbogen in Schwierigkeiten steckt. Das Nette daran ist – wie die Schrift es ausdrückt – dass es schwer zu verstecken ist ... was man im Stillen tut, wird von den Bergen gerufen werden.[4] Aber das Bild hängt ein wenig schief, denn die Skandalgeschichten bringen viel heißere Nachrichten als die Geschichten von Gnade oder Versöhnung. Schlechte Leiterschaft bekommt mehr Sendezeit als gute Leiterschaft. Und während uns die Skandale etwas misstrauisch und zögerlich machen und wir uns fragen, ob wir dem nächsten charismatischen Leiter trauen können, sollten wir niemals vergessen, dass es so viele gute Leiter gab, selbst in den letzten fünfzig Jahren.

John: Gute Leiterschaft bringt gute „Nachfolgerschaft" hervor. In diesem Abschnitt geht es darum, gute Nachfolger zu finden. Wonach sollten wir also Ausschau halten, wenn wir uns mit Menschen zusammentun, die uns beim Weitertragen der Vision helfen können?

1. Natürlich – schau dir ihre Hingabe an Christus an. Wie stark ist sie? Hat die Person ein gutes Herz oder kommt sie als zu religiös oder fromm rüber? Wie hingegeben ist sie an eine Sache? Halte nach Leuten Ausschau, die Ideen haben. Sieh dich nach Lernenden und Zuhörern um. Nachfolger müssen fest in ihrem Glauben sein, aber auch formbar in der Art und Weise, wie sie an das Ausleben ihres Glaubens herangehen.

2. Ich mag nachdenkliche Menschen. Das sind die Leute, die Motive und die Richtung hinterfragen und dabei kontinuierlich vorwärts gehen. Man muss die Straße entlanglaufen, um die Schlaglöcher darin zu bemerken.

3. Ehrlichkeit und Integrität sind ausgesprochen wichtig.

4. Ich halte Ausschau nach jemandem, der gut schreiben und die Vision in einer Reihe von Medien kommunizieren kann. Gute Schriftführer. In Habakuk 2,2 steht: „Schreib die Vision

auf, und zwar deutlich auf die Tafeln, damit man es geläufig lesen kann" (Revidierte Elberfelder).

5. Ich liebe Leute, die leidenschaftlich sind in Bezug auf Menschen, nicht auf Gebäude.

6. Ich liebe Leute mit viel Energie! Vision kann in Menschen Energie erzeugen, aber im Großen und Ganzen haben Leute viel oder wenig Energie. Menschen mit viel Energie geben mehr Energie in das, was ich tue! Häufig sind das auch die Visionäre.

7. Ich halte Ausschau nach Leuten mit Disziplin. Wenn sie Disziplin haben, dann kannst du ihnen helfen, Gottes Berufung für ihr Leben zu entdecken. Man braucht dazu persönliche Entschlossenheit und Erdung. Das wirkt sich auf viele verschiedene Weisen aus.

8. Ich halte Ausschau nach Leuten mit einem breiten Weltbild. Wenn man sich auf eine Reise macht, dann ist der Funke der ursprünglichen Motivation eine einzelne Handlung, aber man muss an einem ganzheitlicheren Ende ankommen.

9. Ich halte Ausschau nach sparsamen Leuten. Es gibt einen Unterschied zwischen Sparsamkeit und Geiz, wenn es um Geld geht. Geiz heißt, das Geld horten. Sparsamkeit bedeutet, es dort anzulegen, wo es am meisten bewirkt.

10. Ich halte Ausschau nach Menschen mit Freude im Herzen – Leute, die lachen und einen Witz reißen können. Wenn jemand übermäßig zugeknöpft ist, dann ist er vielleicht nicht offen genug. Ich mag leichtherzige Menschen – sie machen das Leben so viel lebenswerter.

SHANE: Gott liebt uns sicherlich so, wie wir sind, und nicht wegen dem, wer wir sein könnten – nicht trotz unserer Mängel, sondern mit ihnen. Und doch bedeutet Kirche von und für Zerbrochene zu sein nicht, dass wir in unserer Zerbrochenheit bleiben. Wir müssen Heiler sein, Gemeinschaften, in denen Menschen gesund werden können. Wie Dorothy Day sagt, wir müssen eine Umgebung schaffen, in der es einfacher ist, gut zu sein. Das heißt Disziplin. Das Wort „Disciple" (Jünger) besitzt die gleiche Wortwurzel wie „Disziplin". Und das ist kein Wort, das wir sehr gern mögen.

Für viele von uns hat das richtende, arrogante, legalistische Christentum, das wir vielleicht in unserer Kindheit und Jugend kennengelernt haben, zu einem Misstrauen gegenüber Disziplin und Ordnung geführt, was wiederum zu einer ziemlich schluderigen Spiritualität führen kann. Durch unsere Reaktion auf die eine kranke Institution kann es uns leicht passieren, dass wir uns plötzlich ohne großen Rückhalt wiederfinden, wenn es darum geht, von unseren eigenen Wunden zu genesen, neue Jünger zu schaffen und einen Raum zu kreieren, in dem die Güte triumphiert.

Ich habe gerade einen Artikel gelesen, in dem es um einen der Erziehungsgurus ging, der vor ein paar Jahren gestorben ist. Er war einer der Psychiater, der einer Pionierbewegung vorstand und die Ansicht vertrat, Eltern sollten ihre Kinder nicht disziplinieren, sondern den Kindern Autonomie erlauben, sie selbst Fehler machen und Entscheidungen treffen lassen (lasse sie eine Kerze anfassen, sodass sie lernen, was „heiß" bedeutet ...). Lass die Kinder einfach Fehler machen – das ist die beste Weise, um zu lernen! Auf seinem Sterbebett bekannte dieser Arzt, dass die Sozialwissenschaftler sich geirrt hatten. Er sagte: „Wir haben eine Generation von Gören großgezogen."

Große Teile der auf Kirchenferne ausgerichteten, postmodernen Gemeinde stehen in der Gefahr, denselben Fehler zu machen. Wir können eine Generation geistlicher Gören großziehen, die tun, was sie wollen und denen niemand etwas sagen darf. Die Leute kommen an den Altar und singen „Just as I am" und gehen wieder genauso weg, wie sie waren – eine Kirche, die lehrt, was man glauben soll, aber nicht, wie man lebt. Eine Kirche, die Angst hat vor geistlichen Disziplinen wie Einfachheit, Fasten, Einsamkeit und Enthaltsamkeit wird nicht besonders gute Jünger hervorbringen.

Gemeinschaft ist derzeit ziemlich in. Die Sehnsucht nach Gemeinschaft ist in uns allen, zu lieben und geliebt zu werden. Aber wenn Gemeinschaft nicht für etwas existiert, das über uns hinausgeht, dann stirbt sie, verkümmert, erstickt. Ohne Disziplin werden wir kaum mehr als Hippiekommunen oder Verbindungshäuser; wir bleiben hinter Gottes Traum zurück, eine neue Menschheit zu formen mit eindeutigen Praktiken, die in Kontrast stehen zur Kultur im Rest der Gesellschaft.

Wie jede Kultur haben wir, die wir dem Weg Jesu folgen, eindeutige Formen zu essen und zu feiern, die sich von der Kultur des Konsums, der Gleichförmigkeit und dem Hedonismus um uns herum unterscheiden. Disziplin und Jüngerschaft passiert nicht einfach; das muss kultiviert werden.

John: Welche fünf oder sechs Qualitäten suchst du, wenn du Jünger auswählst? Okay, ich hatte zehn, du darfst also auch zehn haben ... aber kopiere nicht einfach meine Liste.

1. _____

2. _____

3. _____

4. _____

5. _____

6. _____

7. _____

8. _____

9. _____

10. _____

Anmerkungen

1. Siehe www.dottedlineshirts.com
2. Siehe www.freesetglobal.com
3. Siehe 1. Chronik 22,14; 1. Könige 9,14; 10,14 und 10,26-29.
4. Siehe Markus 4,22.

Etwas größer

(ERKENNEN, DASS ES NICHT EINFACH NUR UM UNS GEHT)

John: Rick Warren hat es mit der ersten Zeile seines Buchs *Leben mit Vision* auf den Punkt gebracht. Es geht nicht nur um uns.

Wenn jemand in einem Gebetstreffen darüber spricht, dass er oder sie eine Rollstuhlrampe braucht, dann bete nicht einfach nur dafür. Bete dafür, aber trommle auch ein paar Schreiner zusammen. Ich könnte beim Bau einer Rollstuhlrampe helfen (oder jemanden finden, der es kann), und das können viele von euch. Wenn jemand Brustschmerzen hat, dann bete nicht nur. Bete, aber schau auch, ob ein Arzt im Haus ist und ruf einen Krankenwagen. Wenn einer alleinerziehenden Mutter gekündigt wurde, dann bete, aber lade sie auch zum Essen ein. Hilf ihr vielleicht mit ihrem Lebenslauf. Frag herum, ob irgendjemand Leute sucht. Ein guter Leiter ist der Erste, der für jemanden betet, *und* er ist auch der Erste, der die Leute zusammenbringt, damit das Gebet beantwortet wird. Wir können nicht immer die Antwort auf jedes Gebet sein, aber gute Leiter bringen Menschen zusammen und fördern das Leben.

SHANE: Gute Leiterschaft ist nicht nur inspirierend und motivierend, sondern auch mit Handeln verbunden. Wir zeichnen nicht einfach nur einen Plan für eine Rollstuhlrampe, sondern wir sorgen dafür, dass sie gebaut wird.

In unserer Gemeinschaft haben wir einen kleinen Lackmustest, mit dem wir unsere Motive prüfen. Wir fragen uns: *Würde ich das, was ich mache, auch tun, wenn ich dafür nicht bezahlt werden würde?* Zehn Jahre lang war die Antwort: „Absolut." The Simple Way hatte keine bezahlten Mitarbeiter, weil wir uns sagten, wir wollen, dass die Leute das tun, was sie lieben und wofür die begabt sind, ohne irgendwelche Verpflichtungen. Als die Leute anfingen zu heiraten und Kinder zu bekommen und Knieprobleme bekamen, kamen neue Fragen auf und wir entwickelten uns weiter. Das ist gut so – Veränderung heißt, man ist lebendig. Manche Leute werden jetzt bezahlt. Aber wir fragen uns noch immer dieselbe Frage: *Würde ich das auch machen, wenn ich nicht dafür bezahlt werden würde – weil es wert ist, es zu tun, weil ich daran glaube?* Wir brauchen es, dass so ein Feuer in uns entzündet wird, dass wir einfach nicht zusehen können, wenn jemand leidet. Der Punkt ist nicht, ob wir bezahlt werden, sondern: Ist es das Feuer. Brennt es? Liebe ich, was ich tue? Das ist eine Frage für Leiter und Nachfolger. Frucht kommt aus dem, was Leute lieben und deshalb tun. Ich erinnere mich daran, wie ein Reporter einmal zu Mutter Teresa sagte: „Ich würde das, was Sie machen, nicht für eine Million Dollar machen." Und sie schoss zurück: „Ich auch nicht ... aber ich tue es, weil es Gott wichtig ist."

John: Es ist die Tradition überliefert, dass der Jünger Johannes als alter Mann immer von seinen Freunden zur Kirche gebracht und vor alle hingestellt wurde. Er sagte: „Kinder, liebt einander. Kinder, liebt einander." Und die Leute sagten: „Warum sagst du das jedes Mal, alter Mann?" Johannes schreckte nie zurück. Jedes Mal antwortete er: „Das hat uns Jesus gelehrt." Jesus hat uns in der Tat gelehrt, einander zu lieben. Das ist der Lackmustest. Lieben wir einander wirklich? Wenn wir es tun, dann macht es keinen großen Unterschied, ob man Tausend Dollar oder sogar eine Million Dollar dafür bekommt, es beeinflusst uns nicht wirklich. Okay ... für eine Million Dollar könnte man eine Menge Malariaimpfungen in Afrika kaufen oder Häuser für alleinerziehende Mütter in Jackson, aber es sollte keine Auswirkung auf unser Herz haben oder das Maß unserer Liebe steigern. Die sollte immer gleich sein.

SHANE: Als Johannes der Täufer im Gefängnis war, hörte er Berichte über einen großen Propheten, der im Aufstieg begriffen war. Also schickte er zwei seiner Jünger, die der Sache auf den Grund gehen sollten. Es war nicht schwer für sie, Jesus zu finden. Er war in einer Stadt namens Nain, lehrte und heilte Menschen. Die zwei Jünger fragten Jesus geradeheraus: „Bist du wirklich der, der kommen soll oder sollen wir auf einen anderen warten?" (Lukas 7,20). In der *Elberfelder Übersetzung* wird es so beschrieben: „Bist du der Kommende?" Jesus gab in seiner kreativen Art eine Antwort, die einfach brillant war. Er sagte nicht: „Klar, ich bin der Messias ... und wie heißt du noch mal?" Nein, er sagte: „Kehrt zu Johannes zurück und berichtet ihm, was ihr gesehen und gehört habt" (Lukas 7,22).[1]

Was sahen die Jünger? Die Blinden konnten sehen. Die Lahmen gingen. Die Aussätzigen wurden gereinigt. Und lasst uns nicht vergessen, dass die Toten auferweckt wurden *und* die Armen das Evangelium hörten – die gute Nachricht. Ich liebe diese Geschichte. Im Grunde haben diese Abgesandten von Johannes dem Täufer gefragt: „Bist du derjenige, auf den wir gewartet haben?" Ich bin mir sicher, sie haben seine Antwort nicht erwartet. Er sagte praktisch: „Kommt und seht. Und dann sagt ihr es mir." Es war eine Einladung, die Krümel zu deuten, die er zurückließ. Diese Antwort war so in Übereinstimmung mit Jesu Charakter. Das waren nicht einfach nur Worte. Er stolzierte nicht herum und prahlte damit, der Sohn Gottes zu sein. Tatsächlich gebot er in der Hälfte aller Fälle den Leuten, nicht darüber zu sprechen, wenn sie entdeckten, dass er der Messias war. Sie sollten den Ball flach halten. Er befahl den Leuten nicht, ihn anzubeten, aber er lud sie ein, ihm zu folgen – und als sie ihm folgten, entdeckten sie, wer er war (und heute noch ist). Dann beteten sie an. Nicht weil sie mussten, sondern weil sie wollten.

Ich habe Schwierigkeiten, irgendeine Stelle in der Schrift zu finden, in der Jesus den Leuten befahl, ihn anzubeten. Sein Leben war einfach eine Einladung der Gnade. Ich habe einmal von einem Theologen gehört, dass es eine Sache gibt, die wir von Jesus lernen können: Das Evangelium verbreitet sich nicht durch Gewalt, sondern durch Faszination. Das ist Jesus. Er zwingt niemanden; er fasziniert uns mit seiner Liebe. Gute Leiter leben auf eine Weise, die die Leute zu ihrer Vision hinzieht. Gewalt, Zwang, Manipulation, Aggression ... das sind die Waffen der Schwachen. Das sind die Mittel der Imperien. Das sind die Werkzeuge Cäsars.

Wir können von Jesus lernen. Als Evangelikale wollen wir, dass die Menschen die Liebe Jesu kennenlernen. Aber das passiert nicht, indem wir ein magisches Gebet sprechen. Es passiert nur, wenn wir sagen: „Komm und sieh. Komm und folge. Komm und fühle. Komm und erlebe die Güte Gottes."

John: CCDA fing als Verlangen im Herzen einiger weniger Leute an. Die meisten von uns arbeiteten bereits in den Städten und waren der einzige Dienst dort, jedenfalls fühlte es sich so an. Während dieser Jahre war es eine eher einsame Mission, die Gute Nachricht zu den Armen, Unterdrückten und Bedürftigen zu bringen. Die paar glaubenbasierten Arbeiten, die es gab, blickten eher nach innen, weil sie so wenige waren. Es war eine gemeinsame Sehnsucht, die christliche Stadtentwicklung in die Öffentlichkeit zu bringen, sie sichtbarer zu machen. Wenn ein Leiter oder eine Gruppe von Leitern ein Verlangen hat, dann müssen sie sich die schwierigen Fragen stellen. Wir mussten uns fragen: „Gibt es da draußen ein Volk, das so denkt wie wir? Und wer sind diese Leute?"

Wir gingen ein Risiko ein, sandten ungefähr hundert Briefe an Leute, die wir kannten und die vielleicht interessiert sein konnten. Wir luden sie ein, zum Flughafen in Chicago zu kommen, und verbrachten einen Tag mit ihnen. Es kamen Repräsentanten aus 37 Gruppen. Das war ein ganz schön buntes Treffen. Ich war überrascht und begeistert. Wir tauschten Geschichten und Ideen aus. Schnell erkannten wir, dass unsere Sehnsüchte und Träume ähnlich waren. Ein paar Monate später kamen wir wieder zusammen und ziemlich bald hatten wir was am Laufen.

Eine Gruppe von Null zu beginnen ist ein interessanter Prozess, besonders wenn die Mitglieder dieser Gruppe bereits Leiter mit Nachfolgern sind. Nichtsdestotrotz brauchte CCDA einen Leiter. Ich wurde zum Vorstandsvorsitzenden bestimmt und Lemuel Tucker wurde Präsident. Wir legten einen Termin für unser nächstes Treffen fest und waren gespannt zu sehen, wie diese Gruppe Gestalt annehmen würde.

Ein guter Leiter wird sich fragen : Was ist das Beste für meine Teammitglieder ?

Es gibt immer Überraschungen auf dem Weg, und Leiter müssen entsprechend korrigieren. Für uns war es eine traurige Überraschung. Lem wurde krank und starb. Wer leitet jetzt CCDA? Ich sagte: „Ich werde nicht der Leiter sein. Ich möchte der Organisator sein." (Es gibt einen Unterschied zwischen einem Leiter und

einem Organisator und das sehen wir uns später an.) Als wir er-
fuhren, dass Lemuel Tucker gestorben war, war im Raum erst mal
die Luft raus. Wayne Gordon hatte das Treffen kurz verlassen,
und während er draußen war, sagte ich: „Wayne wird der Präsident sein." Und so war es dann. Wayne Gordon wurde der Präsident des CCDA. Und er war eine gute Wahl. Normalerweise ist es
offensichtlich, wer die Leiter sein sollten, denn die Leute folgen
ihm oder ihr sowieso schon. Und so war (und ist) es mit Wayne.

Wayne Gordon ist der bodenständigste, effektivste Leiter-
schaftsentwickler, den ich auf der Welt kenne. Er ist einfach der
Beste. Er gründete die Lawndale Community Church im Westen
Chicagos und hat dort ein Team einheimischer Leiter aufgebaut.
Es ist kein Zufall, dass sein Spitzname „Coach" ist. Er bringt seinen Coaching-Stil in seine Leitung mit ein und glaubt zutiefst an
jede Person. Ein Coach möchte, dass seine Teammitglieder Spitzenleistungen bringen. Ein guter Leiter fragt sich selbst: *Was ist
das Allerbeste für meine Teammitglieder?* Wenn jemand einen
Leiter mit dieser Haltung sieht, dann möchte er oder sie nachfolgen.

Der Schlüssel ist das Wort „Allerbestes". Manchmal weiß
eine Person nicht, was am besten für sie ist. Ein Kind sieht selten
dieses Beste, das seine Mutter für es hat. Ein Sohn mault den
ganzen Tag herum, wenn sein Vater die Schlüssel für die Famili-
enkutsche am Sonntagabend nicht herausrücken will. Ein guter
Leiter muss eine klare Vision haben, die ihn in die Lage versetzt,
über die Emotionen des Moments hinauszusehen und bis zum
Allerbesten vorzudringen. Wir alle kennen die Geschichten von
Teenagern, die die „Regeln" und „Entscheidungen" ihrer Eltern
hassten, aber später im Leben ihren Eltern dankbar waren, weil
diese Regeln und Entscheidungen langfristig zu ihrem Besten
dienten.

SHANE: Ein Leiter sollte die Menschen niemals zu sich selbst führen. Ein guter Leiter führt die Menschen zu etwas Größerem,
das jenseits ihrer selbst liegt. Mose und Martin Luther King
führten die Menschen in das *Verheißene Land*, zur *Beloved Community*. Das hat John Perkins wirklich mit CCDA und seinem
ganzen Leben getan. Er hat etwas Schönes erträumt und führt
die Menschen dorthin. Es ist die Vision einer Kirche, die so bunt
wie das Königreich ist.

Ich habe einen Pastor gehört, der das schön ausgedrückt hat. Er sagte, wir seien zu oft wie der Esel, der Jesus nach Jerusalem trug. Wir sind auf dieser coolen kleinen Reise mit Gott. Wir tuckern dahin und arbeiten. Dann, eines Tages, passiert es. Wir hören, wie die Leute Lobpreislieder singen und Hurrarufe ausstoßen. Was als Gottes Arbeit begann, wird unsere Arbeit. Wir fangen an zu denken, dass es bei unserer engen, kleinen Vision um uns selbst geht. Wie vielleicht dieser Esel, der Jesus zum Passahfest trug, fangen wir an zu denken, wir seien etwas Spektakuläres. Der Esel hört die Gesänge und sieht, wie die Menschen Palmzweige niederlegen und wird ganz aufgeregt und fängt an, herumzustolzieren. Auf halber Strecke wird ihm dann plötzlich bewusst: *Hmm, die rufen ja gar nicht meinen Namen*, aber er bedankt sich dennoch. Der Esel lässt es sich als seinen Verdienst anrechnen! Wie oft sind wir so? Aber weißt du, wir sind nur die Esel, die Jesus hereintragen dürfen. Wir müssen immer daran denken, dass wir etwas Großes tragen, und das sind nicht wir selbst. Wir tragen etwas Schönes, Mutiges und Wertvolles. Etwas Ewiges.

Wir müssen uns selbst im Zaum halten, wenn uns bewusst wird, dass wir etwas tragen, das buchstäblich und ganz radikal die Welt verändern kann. Die Versuchung kommt zu den Größten von uns, zu denen, über die am meisten gesprochen wird, zu den Ehrenhaftesten. Dann wollen wir all den Wirbel, der damit einhergeht, dass wir der Größte oder Beste sind. Wir wollen ganz vorn in der Schlange stehen, der Erste auf der Bestsellerliste sein, die Ersten als das schnellstwachsende, effektivste Werk im Land. Was sagte Jesus über diejenigen, die Erste sind?[2] Ich meine, seine Antwort war so was wie: „Schnapp dir die Saugglocke und folge mir zu den Toiletten."

Es ist keine Berufung, wie die Heiden zu leiten und über Leute zu herrschen, sondern ein Ruf, der Geringste zu sein.

Das ist also die Berufung – ein Ruf, der Geringste zu sein. Und diesem Ruf gemeinsam zu folgen bedeutet, dass wir uns alle gemeinsam näher an das Leid bewegen, egal von wo aus wir aufbrechen und egal wie groß die Kluft ist.

John: Was passiert, wenn Jesus uns zur Müllhalde führt, die Leute dort aber nicht hin wollen? Wir müssen uns diese Frage stellen. Und ich denke, es muss darüber ein wenig gelehrt werden. Wir müssen den Wert des Leidens verstehen. Leiden – in seiner wirklichen Bedeutung – ist das Weglassen der sofortigen Bedürfnisbefriedigung, die durch das Versprechen einer zukünftigen Erfüllung ersetzt wird. Disziplin gibt einem Menschen nicht das, was er gerade jetzt haben will – und was ihn zerstört. Disziplin ist das Zurückstellen der eigenen Bedürfnisse im Hinblick auf das künftige Leben. Wie es eine Tugend im Hinauszögern gibt, so gibt es eine im Leiden. Das ist in unserer Gesellschaft eine vergessene Kunst.

SHANE: Es ist wichtig, zwischen verschiedenen Arten von Leiden zu unterscheiden. Schließlich gibt es ein erlösendes Leiden, aber auch ein „dummes" Leiden. Wenn eine Frau von einem gewalttätigen Ehemann verprügelt wird, dann ist das dummes Leiden. Wenn Kinder an Malaria sterben, weil sie kein Moskitonetz für zwei Euro haben, dann ist das dummes Leiden. Es ist nicht deshalb dumm, weil die Opfer dumm wären, sondern weil es keinen Wert hat. Es tut nur weh. Erlösendes Leiden liegt vor, wenn wir mit jemandem leiden, wenn wir uns *entscheiden*, in den Schmerz und das Leiden anderer einzutreten, wenn wir ihre Lasten mit ihnen tragen.

Jesaja spricht über das Fasten, das wir gewählt haben – ein Fasten für die Freisetzung der Gefangenen. Er sagt, *unsere* Heilung kommt, wenn wir uns für andere hingeben, und *unser* Licht beginnt zu scheinen.[3] Wir sprachen darüber schon früher ein wenig, aber es ist wichtig, sich daran zu erinnern, wenn wir über das Leiden nachdenken. Wir werden nicht immer für uns selbst leiden. Wir werden für andere leiden und manche werden sogar ihr Leben für andere lassen. Das ist die größte Liebe von allen.

Wir fangen an, heil zu werden, wenn wir uns selbst für andere hingeben. Dafür sind wir gemacht. Glaub mir das nicht einfach. Probier's aus.

Manchmal sagen die Leute: „Was ist mit den Armen im Geist? Die Reichen brauchen auch Jesus." Das ist wahr, aber allzu häufig tun wir so, als ob wir in genau dem Umfeld gesund werden können, das uns krank gemacht hat. Vieles im Leben in den Vorstädten kreist um kulturelle Werte, die sehr wenig mit dem Evangelium gemein haben – die Menschen haben sich einem kulturellen Muster angepasst, bei dem man aus schwierigen Vierteln wegzieht, weg von Menschen, die nicht aussehen wie

man selbst, weg aus wirtschaftlich in Schwierigkeiten geratenen Vierteln und weg von hoher Kriminalität ... und diese Muster sind die Antithese der Inkarnation, bei der es genau um einen Gott geht, der in unser Viertel zieht, einen Erlöser, der sich
näher zum Leiden hin bewegt und aus einer Gegend kommt,
aus der, glaubt man dem Gerede der Leute, nichts Gutes kommen kann. Eines der Gegenmittel für die Armut im Geist und die
Einsamkeit und Isolation in den Vorstädten ist es, „in alle Welt
hinzugehen", durch die Wände und Zäune zu brechen, wie in der
Geschichte des reichen Mannes und Lazarus', all das Zeug loszu-
werden und näher bei den Armen zu leben. Das zu tun ist es,
wozu Christus die Menschen vor 2000 Jahren eingeladen hat.
Und die Einladung ist heute dieselbe.

> **Eines der Gegenmittel für die Armen
> im Geist und die Einsamkeit und Isolation
> in den Vorstädten ist es,
> in alle Welt hinzugehen."**

Nun heißt das nicht, dass jeder in ein Reihenhaus mit einem hal-
ben Dutzend anderer Leute und einem Badezimmer ziehen soll.
Tatsächlich leben wir heute gar nicht mehr so, wie vor zehn Jahren, als wir The Simple Way begannen. Und John und ich führen
ein sehr unterschiedliches Leben. Aber es gibt ein Muster im
Evangelium und das Muster besteht darin, in der Nähe derer zu
leben, die leiden und unser Leben mit der Fürsorge für diese „geringsten meiner Brüder" zu verbringen. Das spendet nicht nur
anderen Leben, sondern gibt auch denen Leben, die diese verrückte Form des Lebens nach dem Evangelium wählen.

Ich habe mich mit einem jungen Typen angefreundet, der
eine fantastische Geschichte hat. Er kam in die Spielshow „The
Price Is Right" und gewann ein Auto. Dann landete er einen Voll-
treffer auf dem großen Glücksrad und kam in den „Showcase
Showdown". Das klingt jetzt wahrscheinlich unglaublich, aber in
einem Geniestreich machte er ein perfektes Gebot und gewann
absolut alles im „Showcase Showdown". Am Ende hatte er also
zwei Autos und alle möglichen Preise im Wert von ungefähr
40.000 Euro. Aber dann las er in der Bibel und betete (manch-

mal gefährlich, so was zu tun). Er hatte den Eindruck, der Geist bewegte ihn dazu, etwas anderes zu machen, etwas Verrücktes, etwas, das Gott zum Lächeln bringen würde. Also machte er seinen Gewinn zu Bargeld und flog nach Uganda. Dort ging er in Waisenhäuser überall im Land und verschenkte im Stillen das ganze Geld. Und jetzt kommt das Unglaubliche ... wenn man mit dem Jungen spricht, dann ist er LEBENDIG. Wie nie zuvor. Es ging nicht einmal darum, dass er etwas Heroisches oder Edles getan hatte. Er tat einfach etwas, dass im Licht des Evangeliums sinnvoll war. Und das brachte nicht nur Kindern in Uganda Leben, die am Verhungern waren, sondern es brachte auch diesem jungen Typen Leben, der alles weggab. Ich meine, wirklich, was hättest du lieber: zwei Autos und einen Haufen Zeug aus einer Spielshow, das irgendwann verrosten wird oder auf eBay verkauft wird oder die kostbare Erinnerung an diese Gesichter und ihr Lächeln und das tiefe Empfinden, dass du etwas von dauerhafter Bedeutung für einen anderen Menschen getan hast? Das ist Leben.

John: Ich habe eine kleine Geschichte. Es gab da einen Typen namens Ralph Opgenorth, der in einer der großen Computerfirmen gearbeitet hatte und gerade in Rente gegangen war. Er lebte in Colorado Springs. Er hatte einen Herzinfarkt erlitten und war immer noch dabei, sich zu erholen. Als aber der Hurrikan Katrina kam, entschloss er sich, in den Süden zu kommen. Wir halfen nach Katrina an vielen Stellen. Ich sandte diesen Mann nach Biloxi, um dort bei der Koordination der Hilfe mitzuarbeiten. Er war gut in der Kommunikation mit Leuten, aber er war ein alter Mann. In Biloxi arbeitete er sich völlig auf und kehrte dann nach Colorado zurück. Lange nachdem wir die Hauptarbeit unserer Projekte nach Katrina beendet hatten, rief ich ihn an, um zu sehen, wie es ihm geht. Er sagte mir, er sei zurückgekehrt und habe mit den Leuten in seiner Gemeinde gesprochen. Sie organisierten daraufhin in ihrer Gemeinde ein komplettes System, sodass er zukünftig bei einer Katastrophe zusammen mit einem Team rausgehen kann. Nun, er und seine Kirche sind ein wunderschönes Beispiel von dem, was es heißt, die Hände und Füße Jesu zu sein. Seine Geschichte ließ mich innehalten. Aus dem Tumult während Katrina, dem Leiden der Leute, während sie nach dem Hurrikan zu Hilfe eilten (es war wirklich ein

Chaos) und seinem persönlichen Schmerz entstand etwas Schönes und sehr Hilfreiches. Er entwickelte eine bessere Art und Weise zu reagieren, als wir das getan hatten. Manchmal folgen uns Menschen sogar, wenn wir gar nichts davon wissen.

SHANE: Das ist eine unglaubliche Geschichte. Und es gibt Hunderte dieser Art. Ich habe Freunde, die junge Leute im Sounddesign unterrichten, sodass sie ihren eigenen Hip-Hop schneiden können. Wir haben Freunde, die früher extravagante Apartments bauten und heute bezahlbare Wohnungen aus recycelten Frachtcontainern herstellen, wie die, die man auf Güterzügen sieht – verrückte, kreative Ideen. Ein paar andere Freunde gründeten eine Firma für T-Shirts, die nach dem Fair-Trade-Prinzip gehandelt werden. Damit ermöglichen sie Frauen in Kalkutta den Weg aus dem Sextourismus, indem sie ihnen Arbeit geben. Viele dieser Leute aus diesen Beispielen hatten eine eigene Firma und machten Profit nur für sich selbst. Doch jeder einzelne von ihnen sagt, er bereue diesen Schritt nicht. Sie sind lebendiger und voller Freude, mehr als je zuvor. Im tiefsten Innern kennen alle von uns die Freude des Gebens und wissen, dass wir geschaffen sind, um für andere da zu sein. Selbst die Drogenhändler in meinem Viertel, die sich auch weiterhin entscheiden, schrecklich Dinge zu tun, überraschen mich häufig, etwa indem sie älteren Damen eine Rose zum Geburtstag schenken oder allen Kindern ein Eis kaufen. Das sind die Orte, an denen Jesus anscheinend die schreienden Widersprüchlichkeiten herausstellt, etwa wenn er zur religiösen Elite spricht, die auf die anderen herabsieht: „Bestechliche Steuereinnehmer und Huren kommen eher ins Reich Gottes als ihr" (Mt. 21,32). Wir sind geschaffen, um zu lieben und geliebt zu werden.

Ich denke an die Landschaftsarchitekten, die von dem großen Feuer hörten, das wir vor ein paar Jahren hatten, und die sich bereit erklärten, unser Viertel wieder aufzubauen und zu begrünen (und diese Leute hatten einige wirklich beachtliche Firmenaufträge abzuwickeln) ... Sie steckten ihre ganze Energie in diesen Straßenzug hier in Kensington (ich bin sicher, das war ihr erstes Projekt in Kensington, haha). Und sie sind so lebendig. Es ist ansteckend – sie riefen Freunde an, die Zaunmacher, Baumleute und spezialisierte Betonmacher sind. Man musste sie einfach nur fragen.

Manchmal stimmt es wirklich, dass wir nichts haben, weil wir nicht fragen. Bob Lupton spricht darüber, wie Jesus einem seiner Jünger sagt: „Geh zum Haus dieses Mannes. Der hat einen Esel. Sag ihm, du brauchst den Esel." Der Jünger geht los und sagt: „Der Herr braucht dieses Tier." Und so gibt ihm der Fremde seinen Esel. Bob sagt: „Das ist es, was ich jetzt mache. Mein Auftrag ist es, diesen Geschäftsleuten zu sagen, dass der Herr ihre Gaben braucht." Das Coole dabei ist, dass die Leute jede Menge Möglichkeiten entdecken, wenn sie die Einladung einmal haben. Ich habe sogar einen Freund, der einfach nur seine Firma in das Viertel verlegt hat, um hier Arbeitsplätze zu schaffen, auch wenn er irgendwo anders hätte sein können. Eine Gemeinde in den Vororten von Philly, mit der wir in Verbindung stehen, hat jetzt einmal im Monat einen Berufungs- und Fantasieabend, bei dem die Leute sich über kreative Möglichkeiten austauschen, wie sie ihre Gaben nutzen und ihren Beruf neu im Licht von Gottes Königreich und den Nöten um uns herum definieren können.

John: Wenn man es sich genau überlegt, dann kann etwas Größeres tatsächlich mit etwas Kleinerem beginnen. Und das kann sich direkt vor unserer Nase befinden.

Anmerkungen

1. Siehe Lukas 7, dort ist die komplette Geschichte nachzulesen.
2. Siehe Matthäus 19,30; 20,16.
3. Siehe Jesaja 58,6-7.

GESPRÄCH 8

Gerechtigkeit

(DEN WILLEN GOTTES IN BETRACHT ZIEHEN)

John: Wenn wir versuchen, Menschen zu etwas zu führen, das größer ist als wir selbst, sogar größer als unsere Gemeinschaft, dann sprechen wir oft über Gerechtigkeit. Es ist ziemlich populär geworden, von Gerechtigkeit zu sprechen, weil sie sich heutzutage auf so ziemlich alles bezieht. Das ist gut und nicht so gut. Es ist gut, weil eine ganze Generation die Chance hat, die Botschaft der Gerechtigkeit zu verstehen und weiterzutragen, die mit der Botschaft der Versöhnung eng verwoben ist. Es ist nicht so gut, weil Gerechtigkeit ein Trend wird, und Trends neigen dazu, nicht im Zentrum der Aufmerksamkeit der Kirche zu bleiben.

Genauso wie die Menschen in der uns umgebenden Kultur vom Modethema des einen Tages zum Modethema des nächsten springen, tun wir das auch. Diejenigen von uns, die ein Herz für Gerechtigkeitsthemen haben, müssen die Chance nutzen und diesen Trend ergreifen. Wir könnten darauf zurückgreifen, die Leute mit Fakten über Armut, Rassismus und alle möglichen Missstände zu schockieren und würden eine Menge Schecks im Briefkasten finden. Aber ich denke, Gott möchte – ja, verlangt sogar – mehr von uns. Wenn das Gebet um Gerechtigkeit ein zentrales Anliegen im Bewusstsein und im Herzen der Kirche werden soll, dann müssen wir auch vollständig verstehen, was denn der gerechte Wille Gottes ist.

Der Gerechtigkeitswille Gottes ist tatsächlich das Herz des Evangeliums und er wird überall in der Schrift offenbart. Es ist klar, dass Gottes Heiligkeit, Rechtschaffenheit und Gerechtigkeit die Motivation für die Erlösung des Menschen waren. Gott

hat dich und mich zu seiner eigenen Herrlichkeit und Ehre erschaffen, damit wir ihm Freude, Glück und Erfüllung bringen. Er
wollte eine Familie. Aber wir sündigten im Garten Eden durch
Adam. Jetzt hat Gott ein großes Problem: Wie kann ein heiliger
Gott mit dir und mir Gemeinschaft haben? Wie kann er gerecht
bleiben und doch dich und mich rechtfertigen? Dieses Bestre-
ben brachte Gott vom Himmel auf die Erde, um uns zu erlösen!
Gott musste also einen gerechten Plan für unsere Erlösung aus-
arbeiten.

Und so war Gerechtigkeit immer auf Gottes Herzen. Seine
Gerechtigkeit wurde offenbar, als er selbst kam und den Tod erlitt, den wir eigentlich hätten sterben müssen. *Er, der keine Sünde kannte, wurde für uns zur Sünde, so dass wir in ihm zur Gerechtigkeit Gottes würden und er uns zurück zu sich selbst bringen
konnte.* Die Bibel sagt, dass Gott in Christus *die Welt mit sich
selbst versöhnt hat.* Und so ist Gerechtigkeit das Zentrum der
Sorge Gottes für uns.

In Römer 1,13-17 sehen wir das Herz des Apostels Paulus, das
Gott dienen wollte, und die gleiche Sorge hervorbrachte, die
Christus für Gerechtigkeit in einer zerfallenden Welt hatte. Diese Passagen sprechen auch mir aus dem Herzen für alle, die sich
gemeinsam mit uns auf den Weg machen, unser Umfeld zu retten:

Ihr sollt wissen, liebe Freunde, dass ich schon oft vorhat-
te, euch zu besuchen, aber bis jetzt immer daran gehin-
dert wurde. Ich möchte erleben, dass meine Arbeit wie
bei den anderen Völkern auch bei euch Früchte trägt.
Denn ich fühle mich sowohl den Menschen in unserer
Kultur, wie auch denen anderer Völker, Gebildeten wie
Ungebildeten, verpflichtet. Deshalb wünsche ich mir,
auch zu euch nach Rom zu kommen, um euch Gottes
gute Botschaft zu verkünden. Denn ich schäme mich
nicht für die gute Botschaft von Christus. Diese Botschaft ist die Kraft Gottes, die jeden rettet, der glaubt
– die Juden zuerst, aber auch alle anderen Menschen.
Sie zeigt uns, wie Gott uns in seinen Augen gerecht
spricht. Dies geschieht einzig und allein durch Glauben.
Denn es heißt schon in der Schrift: »Durch den Glauben
hat ein Gerechter Leben.«

Es ist keine Neuigkeit, dass viele der gesellschaftlichen Probleme, die wir in unseren Städten haben, – die Banden, die Gewalt und die Drogen – jetzt in die Vorstädte wandern. Die Gefängnisse sind zu voll und das Morden zu häufig, um es zu ignorieren. Wir alle müssen herausgefordert werden, ein paar Dinge zu tun, die wir noch nie getan haben, um die Menschen zu erreichen, besonders unsere jungen Leute. Keiner von uns weiß, was die perfekte Antwort darauf ist, aber ich glaube, Paulus zeigt uns das Beispiel einer Herzensausrichtung, die jeder großen Arbeit für Gott vorausgehen muss. Denn auch wenn Gottes Motivation seine Gerechtigkeit ist, so ist die Motivation eines Paulus Dankbarkeit für die Gnade, die ihm Gott auf der Straße nach Damaskus zuteil werden ließ.

Paulus sagt in Vers 14 einfach: „Ich bin verpflichtet." Er spricht nicht darüber, Gott eine Schuld zurückzuzahlen, weil dieser ihn gerettet hat. Man kann das nicht. Man wird nicht durch die eigenen Taten gerettet. „Weil Gott so gnädig ist, hat er euch durch den Glauben gerettet. Und das ist nicht euer eigenes Verdienst; es ist ein Geschenk Gottes. Ihr werdet also nicht aufgrund eurer guten Taten gerettet, damit sich niemand etwas darauf einbilden kann." (Eph. 2,8-9). Er spricht also nicht davon, die Schuld für seine Erlösung zu begleichen. Die Motivation des Apostels Paulus, das Evangelium in die Welt zu tragen, ist seine Dankbarkeit Gott gegenüber, weil er in sein Leben kam, ihm seine Sünde vergab und ihn dann berief, ihn sandte und ihn zu einem Apostel für die Welt machte. Lasst uns einen Blick auf Saulus werfen, diesen jungen Verrückten, bevor Jesus ihm auf der Straße nach Damaskus begegnete und ihn in Paulus umbenannte.

> **Wir müssen alle vor die Herausforderung
> gestellt werden, ein paar Dinge zu tun,
> die wir noch nie getan haben,
> ehe wir Menschen erreichen können.**

Saulus war wirklich der ursprüngliche Osama Bin Laden, oder wie wir hier in der Innenstadt sagen, ein O. G. – *Original Gangster*. Sein Ziel war es, jeglichen heidnischen Einfluss zu beseitigen, also mehr oder weniger das Christentum auszulöschen. Er wollte sie alle ins Gefängnis stecken und wenn möglich auch alle umbringen. Deshalb steinigte er Stephanus, einen Heiden, der ein bekehrter Jude gewesen war. Saulus hörte Stephanus predigen, und der predigte so gut, dass dieser religiöse Fanatiker völlig ausflippte. Als er Stephanus in die Finger bekam, ordnete er seine Steinigung an. Hier sehen wir einen Saulus, der nicht nur einmal jemanden ermordet hat, sondern es viele Male gemacht hat. Er sagt: „Und ich verfolgte die Anhänger des neuen Glaubens bis in den Tod. Männer und Frauen verhaftete ich und brachte sie ins Gefängnis" (Apg. 22,4). Die *Neue Genfer Übersetzung* formuliert es so: „Dieser Eifer für Gott war es auch, der mich dazu trieb, mit allen Mitteln gegen die neue Lehre vorzugehen und ihre Anhänger mit unerbittlicher Härte zu verfolgen. Männer wie Frauen ließ ich verhaften und ins Gefängnis bringen."

„Und als dein Zeuge Stephanus getötet wurde, stand ich daneben und gab meine Zustimmung. Ich verwahrte die Mäntel, die sie ablegten, als sie ihn steinigten" (Apg. 22,20). Er zeigt, wie schrecklich er war ... aber auch, dass Gottes Gnade keine Grenzen kennt.

Hier war also dieser Wahnsinnige, dieser Mehrfachmörder (der sich selbst als den größten aller Sünder bezeichnete) unterwegs nach Damaskus, auf der Suche nach all den Christen, die geflohen waren und dort eine Gemeinschaft gegründet hatten. Er geht dorthin und scheut sich nicht, direkt in die Synagoge zu preschen. Wenn er dort irgendwelche Christen finden würde, dann würde er sie fesseln und zurück nach Jerusalem bringen, um sie dort steinigen zu lassen, an ihnen ein „Exempel" zu statuieren, so wie er es seiner Meinung nach auch mit Stephanus getan hatte. Sein ultimatives Ziel war es, jeden Einfluss des Heidentums innerhalb des Judentums zu beseitigen, denn schließlich war er *ein Pharisäer der Pharisäer*.

Dieser Wahnsinnige kam also beinahe bis nach Damaskus; er konnte tatsächlich schon die Stadt in einiger Entfernung sehen, und ich weiß, er konnte es kaum erwarten, mehr Leute umzubringen. Doch Gott kam aus dem Himmel und warf ihn zu Boden. Als er dort im Staub lag, hörte Saulus eine Stimme. Ich glaube, diese Stimme könnte sich ungefähr so angehört haben: „Saulus, Saulus, ich liebe dich. Ich liebe dich." Jetzt weißt du, dass das die Botschaft des Evangeliums ist. Liebe ist, worum es beim

Evangelium geht. *Denn so sehr hat Gott die Welt geliebt ...* Das Kreuz ist eine Illustration der extremen Mittel, zu denen Gott in seiner riesigen Liebe griff. Gott hatte einen einzigen Sohn und er gab das Leben dieses Sohnes für dich und mich. *Größere Liebe hat niemand als der, der sein Leben für seine Freunde niederlegt.* „Saulus, Saulus, ich liebe dich. Warum liebst du mich nicht?" „Wer bist du, Herr?" „Ich bin Jesus. Ich bin Jesus, den du verfolgst." (Später versucht Paulus dieses Erlebnis den Galatern zu erklären.)[1]

Paulus sagt über diese Straße nach Damaskus: „Gott nahm mich fest. Er griff vom Himmel herunter mit seinen langen Armen und er legte seine Arme um mich und drückte mich in seine Arme. Er liebte mich. Er ergriff mich. Und den Rest meines Lebens möchte ich ihn ergreifen und ihn genauso umarmen, wie er mich auf dieser Straße nach Damaskus umarmt hat. Christus hat mir gezeigt, dass das, was ich einstmals für wertvoll hielt, in Wirklichkeit wertlos war. Nichts ist so wunderbar wie Christus Jesus zu kennen, meinen Herrn" (Phil. 3,12-14).

Beachte Folgendes – das Erste, was er als Antwort ausrief, war: „Herr, was möchtest du, dass ich tue?" Und Gott gab ihm einen groben Abriss von dem, was er tun sollte, als er dort auf der Straße lag. Er sandte ihn direkt zu den Leuten, die er umbringen wollte – genau zu den Leuten, die er ausrotten wollte! Und dann gab er ihm eine Vision darüber, wie die Welt da draußen aussah – und das war nicht so nett. Paulus beschreibt die Heiden (das sind wir, ich und du, also ändere „sie" in „wir" und „unser" beim Lesen) und sagt über sie, dass sie Gott nicht die Ehre gaben, obwohl sie ihn erkannten. Er fährt fort zu sagen, dass sie nicht dankbar waren und in ihren Vorstellungen aufgeblasen wurden, dass ihr törichtes Herz verfinstert war. Sie gaben vor, weise zu sein. Sie wurden Narren und vertauschten die Herrlichkeit des unverweslichen Gottes gegen verwesliche Geschöpfe.

Römer 1,26-27 beschreibt die weitere Verdorbenheit, der Paulus bei seinem Auftrag begegnete, wie sie *ihr sexuelles Verlangen nach Frauen verloren und Männer anderen Männern nachstiegen und Frauen anderen Frauen* und dass, mehr oder weniger, diese Welt total durcheinander war (ist). Gott sagte: „Ja, ich sende dich in diese Welt. Ich sende dich, um sie von der Finsternis zum Licht zu führen, und von der Macht des Satans zur Macht Gottes." Was für ein Job! Würdest du ihn annehmen?

Mehr noch, Paulus sagte: „Ja, alles andere erscheint mir wertlos, verglichen mit dem unschätzbaren Gewinn, Jesus Christus, meinen Herrn, zu kennen. Ich habe alles andere verloren und betrachte es als Dreck, damit ich Christus habe und mit ihm eins werde. Ich verlasse mich nicht mehr auf mich selbst oder auf meine Fähigkeit, Gottes Gesetz zu befolgen, sondern ich vertraue auf Christus, der mich rettet. Denn nur durch den Glauben werden wir vor Gott gerecht gesprochen. Mein Wunsch ist es, Christus zu erkennen und die mächtige Kraft, die ihn von den Toten auferweckte, am eigenen Leib zu erfahren. Ich möchte lernen, was es heißt, mit ihm zu leiden, indem ich an seinem Tod teilhabe, damit auch ich eines Tages von den Toten auferweckt werde!" (Phil. 3,8-11).

**Jesus umarmt uns in der Gegenwart
und leitet uns in die Zukunft –
durch unseren Gehorsam.**

Als der Apostel Paulus Gottes Liebe erkannte und wie extrem diese Liebe wirklich ist, nämlich dass Gott nicht nur selbst durch den Tod am Kreuz gegangen war, sondern sogar noch vom Himmel heruntergriff und jemanden wie ihn aufhob und rettete, erkannte er seine Schuld. Ich sage gerne: Erlösung bedeutet zu wissen, dass man „aber klar doch" gerettet ist. Du bist errettet von deiner Vergangenheit, deine Morde sind dir vergeben oder was immer du auch getan hast. Paulus wurde all das vergeben. Jesus umarmt uns in der Gegenwart und leitet uns in die Zukunft – durch unseren Gehorsam. Der Wille zu gehorchen ist ebenfalls ein Akt der Gnade. Die erlösende Gnade Gottes wird in unserem Gehorsam freigesetzt. Er gibt uns den Willen, zu gehorchen. Es gibt eine Übernatürlichkeit, wenn wir Gott dienen. Es gibt eine wunderwirkende Kraft in Gottes Erlösungshandeln. Die Vergebung der Sünden ist das Wunder aller Wunder.

Paulus spricht über seine Dankbarkeit. Zurzeit haben wir das einfach nicht. Wir haben heute kein Christentum, das dem Glauben Paulus' gleicht. Es ist einfach, unsere Bequemlichkeit vor den Gehorsam zu setzen. Wir setzen unsere kleinen Bedürfnisse, unsere kleinen Vorkehrungen, an die erste Stelle. Das ist kein

Opfer; es ist ein *eingebildetes* Opfer. Wir bilden uns ein, dass es zu viel aufgeben bedeuten würde, wenn wir ein Opfer bringen. Es ist aber tatsächlich genau an dem Punkt, an dem wir etwas aufgeben, wo wir mehr bekommen als das, was wir aufgegeben haben. Meine Versorgung kommt aus meinem Gehorsam. Gott hört unser Rufen und kennt unsere Bedürfnisse. Wenn deine Pläne nicht den Gehorsam gegenüber Gottes Willen als Kern haben, dann werden sie immer leer sein.

Deshalb ist Fasten so wichtig. Es ist eine Übung im Hinauszögern der Bedürfnisbefriedigung. Eine der Handlungen, die am stärksten unser Bedürfnis stillt, ist das Essen von Nahrung, und deswegen geben wir das auf. Paulus bittet die Kirche unmissverständlich, ihn zu imitieren. Deshalb sagt er all das, was er im Philipperbrief schreibt. „Ich bin nicht perfekt. Christus hat mich ergriffen. Ich kämpfe immer noch. Aber ich laufe auf den Preis zu." Paulus ruft uns, Christus so zu ergreifen, wie er uns ergriffen hat.

SHANE: Ich möchte sagen: „Wenn wir glauben, dass Terroristen nicht erlöst werden können, dann sollten wir die Hälfte des Neuen Testaments herausreißen ... denn es wurde von einem Terroristen geschrieben."

John: Das ist gut. Errettung heißt dann also, dass wir eine Zukunft haben. Jesus sagte: „Ich gehe voraus, um euch einen Platz vorzubereiten. Wenn dann alles bereit ist, werde ich kommen und euch holen, damit ihr immer bei mir seid, dort, wo ich bin." (Joh. 14,2-3). Du arbeitest nicht dafür, du schleppst nicht Ziegel und versuchst, dein eigenes Haus zu bauen – du kriegst sowieso keine Ziegel da hoch! Er braucht sie nicht. Er hat das für uns als Teil der Erlösung vorbereitet und wir kommen dort hin. Wir *kommen* dort hin.

Eine meiner Hauptsorgen ist es, dass wir als Christen heute nicht so wie der Apostel Paulus verstehen, was Gott für uns getan hat. Wir verstehen den Erlösungsplan nicht, den er ausgearbeitet hat. Wir verstehen nicht, wie extrem Gottes Liebe für uns ist. Paulus versucht das zu erklären, indem er die Frage stellt: „Kann uns noch irgendetwas von der Liebe Christi trennen? Weder Tod noch Leben, weder Engel noch Mächte, weder unsere Ängste in der Gegenwart noch unsere Sorgen um die Zukunft, ja nicht einmal die Mächte der Hölle können uns von der Liebe Gottes trennen."[2] Nein! Nichts! Gott hat die Errettung für uns erwirkt und er wird uns in den Himmel bringen. Ich fordere uns heraus, uns die Frage zu stellen, ob wir unsere Errettung wirklich akzeptiert haben oder nicht. Wirklich. Wir müssen prüfen, ob wir wirklich unser Leben Gott gegeben haben oder nicht. Denn ich habe das Gefühl, wenn wir das verstanden hätten, dann gäbe es in uns ein Empfinden der Verpflichtung. Und dieses Empfinden der Verpflichtung würde uns dazu antreiben, diese Liebe weiterzugeben und uns bewegen, dieselbe Gerechtigkeit auch unserem Nächsten zukommen zu lassen.

Ich begann die Unterdrückung und die Auswirkungen der Sklaverei zu sehen und zu verstehen, und die Spannung und den Schmerz, den Mose und sein Volk erlitten. Ich sah, wie das mein Volk nicht nur einen emotionalen Preis kostete, sondern auch einen körperlichen – besonders arme Schwarze in den Südstaaten. Wir haben heute Diabetes, Bluthochdruck und Herzerkrankungen; und ehe wir keine Freiheit bekommen, indem wir Jesus und seine heilende Macht kennenlernen – und Zugang zu einem Gesundheitssystem bekommen, sowohl körperlich als auch psychisch, werden wir nicht wirklich frei sein. Als ich Christ wurde, fing ich an zu verstehen, dass wir neue Wesen werden, aber wir brauchen Freiheit und wir brauchen Heilung – wir brauchen eine fortlaufende Erlösung.

Den größten Teil meines frühen Lebens gehörte ich der Bürgerrechtsbewegung der 60er und 70er Jahre an. Als ich über das Problem der Unterdrückung, Diskriminierung und Armut nachdachte, wurde mir klar, dass Gerechtigkeit wirklich ein Problem der Verantwortung ist. Es hat damit zu tun, wie wir diese Erde verwalten, die Gott Adam – und uns – gab, damit wir über sie herrschen sollen. Es ist auch ein Problem der Bildung. Wir müssen die Fähigkeiten erwerben, die nötigen Mittel, damit wir die Gaben einsetzen können, die Gott uns gegeben hat zur Verwaltung der Erde, auf eine Weise, die das Leben bereichert und zu Gerechtigkeit führt. Letztendlich ist Gerechtigkeit ein wirtschaftliches Problem, denn auf die Art setzen wir um, was wir gelernt haben, werden wir zu guten Haushaltern dieses Planeten, was jeden Menschen einschließt.

Da uns die Aufgabe gegeben ist, für die Erde zu sorgen und von ihr gesegnet zu werden, bedeutet Ungerechtigkeit, einer beliebigen anderen Person den offenen Zugang zu dieser Schöpfung zu verweigern oder sie auszubeuten. Das ist Ungerechtigkeit.

Warum sollte irgendjemand ein Sklave sein wollen? Warum sollte irgendjemand für Leute zu einem Stundenlohn arbeiten wollen, der unter dem Mindestlohn liegt? Leute, die ein Geschäft auf diese Weise angehen, wollen ihren persönlichen Profit auf Kosten anderer vergrößern. Das ist nicht Gottes Art und Weise. Das ist Anti-Gott. Und so ist Gerechtigkeit in fundamentaler Weise ein Problem der Verantwortung. Wie verwende ich meine Gaben und Fähigkeiten, um sicherzustellen, dass ein anderer eine bessere Chance hat? Das ist Gerechtigkeit. Und so arbeiten wir auf sie zu.

Ich entdeckte diese Wahrheit schon früh und half schließlich mit, die Genossenschaftsbewegung in Mississippi zu gründen. Das war eine Bewegung für wirtschaftliche Entwicklung mit armen Menschen; dazu später mehr. Als Teil dieser Wirtschaftsbewegung reiste ich nach Israel und studierte die blühenden Wirtschaftssysteme dort, besonders ihre Genossenschaftsbewegung und das Kibbuz-System. Ich sah mir genau an, wie sie das machten. Mein Ziel war es, in die Südstaaten zurückzukehren und mit der Unterstützung anderer Projekte zur wirtschaftlichen Weiterentwicklung anzuregen. Wir gründeten eine Entwicklungsbank in Louisiana und ich gehörte dort eine ganze Weile dem Vorstand an. Wir fingen damals unsere kleine Bank mit 200.000 Dollar an. Das war eine Menge Geld! Als ich die Bank zehn Jahre später verließ, hatten wir ungefähr 30 Millionen an Einlagen.

> **Gott schuf uns,
> damit wir seine Mannschaft sind.
> Wir sind hier, um ihm zu dienen, nicht um
> ihn zu benutzen, damit er uns dient.**

Als meine Familie und ich 1982 nach Kalifornien ziehen wollten, war es für mich schwer, meinen Posten im Vorstand der Bank aufzugeben. Das Konzept bestand darin, den Bauern Geld zu leihen, die dann zusätzliche fünf Prozent zurückzahlten und einen

Anteil an der Bank dafür erhielten. Diese Investoren – die Land-
wirte, denen diese Anteile gehörten – waren die Besitzer der
Bank. Das war eine wirkliche Genossenschaft. Das bedeutet es,
in Menschen zu investieren. Das war gute Verwaltung. Wenn
wir heute jemals ein gewisses Maß an Freiheit finden sollen,
dann müssen unsere Leiter zuverlässige Verwalter des Segens
sein, der ihrer Fürsorge anvertraut ist.

Zu viele Menschen, die ich heute treffe, benutzen Gott als
den Therapeuten für ihre Sucht. Sie wenden sich an Gott, damit
er ihnen die Kopfschmerzen nimmt. Ich verwende Gott nicht,
um meine Kopfschmerzen zu behandeln. Ich nehme Tylanol –
eine gute Medizin! Ich möchte, dass Gott die Dinge in meinem
Leben tut, die ich nicht tun kann. Wir sind so beschäftigt damit,
Gott wegen der Dinge zu dienen, die wir von ihm bekommen
können. Aber warum? Wissen wir nicht, dass unsere Erlösung
vollständig ist? Gott hat für alles bezahlt und wir schulden ihm
alles! Wir dienen Gott in Dankbarkeit für das, was er für uns getan hat. Wir sollten ein Empfinden der Verpflichtung haben, ein
tiefes Empfinden der Dankbarkeit. Wir sollten in der Lage sein zu
sagen: „Es war gut, als sie sagten: ‚Lasst uns in das Haus den
Herrn gehen.'" Lasst uns ihn anbeten. Lasst uns ihm gegenüber
unsere Schwüre einlösen. Es sollte unsere Freude sein, Gott zu
dienen.

Ich verstehe nicht, warum man Christen bitten muss, Gottes Arbeit zu tun. Ich verstehe das überhaupt nicht. Es ist ein
Widerspruch. Er hat uns erschaffen und gerettet, damit wir seine Mannschaft sind. Wir sind hier, um ihm zu dienen, nicht um
ihn zu benutzen, damit er uns dient.

Haben Sie als Christ ein Empfinden der Verpflichtung? Sind
Sie dankbar? Ich möchte im Hinblick auf diese beiden Punkte ein
wenig aus meinem Leben erzählen. Ich bin aus Dankbarkeit hier.
Ich bin ein alter – 79 Jahre alter – Mann, aber vor 50 Jahren fing
mein Leben in Christus an.

Es war in Monrovia, Kalifornien, wo mein kleiner Sohn anfing, zu den Good News Clubs zu gehen. Hier trafen sich Frauen
mit den Kindern aus unserem Viertel und erzählten ihnen Geschichten aus der Bibel. Er ging dort hin und verliebte sich in Jesus. Dann kam er nach Hause und fing an, *uns* von Jesus zu erzählen. Wie gesagt, ich habe mich nicht besonders für Jesus interessiert. Und besonders die Kirche interessierte mich über-

haupt nicht. Ich war in Mississippi gewesen und hatte diese
großen, weißen Kirchen gesehen. Dort hingen Schilder wie:
„Heute Abend Erweckung! Jeder ist willkommen!" Nun, wenn
ich als Schwarzer dorthin gegangen wäre, dann hätte es einen
Tumult gegeben. „Jeder" hieß nicht jeder. Mir wurde klar, dass
das Heuchelei war. Also ging ich in die schwarze Kirche und sah,
wie sie auf den Boden fielen und all ihre Energie aufbrauchten,
aber gar nichts in ihrer Umgebung taten. Und so machte ich mir
nichts aus Religion, bis ich mich plötzlich selbst mit dem Wort
Gottes konfrontiert sah.

Mein Sohn kam mit diesen kleinen Büchern heim, die er lesen sollte. Wissen sie, er war zu klein, um zu lesen. Aber die
wussten, was sie machen. Sie gaben ihm die Bücher, damit *ich*
sie ihm vorlese. Und das machte ich und begann zu erkennen,
dass es ziemlich gutes Zeug ist. Die Geschichten, die wir zusammen lasen, zeichneten ein anderes Bild von Jesus und dem
Christentum als das, was ich bis dahin gesehen hatte. Als mein
Sohn also anfing, all die Geschichten über Jesus nach Hause zu
bringen, begann ich, eine Sonntagsschulklasse in Pasadena zu
besuchen.

Ich zog los und kaufte mir eine Bibel – das erste Mal in meinem Leben. Ich erinnere mich, wie ich eine im alteingesessenen
Möbelgeschäft McMahan's fand (jeder, der in Kalifornien aufgewachsen ist, kennt McMahan's! Es ist traurig, aber nach 89
Jahren haben sie 2008 ihren letzten Laden geschlossen). Als ich
dorthin kam, gab es gerade einen Ausverkauf von Bibeln. Ich
schnappte mir eine und fing an zu lesen. Was mich am meisten
beeindruckte, war das Leben dieses Apostels namens Paulus. Er
geht überall hin und erzählt den Leuten von Jesus. Er wird ge-
steinigt. Er leidet für seinen Glauben. Ich dachte, dass Religion
etwas sei, *mit* dem man leidet, nicht *für* das man leidet. Und
hier ist also dieser Typ und leidet *für* die Religion.

Mir fiel auf, wie energetisch Paulus war. Ich las weiter und
versuchte herauszufinden, was ihn in die Gänge brachte. Ich besuchte die Kirche ungefähr sechs Monate lang und stellte den
religiösen Leuten meine Fragen. (Jeder in dieser Gemeinde dachte wahrscheinlich, dass ich da bestimmt schon ein Christ war,
denn in Amerika haben wir ein einfaches Christentum, weißt
du.) Und obwohl ich am Sonntagmorgen in der Kirchenbank
saß, verstand ich nicht, wie Gott, Jesus, der Heilige Geist und

sein Wort zusammenpassten, geschweige denn, was ich damit anfangen sollte. Ich hab einfach die Geschichte genossen, diesen Apostel Paulus. Und ich versuchte herauszufinden, warum dieser Typ all diese Sachen getan hatte. Und dann kam ich zu Galater 2,20. Hier erklärt Paulus genau, warum er sich so verhält, wie er es tut. Der Vers geht ungefähr so: „Ich wurde mit Christus gekreuzigt; nun lebe nicht länger ich, sondern Christus lebt in mir; und das Leben, das ich jetzt im Fleisch führe, lebe ich im Glauben an den Sohn Gottes, der mich geliebt hat."

Nun, ich bin ohne Mutter aufgewachsen. Sie starb, als ich sieben Monate alt war. Mein Vater hat uns beim Haus seiner Mutter abgegeben, also wuchs ich auch ohne Vater auf. Ich hatte nichts von der Liebe einer institutionellen Familie, die, wie wir heute wissen, so wichtig für ein gesundes Leben ist. Dieser Mangel ist einer der Hauptgründe für die Krise, die wir heute in Amerika haben ... die kaputte Familie. Die Kids haben diese Institution der Liebe nicht. *Liebe*. Das ist der Grund, weshalb Gott möchte, dass wir mit einer Frau zusammen sind und mit ihr zusammenbleiben, bis uns der Tod scheidet. Nicht weil Gott nicht möchte, dass wir Sex haben. Aber Gott möchte, dass wir Sex mit Verantwortung haben, mit einer Frau, und uns um diese Kinder kümmern, damit wir sie in Liebe großziehen können. Das Problem, das wir heute haben, liegt darin, dass wir keine Väter zuhause haben, die diese von ihnen gezeugten Kinder lieben.

Doch selbst als vaterlos Aufgewachsener erkannte ich, dass *er* mich liebt. Und ich begann, über dieses Konzept nachzudenken. Wenn es einen Gott im Himmel gibt, der mich genug liebt, um seinen Sohn für mich in die Welt zu schicken, auf dass er für mich stirbt und mir Erlösung bringt, die mich von der Sünde meiner Vergangenheit frei macht; wenn er bereit war, sein Blut zu geben, damit ich täglich meine Sünden abwaschen kann und mir dann ein ewiges Zuhause im Himmel anbietet, dann wollte ich diesen Gott lieben! Ich wollte diesen Gott aus Dankbarkeit lieben für das, was er für mich getan hat. Und so gab ich mein Leben diesem Christus, so gut ich das konnte. Das war nicht die sachkundigste Entscheidung, weil ich definitiv nicht alles kapiert hatte. Ich wollte ihn einfach lieben. Römer 10,11-13 sagt uns Folgendes: „So heißt es in der Schrift: ‚Wer an ihn glaubt, wird nicht umkommen.' Das gilt ohne Unterschied für Juden wie für alle anderen Menschen. Alle haben denselben Herrn, der seine

Reichtümer großzügig allen schenkt, die ihn darum bitten. Denn ,jeder, der den Namen des Herrn anruft, wird gerettet werden.'" Ich erinnere mich, wie begeistert ich darüber war. Ich erzählte anderen davon. Aber ich hörte, wie die Leute sagten: „Du bist begeistert, aber das legt sich wieder." Ich wollte nicht, dass es sich legt! Sich legen hieße ja, dass ich aufhören würde, Gott zu lieben. Das wollte ich nicht.

Eine Menge Leute haben Jsus in ihr Hrz gebeten, aber sie leben ohne jede Dankbarkeit.

Vor achtundfünfzig Jahren verliebte ich mich in eine Frau, und ich liebe sie immer noch. Ich habe sie immer noch. Ich möchte nicht, dass meine Liebe zu ihr schwindet. Ich möchte sie weiter lieben! Und so wollte ich auch ihn weiter lieben. Aber sie sagten mir immer: „Das legt sich wieder … du wirst dich nicht immer so verhalten." Aber, weißt du, ich verhielt mich „so", weil ich dankbar war.

Also ging ich zu meinem alten Mann, einem presbyterianischen Ältesten, und er nahm mich in die Jüngerschaft. Ich erzählte ihm von meinen Kämpfen. Eines der Probleme, das wir heute in der Kirche haben, besteht darin, dass wir die Welt „überevangelisiert" haben, und das zu oberflächlich. Wir haben eine Menge Leute angesprochen, die angeblich Jesus in ihr Leben gebeten haben, aber sie leben ohne jede Dankbarkeit. Jesus arbeitet für sie, statt dass sie seine Arbeit in der Welt tun würden. Wir müssen anfangen, aus Menschen Jünger zu machen. Jesus hat keine Hände außer meinen und deinen Händen. Jesus hat keine Augen außer unseren. Wir sind seine Mannschaft: „So wie er war, sind wir in der Welt." Wir sind sein Leib. Wir sind alles, das Gott hat, um die Obdachlosen und die Armen unserer Gesellschaft zu erreichen.

Ich mag das Zwölf-Schritte-Programm der Anonymen Alkoholiker. Aber ich sehe, wie die amerikanische Kirche ein AA-Zentrum wird, in dem die Menschen nie von ihren Problemen geheilt werden. Sie kümmern sich immer um ihre eigene Sucht oder ihr Leiden, aber sie haben keine Zeit für andere Leute. Infolgedessen werden sie nicht heil. Ihre Sünden müssen vergeben werden. Sie müssen ihre Sucht loswerden und aus dieser Mentalität aussteigen, dass sie niemals geheilt werden können! Das ist ein guter Anfang, aber man kann dort nicht bleiben. Jesus kam, um uns ganz zu machen. Er kam, um uns zu mobilisieren, sodass wir die dem Untergang geweihten retten können und uns um die Sterbenden kümmern.

Und so wollte ich Gott also lieben für das, was er für mich getan hat. Und ich sagte zu meinem alten Jüngermacher: „Wie kann ich Gott lieben für das, was er für mich getan hat?" Ich kann mich daran erinnern, als wäre es gestern gewesen – er sagte mir, ich solle mal Matthäus 25,31-36 in meiner Bibel aufschlagen und das lesen. „Denn ich war hungrig, und ihr habt mir zu essen gegeben. Ich war durstig, und ihr gabt mir zu trinken. Ich war ein Fremder, und ihr habt mich in euer Haus eingeladen. Ich war nackt, und ihr habt mich gekleidet. Ich war krank, und ihr habt mich gepflegt. Ich war im Gefängnis, und ihr habt mich besucht ... Was ihr für einen der Geringsten meiner Brüder und Schwestern getan habt, das habt ihr für mich getan!" (Verse 35-36,40).

Wie kann ich Gott für das lieben, was er für mich getan hat? Durch Dankbarkeit. Wie Paulus es ausgedrückt hat: „Ich schulde auch. Ich habe eine Liebesschuld. Ich habe eine Dankbarkeitsschuld." Aus dieser Haltung entspringt seine Motivation zu dienen. Und deshalb sagte er: „Ich stehe sowohl in der Schuld der Juden als auch der Heiden; in der Schuld der Weisen und der Unweisen, und soweit es an mir liegt, bin ich bereit, sie zu begleichen."

Sind wir bereit, die Schuld zu begleichen? Eine Sache, die ich in meinem Leben bemerkt habe: Ich kann Leute einfach bei mir Schulden machen lassen, aber es ist wirklich schwer, sie dazu zu bekommen, ihre Schulden zurückzuzahlen! Paulus sagte: „Ich bin bereit." Und fügte dann hinzu: „Denn ich schäme mich nicht des Evangeliums."[3]

Ich glaube nicht, dass wir die Kraft des Evangeliums verstehen. Das Evangelium ist Gottes Liebe. Und Liebe ist die größte Macht der Welt. Deshalb müssen wir sie ausleben. Jesus sagte: „Eure Liebe zueinander wird der Welt zeigen, dass ihr meine Jünger seid" (Joh. 13,35). Liebe muss gezeigt werden. Ich schäme mich nicht dafür, denn sie ist die Kraft Gottes.

Wenn wir Gott gegenüber gehorsam leben, dann setzt das Evangelium alle Tugenden in uns frei, die Gott bewirkt. Im Evangelium erkennen wir die Gerechtigkeit Gottes. Jesus starb an diesem Kreuz und bezahlte für unsere Sünden. Gott war in Christus und versöhnte die Welt mit sich selbst. Ihn, der selbst keine Sünde kannte, hat er „für uns zur Sünde gemacht, damit wir Gottes Gerechtigkeit würden in ihm" (2. Kor. 5,21, *Revidierte Elberfelder*).

Und so wird die Gerechtigkeit Gottes offenbar und wir leben als Gottes Volk diese Gerechtigkeit in der Gesellschaft aus. Lass die Gerechtigkeit wie Wasser herabströmen und Rechtschaffenheit wie einen mächtigen Strom. Gerechtigkeit und Rechtschaffenheit sind ein und dasselbe! Und Rechtschaffenheit bedeutet du und ich da draußen in der Gesellschaft.

Rechtschaffenheit ist der gute Samariter. Rechtschaffenheit heißt, Menschen verwundet im Straßengraben liegen zu sehen, hilflos, halbtot. Gerechtigkeit und Rechtschaffenheit ist in dir und mir, wenn wir da rausgehen, sie umarmen, so wie wir umarmt wurden. Er beugte sich herab, um diesem Kerl etwas Wasser zu geben. Er musste ihn umarmen, ihn hochziehen, ihm Liebe erweisen und ihn dann *auf seinen eigenen* Esel setzen und sich um ihn kümmern. Er wartete nicht, bis er einen gemeinnützigen Verein gegründet hatte und dann steuerbefreit arbeiten konnte – er verwendete einfach seine eigenen Ressourcen! Und dann trug er ihn in die Stadt und investierte in das Leben dieses Mannes. Da war eine Verpflichtung für sein Wohlergehen – eine Verpflichtung für seine Zukunft. Er hat ihn nicht einfach zur Behandlung gebracht. Er wollte, dass es ihm gut geht. Und so sagte er: „Bis es ihm besser geht, habe ich hier noch etwas Geld. Und wenn du noch mehr brauchst, dann schreib es auf meine Rechnung. Ich kümmere mich um ihn." Dieser Mann bezahlte seine Schuld an Dankbarkeit und Liebe.[4]

Ich, als jemand, der in der Stadt lebt und ein Mitglied der Christian Community Development Association ist, bitte euch Vorstadtbewohner und *alle* Christen, mir zur Seite zu stehen und gemeinsam einige der ernsten Probleme der Menschen in der Stadt zu lösen. (Wir wollen nicht zu konfrontativ sein, aber wir möchten alle Menschen inspirieren – besonders Christen, die am Rand des Spielfelds stehen –, das Feuer der Dankbarkeit wieder entfachen zu lassen.)

Die Dinge, die wir den Armen zuschreiben, kommen jetzt in die Vorstädte. Die Vorstädte werden zu den „Stadtstädten". Wir müssen dem begegnen. Aber wir können das, was ich umrissen habe, nicht aus unserer eigenen Kraft tun. Wir können auch nicht auf morgen warten. Heute ist der Tag, an dem du seine Stimme hörst; verhärte nicht dein Herz. Fasse heute den Entschluss, dass du den gerechten Willen Gottes für dich annimmst; *werde* jemand, den er gebrauchen kann, um deine Straße, dein Viertel, deine Arbeitsstelle, deine Schuld und, ja, deine Gemeinde zu verwandeln.

Anmerkungen

1. Siehe Galater 1,11-24.
2. Siehe Römer 8,35-39.
3. Siehe Römer 1,15-16.
4. Siehe Lukas 10,25-37.

Sünde, Wunden und Vergebung

(DAS ECHTE PROBLEM DURCHBRECHEN,
UM ZUR ECHTEN ANTWORT ZU GELANGEN)

SHANE: Als John über Gerechtigkeit sprach, dachte ich daran, wie wir den Kontakt mit Leuten und ihrem Schmerz verloren haben. Jesus hat das nie getan – er hat nie den Kontakt mit den Menschen verloren und hatte immer beide Beine auf dem Boden. Denn so sehr hat Gott die Welt geliebt, dass er kein Komitee berief und keine Organisation gründete; er schickte seinen Sohn. Und diese persönliche Erfahrung ist das, was während der ganzen Inkarnation so gleichbleibend da ist. Jesus lebte in einer Stadt, von der man sagte, aus ihr könne nichts Gutes kommen.[1] Sie wissen, er starb am Kreuz. Er ging in die Welt und hatte keinen Ort, an dem er sein Haupt zur Ruhe legen konnte. Er litt mit den Menschen. Das ist das Modell von dem wir, wie ich meine, eine ganze Menge lernen können.

Ich bin sicher, dass es eine große Versuchung war, eine Bewegung oder Institution zu organisieren, etwas wie „Aktionsbündnis gegen Herodes". Es gibt so viele Möglichkeiten, wie Gott seinen Dienst hätte tun können. Wir finden ein großartiges Beispiel im ersten Kapitel von Markus, in dem die Leute wegen der Wunder zu Jesus kamen. Jesus war allein und betete. Und Petrus geht zu ihm und sagt: „Oh, da sind ´ne Menge Leute und sie warten am Haus." Und Jesus sagt: „Nun, dann ist es an der Zeit, weiterzuziehen." Im Grunde genommen sagt er: „Wir müssen hier weg." Er widerstand der Idee, einfach nur ein Vertriebszentrum einzurichten. Sein Plan bestand darin, eine viel breitere

Bewegung unter den Menschen zu starten, aber er wurde die ganze Zeit unterbrochen.

Ein anderer Gedanke, der mir in den Sinn kommt, dreht sich um das Tiefgründige in dieser Idee von „richte nicht, damit du nicht gerichtet wirst" und „so wie du vergibst, wird dir vergeben". Wenn wir über Gericht sprechen, dann sind wir manchmal mit den Gedanken schon direkt beim Jüngsten Gericht; ich denke aber, Jesus gibt uns einen wirklich hilfreichen Rat für unser Leben als Christ und Leiter. Wir können erkennen, dass sowohl das Fingerzeigen als auch die Vergebung gleichermaßen ansteckend sind. Wenn wir anderen vergeben, dann vergeben sie uns wahrscheinlich auch eher. Und das Gleiche gilt für das Richten. Denk mal drüber nach. Wenn ich rumlaufe und jedem erzähle, dass Rauchen falsch ist und mich dann jemand mit einer Fluppe im Mund erwischt, dann werden die Leute mich vermutlich nicht sehr pfleglich behandeln.

Ich denke, einige der religiösen Leiter haben da Fehler gemacht. Tragisch und überraschend ist dabei nicht die Tatsache, dass sie einen Fehler gemacht haben, sondern dass sie selbst so schnell dabei waren, die Sünden anderer anzusprechen, und dabei selbst als über die Sünde erhaben erschienen. Ich denke an die Geschichte mit Ted Haggard, dem früheren Vorsitzenden der National Association of Evangelicals. Es kam heraus, dass er bei einem männlichen Prostituierten war. Für die Menschen war es so schmerzlich und verwirrend, weil er sehr lautstark gegen Schwulen- und Lesbenrechte war und Homosexualität scharf als Sünde verurteilt hatte. Kein Wunder, dass die Leute ihn in die Mangel nahmen.

Jesus kam nicht, um die Gerechten zu retten, sondern die Zerbrochenen ;er kam nicht für die Gesunden, sondern für die Kranken.

Aber es gab auch wunderschöne Stimmen der Gnade inmitten dieser Krise, so wie das auch bei Bill Clinton der Fall war. Mein Freund Tony Campolo war ein beständiges Flüstern der Gnade für sie beide. Nun, das ist gute Leiterschaft – nicht von Bord zu springen, wenn jemand in einer Machtposition strauchelt oder fällt, sondern mit ihm oder ihr durch die Finsternis zu gehen (selbst während andere sich auf diese Person wie auf ein verwundetes Tier stürzen). Tony sagte in einem Fernsehinterview zur Haggard-Sache: „Wenn ein Teil leidet, dann leiden wir alle." Ich muss daran denken, wie Tony, der viele Meinungsverschiedenheiten mit Haggard gehabt hatte, mit so einer Sanftmut und Gnade über die Hoffnung sprach, dass das eine Chance für Evangelikale sei. Sie könnten von ihrem hohen Ross der moralischen Überlegenheit herabsteigen und sich mit der Zerbrochenheit anderer identifizieren, selbst mit der Schwulenszene. Und er sagte, dass weder die Schwulenszene noch die Evangelikalen in besonders gutem Licht erschienen. Und vielleicht war das für uns eine Chance, Gott flüstern zu hören: „Jeder von uns ist besser als die schlimmsten Dinge, die wir tun."

Jesus kam nicht, um die Gerechten zu retten, sondern die Zerbrochenen; er kam nicht für die Gesunden, sondern für die Kranken. Das ist die Art von Gnade, für die ein christlicher Leiter bekannt sein sollte und nicht für die verurteilende Haltung, die in den Augen von Dritten so charakteristisch für Christen geworden ist.

John: Sünde ist die Erfüllung unserer eigenen selbstsüchtigen Wünsche; sie trennt uns von Gott und unseren Brüdern und Schwestern. Es ist schwer, die Wahrheit zu kommunizieren, wenn wir von Gott getrennt sind. Die einzige Weise, mit Sünde umzugehen, ist die, sich der Tiefe der Sünde gegenüber Gott und den Mitmenschen überführt zu fühlen.

Im Film *Amazing Grace*, der kraftvollen, wahren Geschichte des lebenslangen Kampfs von William Wilberforce für die Abschaffung der Sklaverei, sehen wir John Newton, wie er im Dienst Gottes steht, durch die Motivation der Gnade, die ihm trotz seines erbärmlichen Lebens zuteil wurde. Er hatte demütig verstanden, dass er in seiner Zeit als Sklavenhändler ein Knecht des Teufels war, und er wollte nun unbedingt ein Knecht Gottes werden, und zwar aus Dankbarkeit für die Gnade Gottes: „Amazing grace! How sweet the sound, that saved a wretch like me! I once was lost, but now am found, was blind, but now I see." (Erstaunliche Gnade! Wie süß das klingt, die einen Schurken wie mich rettete! Einst war ich verloren, doch jetzt bin ich gefunden,

war blind, doch sehe nun.) Er lebte den Rest seines Lebens demütig mitten in der Gnade Gottes. Wir sollen in der gleichen
Demut durchs Leben gehen.

Als ich Gott kennenlernte und von ihm angezogen wurde,
empfand ich, dass meine Sünde noch sündiger wurde. Nachdem
ich Christ geworden war, sündigte ich gegen jemanden und tat
keine Buße – und das verfolgt mich. Wenn ich nicht Buße tue
und sauber werde, bleibt meine Sünde bei mir. Sünde ist Vertuschen. Deshalb möchte Gott, dass wir unsere Sünden bekennen,
sobald wir uns ihrer bewusst werden. Das ist heutzutage
schwer, denn die Leute sprechen nie über irgendwas offen.
Wenn ein Bruder gegen uns sündigt, sollen wir dem biblischen
Prinzip folgen, es jemand anderem zu sagen und dann gemeinsam zu diesem Bruder zu gehen. Aber wir haben das Bewusstsein für Sünde ausgelöscht. Wir glauben nicht wirklich, dass
Gott uns sieht und wir dauernd in seiner Gegenwart sind. Aufgrund dieses Unglaubens vertuschen wir unsere Sünde, und das
macht uns blind für weitere Sünden.

Wenn Sünde vergeben wird, dann wird Gottes ganze erlösende Gnade freigesetzt. Wir dürfen daran teilhaben. Jesus kam
auf die Welt, um ein für allemal zu sterben. Es gibt eine ewige
Quelle der Reinigung durch sein am Kreuz vergossenes Blut, und
wir können zu dieser Quelle kommen. Das ist die Essenz des
Evangeliums.

Gottes vergebende Gnade zu übersehen, die sich auf Sünde
bezieht, heißt den Erlösungszweck der Inkarnation zu übersehen. Jede andere Gnade ist eine unterstützende Gnade, ergän-
zend zum Sterben Jesu am Kreuz. Das zu übersehen heißt, den
christlichen Glauben zu übersehen. Der Prediger, der Sünde mi-
nimiert oder ignoriert, versteht nicht die große Wahrheit des
Evangeliums, nämlich dass uns unsere Sünden vergeben werden können – täglich und ewiglich.

Es ist die Last des Leiters, mit dem Bewusstsein der eigenen
Sündhaftigkeit zu leben. Wenn ein Leiter strauchelt, muss er es
Gott und jemandem aus seiner Gemeinschaft bekennen. Das
Bewusstsein über Gottes Gnade ist der Schlüssel. Der Vater hat
uns so sehr geliebt, dass er seinen einzigen Sohn sandte, damit
dieser für unsere Sünde stirbt. Wenn es den Heiligen Geist nicht
gäbe und ich das Wort Gottes nicht studiert hätte, dann wäre
ich wie jeder andere – gebrochen und gefallen. Meine Sünde ist

tragisch in Bezug auf das Erlösungswerk Gottes. Wenn wir uns unserer Sünde nicht bewusst sind, spucken wir auf das Werk Gottes. Doch 1. Johannes 1,9 sagt: „Wenn wir aber unsre Sünden bekennen, so ist er treu und gerecht, dass er uns die Sünden vergibt und reinigt uns von aller Ungerechtigkeit" *(Luther 1984)*. Viele Christen heute haben die Kraft dieses Gedankens nicht ergriffen.

Wenn die Sünde ein größerer Faktor in unserem Gewissen wird, dann ist das nicht unbedingt eine schlechte Sache. Die gefährliche Falle liegt darin, der eigenen Sünde gegenüber unempfindlich zu werden. Wer nicht in der Lage ist, sie zu erkennen, der kann sie auch nicht bekennen.

Deinem Bruder gegenüber zu bekennen ist beinahe genauso wichtig, wie Gott gegenüber zu bekennen, denn es bezieht sich auf dein Leben hier auf der Erde. Ohne dieses Bekennen wird dein Leben oberflächlich und du fängst an, es zu leichtfertig zu leben. Statt zu Christen – Christusnachfolgern – zu werden, entwickeln wir uns zu Schauspielern – Heuchlern. Ein Teil der Bekehrung ist das Entdecken deines wahren Selbst. Ob es dir gefällt oder nicht, Sünde ist Teil unseres Lebens und wir müssen das erkennen. Aber wir erkennen auch, dass Gott eine Bestimmung für unser Leben hat und uns erlösen will.

Die Heiligungsbewegung bringt das zusammen. Wann immer es eine Erneuerung oder Erweckung gibt, sind die Menschen und der Evangelist einer Meinung, nämlich dass unser Leben in Ehrlichkeit und mit Bekenntnis gelebt werden soll; und wenn wir sündigen, dann haben wir einen Fürsprecher beim Vater in Christus Jesus. Fußwaschen ist symbolisch für das christliche Leben. Man geht hinaus in die Welt und wird schmutzig durch die Sünde und man muss gereinigt werden. Petrus sagte zu Jesus: „Ich lasse dich nicht meine Füße waschen." Jesus antwortete Petrus, dass er seine Füße waschen müsse, und so bat Petrus ihn, den ganzen Körper zu waschen. Jesus erwiderte, er müsse nur Petrus' Füße waschen. Unsere Leiber sind rein, doch weil wir in dieser Welt umherlaufen, müssen wir beständig bekennen – unsere Füße müssen gewaschen werden. Das ist gut für uns! Warum nur haben wir diese christliche Lebensweise zu so etwas Furchtbarem gemacht – wir denken, dass es uns so schlecht geht, wenn wir Gott gehorchen. Unsere Sünden zu bekennen ist notwendig für ein effektives Leben.

Deinem Bruder gegenüber zu bekennen
ist beinahe genauso wichtig,
wie Gott gegenüber zu bekennen,
denn es bezieht sich auf dein Leben
hier auf der Erde.

Pastoren verstecken sich manchmal in ihrem Büro – so ähnlich wie sich Mönche im Kloster versteckten. Ein Leiter muss ein vorbildliches Leben führen. Wenn Paulus sagt, dass es nicht nur notwendig ist, Christus zu folgen, sondern auch zu leiden – dann ist Leiden eine Tatsache. Selbst wenn es nichts ist außer dem Leiden, Versuchung zu *vermeiden*. Von der Sünde versucht zu werden kann genauso schwer sein wie ihr nachzugeben. Billy Graham betritt nie allein mit einer Frau einen Aufzug, und er hatte immer einen Dritten im Büro, wenn eine Frau bei ihm war – er wollte nicht einmal den Anschein der Sünde erwecken, geschweige denn der Versuchung zur Sünde nachgeben, in diesem Fall zu sexueller Sünde.

Wir haben sexuelle Sünde ins Rampenlicht gestellt – und sie ist eine große Sünde. Weil sie das Potenzial für Leben hat, ist es gefährlich, mit sexueller Sünde leichtfertig umzugehen. Gott ist die Heiligkeit des Lebens wichtig. Wenn wir das erkennen, dann würden wir vielleicht verantwortungsvoller leben. Aber wir stellen unser Verlangen darüber. Deshalb wird Prostitution nie verschwinden – sie ist eine der größten Versuchungen zur sofortigen Bedürfnisbefriedigung im Leben. Und wieder, deshalb sündigen wir, wenn wir unseren selbstsüchtigen Wünschen nachgeben.

SHANE: Leiter müssen wissen, wie sie den Leuten einen Schubs geben, ohne zuviel Druck auszuüben. Wir müssen lernen, wie wir andere zu kleinen Schritten ermutigen, und jeder Schritt, den wir auf Jesus zu machen ist etwas, das wir feiern sollten. Für manche Leute bedeutet der erste Schritt zu treuer Jüngerschaft, einen Obdachlosen zum Essen mit der Familie mitzubringen. Für eine andere Person besteht der erste Schritt darin, einfach nur mal stehenzubleiben und zum ersten Mal mit einem obdachlosen Menschen zu sprechen. Was für den einen radikal ist, ist für den anderen ein alter Hut. Doch ich denke, Jesus liebt jeden Schritt, den wir tun, und freut sich vielleicht sogar am meisten, wenn jemand seinen allerersten Schritt macht – so ähnlich, wie wenn er darüber spricht, alle Schafe zu verlassen, um das eine verlorene zu finden. Leiter wissen also, wie man mit Leuten geht, wenn sie diese Schritte auf Jesus und die Liebe zu anderen Menschen hin machen. Vielleicht bedeutet das Mitgehen, jemanden zu ermutigen, ein paar Zigaretten weniger zu rauchen. Vielleicht heißt es, dass sie ihren Namen nicht so oft googeln oder so viel Zeit im Internet verschwenden. Vielleicht bedeutet es, ein paar Briefe an Leute im Gefängnis zu schreiben oder mehr Zeit mit den Kindern zu verbringen. Kleine Schritte.

Ich habe einmal ein Schild gelesen, auf dem stand: „Lieber Gott, bitte schütze mich vor mir selbst." Beim Leiten geht es darum, die Leute vor sich selbst zu schützen, damit sie sich nicht zerstören. Das ist es, was Sünde tut ... sie zerstört uns. Gott hasst Sünde, nicht nur, weil wir ungehorsam dem Gesetz gegenüber sind, sondern weil Sünde uns zerstört, und Gott kann nicht dabeistehen und zusehen, wie wir uns selbst kaputtmachen.

Vieles in der Schrift zum Thema Disziplin scheint damit zu tun zu haben, dass Gott uns auf die Finger klopft, damit wir uns nicht auf der Herdplatte verbrennen. Es ist nicht die Rache des bösen Meisters; es ist die befreiende Hand eines liebevollen Vaters.

Ziviler Ungehorsam

(STELLUNG BEZIEHEN)

Man wird euch vor Gericht zerren und in den Synagogen auspeitschen. Um meinetwillen werdet ihr euch vor Machthabern und Königen verantworten müssen. Das wird euch Gelegenheit geben, ihnen von mir zu erzählen. Die gute Botschaft muss zuerst allen Völkern verkündet werden. Doch wenn ihr verhaftet werdet und vor Gericht steht, macht euch keine Sorgen, was ihr zu eurer Verteidigung vorbringen sollt. Sagt einfach, was Gott euch in den Mund legt. Nicht ihr seid es, die dann reden, sondern der Heilige Geist.

MARKUS 13,9-11

SHANE: Lass uns mal über die Idee des zivilen Ungehorsams sprechen (oder, wie wir es gern bezeichnen, über *„heiligen Unfug")*. Andere nennen es vielleicht „das Gesetz Gottes über das Gesetz der Menschen stellen". Manche vertreten die Meinung, ein Leiter, dessen Nachfolger ins Gefängnis kommen, sei kein guter Leiter. John und ich sind da anderer Meinung. Haha. Tatsächlich waren John und ich gemeinsam im Gefängnis ... doch dazu später mehr.

Ich dachte mir, wir könnten mit Jesus anfangen. Viele seiner Nachfolger landeten selbst im Gefängnis. Johannes der Täufer, Jeremia und viele der Propheten wurden verhaftet oder sogar umgebracht. Schadrach, Meschach und Abed-Nego wurden in den Feuerofen geworfen, weil sie sich weigerten, einen königlichen Befehl auszuführen, der ihrer Hingabe an Gott widersprach. Daniel ignorierte das Gesetz des Königs, welches Gebet verbot, und Darius schmiss ihn in die Löwengrube ... und so weiter und so fort. Selbst die Geburt Moses war ein Akt des zivilen Ungehorsams, als seine Mutter ihn den Fluss hinabtreiben ließ, damit er so dem Befehl des Pharaos zum Abschlachten der Unschuldigen entkommen konnte. Jesus wurde ebenfalls unterwegs geboren, mitten im Völkermord Herodes', und die Weisen aus dem Morgenland missachteten direkt den Befehl des Herodes, um Jesus zu schützen.

Die Apostelgeschichte und Berichte über die frühe Kirche sind voll von Gefängnisaufenthalten, Prügelstrafen und sogar staatlich sanktionierten Exekutionen von Leuten wie Johannes dem Täufer. Paulus und Silas haben eine großartige Geschichte, in der sie der Geist aus dem Gefängnis holt. Paulus' Brief an Philemon wurde geschrieben, um einen früheren Sklavenhalter zu drängen, illegalerweise einen flüchtigen Sklaven (Onesimus) wieder willkommen zu heißen – ein Verbrechen, auf das die Todesstrafe stand –, und zwar nicht als einen Sklaven, sondern als einen Bruder.

Die frühen Christen erzählen Geschichten darüber, wie sie Gefängnisaufsehern, Offizieren und Soldaten Zeugnis gaben, und viele von ihnen kamen zum Glauben. Eine Begebenheit berichtet davon, wie Jakobus seinem Henker von der Gnade Gottes erzählte. Der Mann wurde Christ und wurde schließlich neben Jakobus hingerichtet. Und natürlich waren die Märtyrer besonders für ihre Treue bekannt, mit der sie Gott über den Kaiser stellten. Einer der frühen Christen erklärte, dass jedes Mal, wenn ein Christ bekannte: „Jesus ist Herr", er damit sagte: „Der Kaiser ist es nicht". Die frühen Christen waren als Rebellen und Revolutionäre bekannt, obwohl das eine andere Art von Revolution war – eine, bei der es genauso um die Freiheit der Unterdrücker wie um die der Unterdrückten ging, eine gewaltfreie Revolution, die von Feindesliebe, Sanftmut und mutiger Gnade gekennzeichnet war. Aber es war nichtsdestotrotz eine Revolution. „Die Leute, die auf der ganzen Welt für Aufruhr sorgen, sind jetzt auch hierher gekommen ... Sie setzen sich alle über die Verordnungen des Kaisers hinweg, indem sie behaupten, ein anderer sei der ‚wahre' Herrscher, nämlich Jesus." (Apostelgeschichte 17,6-7, *Neue Genfer Übersetzung*).

Wow, jetzt bin ich aber ins Predigen gekommen! Ich mach mal langsam. Chris Haw und ich verbrachten eine Menge Zeit mit diesen Themen in unserem Projekt *Jesus for President*, aber hier ein paar Zitate von Leuten aus der Frühzeit des Christentums ...

> Wir werden beschuldigt, irreligiöse Leute zu sein und, mehr noch, irreligiös in Bezug auf die Kaiser, weil wir uns weigern, den kaiserlichen Hoheiten die religiöse Würdigung zukommen zu lassen ... Hochverrat ist ein Verbrechen gegen die römische Religion. Es ist ein Verbrechen der offenen Irreligiosität, ein Erheben der Hand, um die Gottheit zu lädieren ... Christen werden als Staatsfeinde betrachtet ... wir feiern nicht die Feste der Kaiser. Wachen und Informanten erheben Anschuldigungen gegen die Christen ... Gotteslästerer und Verräter ... wir werden des Frevels und Hochverrats angeklagt ... wir geben Zeugnis für die Wahrheit. – Tertullian

> Die Christen bilden selbst geheime Gesellschaften, die außerhalb des gesetzlichen Systems existieren ... eine verborgene und mysteriöse Gemeinschaft, die sich um Revolte und die sich daraus ergebenden Vorteile sammelt. – Brief an Origenes

> Sie bilden ein Gesindel profaner Verschwörung ... Sie verachten Ehrentitel und die purpurne Robe hoher staatlicher Würdenträger, obwohl sie selbst kaum ihre eigene Nacktheit bedecken. Genauso wie Unkraut wuchert, so vermehren sich die widerlichen Löcher, in denen sich diese pietätlose Verschwörung überall auf der Welt trifft. Wurzel und Trieb sollten um jeden Preis ausgerottet und verflucht werden. Sie lieben einander, bevor sie sich überhaupt kennenlernen. Sie praktizieren einen Kult der Lust, nennen einander unterschiedslos Bruder und Schwester. Unter dem Deckmantel dieser heiligen Namen wird Unzucht zum Inzest. – Minucious Felix

Wenn wir uns die Kirchengeschichte ansehen, dann ist es tatsächlich schwer zu übersehen, dass es hier einen Zusammenprall zwischen dem Reich Gottes und dem Reich dieser Welt gab. Jesus sagte den Jüngern voraus, dass die Welt sie hassen wird, dass sie vor Gerichte und staatliche Stellen gezerrt werden. Es ist ein Versprechen: Wenn sie richtig gut leben, werden sie richtig übel vermöbelt werden. Aber was wichtig ist – sie sollen dem Bösen Liebe entgegensetzen. Sie sollen in das Gesicht derer starren, die sie verfolgen und sagen: „Vater, vergib ihnen, denn sie wissen nicht, was sie tun." (Lukas 23,34).

Ziviler Ungehorsam hat einen wichtigen Platz in der schwarzen Kirche der USA und in Freiheitskämpfen überall auf der Welt. Viele Christen in den 1960er Jahren nahmen an Sit-Ins an Imbisstheken und Wade-Ins in Schwimmbädern teil und weigerten sich, Gesetzen zu folgen, die ihnen verboten, bestimmte Restaurants zu betreten oder auf den vorderen Plätzen in öffentlichen Bussen zu sitzen. Damit fochten sie die Gesetze an, die Rassentrennung vorschrieben.

Die Christen des 1. Jahrhunderts wurden als Gesetzesbrecher gebrandmarkt, weil sie sich weigerten, sich vor dem römischen Kaiser oder seinem Bild zu verneigen. Martin Luther brach das Kirchenrecht der katholischen Kirche wegen der Glaubensfreiheit. Amerikanische Abolitionisten brachen Gesetze, weil sie für Rassengleichheit kämpften. Martin Luther King brach Gesetze, die Rassentrennung durchsetzen sollten. Die amerikanischen Revolutionäre brachen Gesetze, die von König George erlassen worden waren, um die Kolonien zu unterdrücken. Während der Tyrannei des Dritten Reichs missachtete Corrie ten Booms Familie deutsches Recht und versteckte und schützte Juden. Und Dietrich Bonhoeffer und Martin Niemöller standen auf gegen deutsche Gesetze, die von Hitlers Naziregime erlassen worden waren. Die Anabaptisten, Quäker, Mennoniten und Brüdergemeinschaften weigerten sich, Gesetzen Folge zu leisten, die die Teilnahme an Kriegen betrafen. Christen schmuggelten Bibeln in die Sowjetunion und andere Ostblockstaaten, und das trotz Gesetzen, die den Import von Bibeln verboten. Die Liste des christlichen zivilen Ungehorsams ist endlos ... und wird im Lauf der Zeit immer länger.

Enterbte Menschen überall auf der Welt verbluten zu Tode aufgrund sozialer und wirtschaftlicher Wunden.

John kann definitiv seine Geschichten aus der Zeit der Bürgerrechtsbewegung erzählen und es scheint, dass die Art von zivilem Ungehorsam, wie sie bei den Bus-Boykotten und in U-Bahnen stattfand, Taten heiligen Unfugs waren. Viele dieser Leiter sind heute Nationalhelden und –heldinnen wie beispielsweise Sojourner Truth, Harriet Tubman, Rosa Parks, Frederick Douglass … und natürlich John Perkins.

Heute sind einige Dinge anders. Manche der schlechten Gesetze wurden geändert. Doch andere schlechte Gesetze tauchten auf. Dutzende von Städten in den USA haben damit begonnen, Gesetze gegen Obdachlose zu erlassen, die es als illegal erklären, in der Öffentlichkeit zu schlafen, sich nach Einbruch der Dunkelheit in Parks aufzuhalten, sich auf den Fußweg zu legen oder um Geld zu bitten.

Eine Stadt machte den gesamten Müll zu Stadteigentum, sodass eine obdachlose Person, die im Müll nach Essen sucht, verhaftet werden kann. In Philadelphia wurde ein Lebensmittelerlass verabschiedet, durch den es illegal ist, Lebensmittel an Obdachlose in der Innenstadt abzugeben. Viele von uns wurden wegen Verletzung dieser Gesetze verhaftet. Aber es gab Polizisten, die vor Gericht aussagten, dass diese Gesetze falsch sind. Ein Richter sagte sogar: „Wenn es keine Leute gäbe, die ungerechte Gesetze brechen, dann hätten wir nicht die Freiheit, die wir haben … dieses Land baut darauf auf, von der Boston Tea Party bis zur Bürgerrechtsbewegung." Er fuhr fort und sagte, wir seien keine Kriminellen, sondern „Freiheitskämpfer" und wies alle Anklagen ab.

Es gab hier in Philadelphia auch andere Zeiten, in denen wir in zivilem Ungehorsam aktiv waren und verhaftet wurden, etwa wenn wir in Häusern blieben, manchmal leerstehenden Häusern, als die dort lebenden Menschen mit Gewalt vertrieben wurden, ohne dass man ihnen irgendeine Möglichkeit gab, woanders zu leben. Manchmal haben die Richter unsere Seite gesehen und Familien sogar legales Wohnrecht gegeben. In New York wurde ich verhaftet, weil ich mich in einer Gegend niedergelegt hatte, aus der Obdachlose herausgezwungen werden sollten, und wir gewannen vor Gericht. Das war ein bedeutender rechtlicher Präzedenzfall, mit dem wir es infrage stellten, ob das Schlafen in der Öffentlichkeit als „Ordnungswidrigkeit" betrachtet werden kann. Soll ich aufhören?

John: Nein, mach weiter.

SHANE: Okay. Eines meiner Lieblingszitate von Martin Luther King ist Folgendes: „Es ist nichts verkehrt an einem Verkehrsgesetz, das besagt, man müsse an einer roten Ampel stehenbleiben. Aber wenn ein Feuer tobt, fährt das Feuerwehrfahrzeug über die rote Ampel und der normale Verkehr tut gut daran, Platz zu machen. Oder wenn ein Mensch am Verbluten ist, rast der Krankenwagen mit Höchstgeschwindigkeit über diese rote Ampel. Es tobt ein Feuer ... für die Armen dieser Gesellschaft. Die enterbten Menschen überall auf der Welt verbluten an den tiefen sozialen und wirtschaftlichen Wunden. Sie brauchen Scharen von Krankenwagenfahrern, die die roten Lichter des gegenwärtigen Systems ignorieren müssen, bis der Notfall beseitigt ist."

Es gibt Orte, an denen Ungerechtigkeit geschieht, bei der wir den Eindruck haben, wir können nicht einfach nur zusehen. Deshalb sind John und ich vor ein paar Jahren in die Hauptstadt gefahren. Wir waren beunruhigt von einem Staatsbudget, das die Militärausgaben erhöhte und die Programme für Arme beschnitt, und wir beteten auf den Stufen des Parlaments in Washington ... und wir kamen mit dem Vaterunser auf den Lippen ins Gefängnis. Ich kann mich nicht mehr daran erinnern, wie das Ganze ausging. Ich glaube, der Richter ließ uns eine Arbeit darüber schreiben, warum wir das getan hatten.

John: Als wir während der Bürgerrechtsbewegung auf dem Land in Mississippi einen Ort integrierten, war das wirklich fürchterlich. [Die Rassentrennung bestand in den USA damals häufig darin, bestimmte Orte nur für Schwarze oder Weiße, nicht aber für beide Hautfarben, zugänglich zu machen. Integrieren bedeutete in diesem Zusammenhang, dass Schwarze einen nur für Weiße gedachten Ort aufsuchten und ihm dadurch seine Exklusivität für Weiße nahmen. Damit war an diesem Ort faktisch die Rassendiskriminierung aufgehoben. Es handelte sich also um einen aktiven zivilen Ungehorsam. Anm. des Übersetzers.] Der schlimmste Ort, den man integrieren konnte, war ein Rastplatz für Fernfahrer. Schwarze haben damals keine LKW gefahren. Das muss man bedenken. Es gab dort nichts als Weiße und Polizisten, die dort aßen.

Der junge Mann, der den Rastplatz integrierte, wurde ins Gefängnis geworfen und Vera Mae und ich mussten ihn gegen Kaution rausholen. Unsere Regel war, dass es in unserer Verantwortung lag, einen einmal integrierten Ort auch integriert zu halten. Das hatte uns jeder unserer Leiter gesagt. Wenn man keine Integration erreichte, dann hatte man lediglich eine schlimme Tat begangen – man hätte genauso gut betrunken sein und spontan an eine Bushaltestelle gehen können. Das war nicht Integration. Also mussten wir sicherstellen, dass der Platz auch integriert blieb. Um das zu erreichen, gingen wir jede Woche wieder hin und integrierten ihn erneut. Es war am besten, wenn die Person, die den Ort als erstes integriert hatte, wieder Teil des Teams sein konnte. Wir waren sehr bewusst in dem was wir taten, und sehr friedlich.

Und so wollten wir also an diesem Tag wieder nach Jackson fahren, und wir beschlossen, auf dem Rückweg diesen Rastplatz wieder zu integrieren. Als wir unterwegs waren, trafen wir einen Kriegsveteranen. Wir wussten, dass er einer unserer Jungs von zuhause war, aber er war beim Militär gewesen und hatte die gesamte Bürgerrechtsbewegung verpasst – die ganze Prügelei und das Zeug. Wir nahmen wir ihn also mit. Wir hatten die Idee im Kopf, dass wir diesen Ort integrieren wollten, aber wir wollten ihm das noch nicht sagen, also sprachen wir auf unserem Nachhauseweg nicht darüber. Wir dachten, einen Soldaten mit dabei zu haben würde unseren Handlungen mehr öffentliche Aufmerksamkeit bescheren – man kann sich die Schlagzeilen vorstellen: „Gerade aus Vietnam zurückgekehrter Soldat verprügelt".

Als wir dann doch dorthin gingen, war der Soldat zu Tode erschrocken und ich hatte auch Angst. Wir hatten alle Angst. Ich war so ängstlich … und ich war der Leiter. Die Bedienung ging nach hinten und sprach mit dem Besitzer und er bediente uns. Die Bedienung brachte uns also die Gabeln. Weißt du, Gabeln machen eine Menge Krach, wenn sie so aneinanderklappern. Ich war so nervös, ich konnte sie nicht halten, ohne Lärm zu machen. Also musste ich auf meinen Händen sitzen. Ich wollte nicht, dass die anderen dachten, dass ich als Leiter die Fassung verlieren könnte.

Wenn ich diese Geschichte erzähle, dann fragen mich die Leute immer: „Was hast du gemacht? Wie ging das aus?" Ich erzähle ihnen: „Wir haben das Gebäude integriert." Das war die Aufgabe. Angst hatte damit nichts zu tun. „Wurdest du geschlagen?", fragen sie. Das ist nicht die richtige Frage. Die Frage sollte lauten: „Habt ihr den Ort integriert?" Und ja, das haben wir erreicht. Man konzentriert sich nicht auf die Konsequenzen; man konzentriert sich auf die Aufgabe, die vor einem liegt.

Das ist das Kreuz mit der Leiterschaft heutzutage. Man kann die Leute nicht genug für das Thema Leitung erwärmen, weil das Thema sehr häufig „Ich" lautet. Wenn wir also sagen, wir haben keine Leiterschaft, dann heißt das, dass wir selbstsüchtig sind. Ich hasse es, die Worte Jesu zu nehmen und sie nach Wichtigkeit zu bewerten, aber in unserer Hierarchie der Dinge, die wir tun, sagte Jesus: „Will mir jemand nachfolgen, der verleugne sich selbst und nehme sein Kreuz auf sich und folge mir." (Mt. 16,24). Das könnte man als die Essenz der Leiterschaft bezeichnen. Das dürfte auch die Essenz der Jüngerschaft sein. Es ist nicht die Essenz der Bekehrung, aber es könnte der Schlüssel zum Übergang zu Jüngerschaft und Leiterschaftsentwicklung sein.

SHANE: Das ist genau der Grund, weshalb ich während der Bombardierungen 2003 in den Irak fuhr, und ich tat das mit einem Team aus Christen, Pastoren und Ärzten. Wir brachten Medikamente in die Hospitäler, verbrachten Zeit mit Familien und beteten gemeinsam mit irakischen Christen an. Als wir zurückkehrten, eröffnete das amerikanische Außenministerium ein Verfahren gegen die Gruppe – mit einem Strafmaß von bis zu zwölf Jahren Gefängnis. Sowohl die Reise in den Irak als auch das Mitbringen von Medikamenten war technisch gesehen illegal und verletzte die US-Sanktionen gegen den Irak. Wir argumentieren und glauben das immer noch, dass die Sanktionen und Bombardements Gottes Gesetz der Nächstenliebe verletzten (oder der Feindesliebe, wenn man es so sehen will). Und wir waren bereit, dafür ins Gefängnis zu gehen.

Letztendlich kam nicht viel dabei raus. Selbst der Richter sagte, der Staat habe einen schwer zu beweisenden Fall. Ich bin überzeugt, dass unsere Reise in den Irak ein heiliges Unternehmen war, wenn auch illegal. Wie Gandhi und King gesagt haben: „Damit das Böse triumphieren kann, ist es ausreichend, dass die guten Leute nichts tun." Also haben wir unsere Leiber der Ungerechtigkeit in den Weg gestellt. Am Karfreitag halten wir oft einen Kreuzweg-Gottesdienst neben der Firmenzentrale von Lockheed Martin, dem größten Waffenhändler der Welt. Wir beten hier auf dem Gelände und wenn wir gebeten werden zu gehen, dann beten wir weiter und werden verhaftet. Ein weiteres Zitat, das Gandhi und King mochten, lautet: „Die Zusammenarbeit mit dem Bösen zu verweigern ist genauso eine Pflicht, wie mit dem Guten zusammenzuarbeiten."

Dieses Jahr legten wir auf ähnliche Weise bei einem der bekanntesten Waffenläden Philadelphias Zeugnis ab. Es gibt mehr als 900 Waffenläden in der Stadt und Colosimo's ist berüchtigt dafür, Waffen zu verkaufen, die später bei Gewaltverbrechen auf unseren Straßen verwendet werden. Tatsächlich hat das *Brady Center gegen Waffengewalt* Colosimo's auf Platz Fünf der Liste der „Zehn schlimmsten faulen Eier unter den Waffenhändlern Amerikas" gewählt. Dieses Jahr kam eine Gruppe von Geistlichen und religiösen Führern auf Mr. Colosimo zu und bat ihn, einen Verhaltenskodex mit zehn Punkten zu unterschreiben, der dafür sorgt, dass die Feuerwaffen nicht auf der Straße landen. Als er dem nicht zustimmte, blieben sie einfach innerhalb und außerhalb seines Ladens – in gewaltloser, friedlicher Weise – bis sie verhaftet wurden (wegen Hausfriedensbruchs, nachdem sie gebeten worden waren, zu gehen). Bei einer hochbrisanten Gerichtsverhandlung später erlaubte der Richter, dass sie die Beweise präsentieren konnten, die ihre Handlung und ihre Absicht, Schaden von Dritten abzuwenden, rechtfertigen würden. Alle Anklagen wurden fallengelassen. Das sind unglaubliche Geschichten.

Es gibt Leiter dieser Freiheitsbewegungen, christliche Leiter, die Gesetze und Regelungen ändern, welche nicht mit Gottes Gesetzen und Regeln übereinstimmen. Es war Augustinus, der gesagt hat: „Ein ungerechtes Gesetz ist überhaupt kein Gesetz." Als Christen und als Leiter verpflichten wir uns selbst, allen gottlosen, jesuslosen Verordnungen und Gesetzen zu widerstehen. Wir sind bereit, die Folgen mit Gewaltlosigkeit und Gnade zu tragen, genau wie Jesus (dieser zweite Teil hier ist mindestens genauso wichtig wie der erste). Es gibt keinen Raum für gewalttätige Rebellion oder gewalttätigen Protest. Da ist kein Raum für das Töten von Abtreibungsärzten. Am Kreuz gibt es keinen Raum für erlösende Gewalt. Wir können nicht Gleiches mit Gleichem bekämpfen oder Gewalt mit Gewalt. Die Jesus-Revolution ist anders. Als die Soldaten kamen, um Jesus festzunehmen, griff Petrus zum Schwert und schnitt einem der Diener das Ohr ab. Wenn es jemals einen Fall gerechter Gewalt oder eines gerechten Krieges gab, dann hier bei Petrus. Aber Jesu Reaktion ist faszinierend. Er tadelt Petrus und sagt ihm: „Wenn du das Schwert ergreifst, wirst du durch das Schwert sterben." Die frühen Christen sagten: In dem Moment, in dem Jesus Petrus entwaffnete, entwaffnete er jeden Christen. Unsere Arme sind nicht groß genug, um ein Kreuz und ein Schwert zu tragen.

Tatsächlich scheint die jüdisch-christliche Geschichte eine Geschichte der Zusammenstöße mit Königreichen und Herrschern zu sein, eine göttliche Verschwörung und das heilige Unruhestiften. Der französische Philosoph Jacque Ellul sagte einmal: „Christen sollten nicht normal sein. Wir waren immer Unruhestifter, wir waren immer die Schöpfer der Unsicherheit, die Vertreter einer Dimension, die nicht mit dem Status quo kompatibel ist: Wir akzeptieren die Welt nicht so, wie sie ist." Aber wir sind nicht nur Unruhestifter um der Unruhe willen – wir sind Leute, die das Gute im Schilde führen, und deren Hingabe an das nach komplett anderen Prinzipien funktionierende Reich Gottes mit den Mustern dieser Welt kollidiert, in der wir leben. Und es ist sehr wichtig, auf welche Weise wir den Mächten entgegentreten. Wir müssen das praktizieren, was Theologen als „revolutionäre Unterordnung" bezeichnet haben. Wir sollen die Machthaber respektieren und uns ihnen unterordnen, selbst wenn uns unser Gehorsam Gott gegenüber ins Gefängnis und den Gerichtssaal führt. Wir müssen erkennen, dass unser Kampf „nicht gegen Menschen aus Fleisch und Blut, sondern gegen die bösen Mächte und Gewalten der unsichtbaren Welt, gegen jene Mächte der Finsternis, die diese Welt beherrschen, und gegen die bösen Geister in der Himmelswelt" ist (Eph. 6,12). Schließlich verwendet Paulus, der uns in Römer 13 sagte, wir sollen uns den Machthabern unterordnen, in seinem Brief an die Epheser dasselbe Wort, um zu sagen, dass wir gegen „dämonische Machthaber" kämpfen. Derselbe Paulus, der sagt, dass die Machthaber von Gott eingesetzt wurden, landet im Gefängnis, weil er subversiv gegen sie arbeitet.

Auf den ersten Blick erscheint das verwirrend und widersprüchlich. Wir können hier nicht zu tief einsteigen; es gibt aber in meinem Buch *Jesus for President: Kompromisslose Experimente in Sachen Politik* ein Kapitel über diesen Gedanken der Machthaber (und es gibt in diesem Buch eine Fußnote über Römer 13 – die Nummer 5 der Anmerkungen zu diesem Kapitel). Einfach gesagt, nur weil die Machthaber von Gott eingesetzt sind, heißt das noch lange nicht, dass Gott mit ihnen einverstanden ist … das verhält sich ähnlich wie bei einem Bibliothekar, der die Bücher im Regal ordnen kann, wie er es will. Es war schließlich nicht einmal Gottes Wille, dass Israel einen König haben sollte.[1] Aber wir müssen immer auf Jesus schauen, um wissen zu können, wie wir Machthaber angehen. Wir sollen sie mit revolutionärer Unterordnung angreifen.

Im Kolosserbrief sagt Paulus, dass Jesus in seiner Auferstehung über das römische Kreuz triumphierte, das Kernsymbol der Macht des Kaiserreichs und des strafbetonten Rechtssystems. Jesus hat „die Herrscher und Mächte dieser Welt entwaffnet. Er hat sie öffentlich bloßgestellt" (Kol. 2,15). Wir enthüllen die Ungerechtigkeiten der Welt, in der wir leben, indem wir uns selbst den Machthabern und dem durch sie verursachten Leiden unterordnen. Das passierte, als wir wegen des Brechens schlechter Gesetze ins Gefängnis kamen. Das passierte, als wir den Skandal der Sanktionen gegen den Irak aufdeckten. Das passierte, als Martin Luther King und John denen in die Augen blickten, die ihr Leben bedrohten und ihre Freunde verprügelten und sie ihnen sagten: „Wir lieben euch immer noch."

Zu unseren bittersten Gegnern sagen wir mit den Worten Martin Luther Kings: „Werft uns ins Gefängnis, und wir lieben euch immer noch. Werft Bomben auf unsere Häuser und bedroht unsere Kinder, und wir lieben euch immer noch. Aber seid euch gewiss: Wir werden euch mit unserer Leidensfähigkeit niederringen. Eines Tages werden wir Zugang zu eurem Herzen und eurem Gewissen finden und euch so im Lauf der Dinge gewinnen, und unser Sieg wird ein doppelter Sieg sein."

John: Ich habe die meisten Helden der Bürgerrechtsbewegung überlebt. Und ich fühle mich geehrt, dass ich meine Geschichten unseres zivilen Ungehorsams weitergeben darf.

Ziviler Ungehorsam setzt Gewaltfreiheit voraus. Manchmal fragen mich die Leute, ob ich „gewaltfrei" sei. Ich sage: „Spinnst du? Habe ich jemals jemanden umgebracht? Mach mal halblang." Die Bürgerrechtsbewegung war aus Perspektive der Schwarzen gewaltfrei – und das war kraftvoll. Daher kam die Kraft der Bewegung. Ich glaube nicht, dass irgendein Weißer von einem Schwarzen im Verfolgen der Bürgerrechte von 1955 bis heute getötet wurde. Das ist ein Wunder. Die Gewalt kam, als nichtchristliche Schwarze anfingen, in den nördlichen Städten Revolten zu starten. Gewaltfreier Widerstand war der Weg, den wir beim Schaffen von Gerechtigkeit in Mississippi beschritten.

Es gab dort, und das ist immer noch so der Fall, viel Gewalttätigkeit unter den Schwarzen, aber mir erschloss sich mit meiner Bekehrung ein neues Modell: „Glückselig die Friedensstifter, denn sie werden Söhne Gottes heißen. " (Mt. 5,9, *Revidierte Elberfelder Übersetzung*). Für mich war es selbstverständlich, dass Christen nicht gewalttätig sind. Ich las ein Buch über die geschichtlichen Märtyrer und lernte das Wachsen des eigenen Glaubens im Martyrium kennen. Man kann den Märtyrer umbringen, nicht aber das, woran er glaubt – es verbreitet sich nur weiter. Martin Luther bettelte fast um das Martyrium. „Hier stehe ich. Ich kann nicht anders. Gott helfe mir. Amen." Ihn zu töten hätte nichts erreicht, außer den Glauben, für den er stand, weiter voranzubringen.

In meiner lebenslangen Arbeit für die Bürgerrechte habe ich eine ähnliche Überzeugung empfunden. Als ich in Mendenhall verhaftet wurde, da wusste ich, dass ich nicht einfach nur für das stand, was ich glaubte, sondern auch für das, was die Menschen glaubten, die mir folgten. Mir war die Stimme der Schwarzen anvertraut. Das ist eine Menge Druck und ich spürte es in meiner Seele. Ich wusste, Gott hat mich aus gutem Grund in diese Position gebracht.

Als es während meines Prozesses wegen der Anstiftung Minderjähriger zu einer Straftat eine Pause gab, hat mich ein Staatsanwalt wirklich verspottet. Ich saß neben einem Baum, als eine alte schwarze Dame mit Hut auf mich zu kam und mich ansprach: „Stehen Sie auf. Sie stehen hier nicht für mich; Sie stehen für alle Schwarzen." Das brachte mich noch mehr unter Druck, aber es gab mir die Kraft, zu stehen. Ich wusste, dass ich für etwas stand. Ich stand nicht einfach nur für mich selbst hier, und ich stand nicht allein. „Deshalb greift zu allen Waffen, die Gott für euch bereithält! Wenn dann der Tag kommt, an dem die Mächte des Bösen angreifen, seid ihr gerüstet und könnt euch ihnen entgegenstellen. Ihr werdet erfolgreich kämpfen und am Ende als Sieger dastehen." (Eph. 6,13).

Wir erstellten eine Liste mit Forderungen der Schwarzen, die unter anderem gleichen Mindestlohn, gleiche Prozessrechte bei allen Verhaftungen, Verhandlungen und der Verteidigung, die Vertretung in Regierungsbehörden und alle Rechte und den Schutz der Verfassung forderte. „Wir verlangen unsere Freiheit. Wir verlangen die Macht, das Schicksal unserer Gemeinschaft zu bestimmen. Schwarze werden nicht frei sein, solange sie nicht ihr eigenes Schicksal bestimmen können. Der Boykott von Geschäften, die Schwarze diskriminieren, wird weitergehen, bis dieses Thema korrigiert wurde. Dann und nur dann sind die anderen Inhalte verhandelbar."[2]

Schwarze werden nicht frei sein, solange sie nicht ihr eigenes Schicksal bestimmen können.

„Wir verlangten nur die Rechte, die uns angeblich laut Verfassung und dem gegenwärtigen amerikanischen System zustanden. Es war nicht die Rede von einer „neuen Ordnung", es war nur ein Ruf, nach den Idealen zu leben, die Weiße für sich selbst als ihr Erbe beanspruchten."[3]

Bis unsere Forderung nach einem gleichen Prozentsatz bei Arbeitsverhältnissen erfüllt war, boykottierten wir alle Geschäfte in Mendenhall. Es war beeindruckend, die Solidarität unter den Schwarzen zu erleben. Wir führten wöchentliche Märsche durch, die dank zuverlässiger Mitglieder unserer Gemeinschaft und Schülern aus dem Tougaloo College zahlenmäßig wuchsen. (Sie können dazu mehr in meinem Buch *Let Justice Roll Down* aus dem Jahr 1976 nachlesen.) Diese Märsche dauerten von Weihnachten 1969 bis Februar 1970 – als sich alles änderte.

Am Samstag, dem 7. Februar 1970 wurden nach einer unserer Demonstrationen in Mendenhall 19 Studenten in Brandon, Mississippi, auf ihrem Weg nach Hause in der Gegend von Jackson verhaftet. Gemeinsam mit Reverend Curry Brown fuhr ich nach Brandon, um sie rauszuholen. Aber wir wurden kalt erwischt und gerieten in einen Hinterhalt mit mehr als einem Dutzend weißer Hilfssheriffs und Männern von der Highway Patrol, mit Lloyd „Goon (Schläger)" Jones als Anführer. An diesem Abend wurden Curry, Doug Huemmer, ein junger weißer Freiwilliger, und ich beinahe totgeschlagen.

Sie schlugen uns nieder. Sie stießen Gabeln in meine Nase und in meinen Rachen. Sie traten mich in die Leiste. Sie demütigten und quälten uns. Hier ist meine Erinnerung an diese Ereignisse:

> Als sie anfingen, uns zu foltern, war es schrecklich; ich konnte es einfach nicht fassen, dass das passierte; einer der Polizisten nahm eine Gabel, die nach unten gebogen war, und er brachte mir die Gabel und fragte, ob ich sie sehen konnte; und dann nahm er die Gabel und stieß sie mir in die Nase; und dann nahm er sie und stieß sie in meinen Rachen; und dann brachten sie mich da rüber und schlugen mich zu Boden ... Mr. Lloyd Jones setzte sich vorn hin ... und er stand auf und trampelte auf mir herum; zu diesem Zeitpunkt war ich fast bewusstlos.[4]

Das Gefängniserlebnis von Brandon war Schicksal – eine Erfahrung, die ich machen musste. Wenn ich zurückschaue, dann wird mir bewusst, dass ich da durch musste. Ich musste auf eine dynamische Weise vom Bösen des Rassismus überzeugt werden. Bis zu diesem Punkt war es nur Theorie gewesen. Ich musste sehen, wohin Rassismus führt. Jetzt kann ich ohne Häme über Rassismus predigen. Gott erlaubte mir, durch dieses Erlebnis zu gehen und zu überleben. Es hat meinen Glauben gestärkt und herausgefordert. Ich bin sehr konkurrenzbetont, und diesmal verlor ich. Sie schlugen mich – im wahrsten Wortsinn. Sie zeigten mir das böse Gesicht von Rassismus und Hass. Ich ließ zu, dass diese 19 Kinder verhaftet wurden, und ich dachte, mir würde niemals vergeben werden. Ich dachte, ich würde davon nicht mehr aufstehen.

Ich habe nach diesem Vorfall beinahe meinen Glauben verloren. Jedoch jedes Mal, als ich im Zweifel war und dabei war, abzudriften, begegnete mir jemand, der mich beneidete. Sie wollten etwas, das ich hatte. In der Zeit meines Schmerzes gingen diese Leute mit mir. Jedes Mal, wenn ich dabei war, meinen

Glauben zu verlieren, kam irgendein Glaubender, irgendein Freund daher und hatte mehr Glauben an Gott als ich und zeigte mir seine Liebe. In dieser Zeit der Zweifel wurden diese Menschen meine Stärke. Mein Arzt kam immer ins Krankenhaus und nahm mich mit aufs Land, damit ich etwas frische Luft bekam. Ein anderer Arzt kam nachts ins Krankenhaus und setzte sich neben mein Bett, bis ich eingeschlafen war. Diese Leute halfen mir, meinen Glauben zu behalten.

Am 14. Mai 1970, nur zehn Tage nach dem Kent State Anti-Kriegsprotest, bei dem vier Studenten von Soldaten der Nationalgarde getötet worden waren, beantragte Constance Slaughter, meine Rechtsanwältin und die erste Schwarze, die einen Abschluss an der Ole Miss erhalten hatte, Goon Jones' Amtsenthebung wegen des Brandon-Gefängnisvorfalls. Am selben Abend führte er eine Gruppe von Polizisten der Highway Patrol auf den Campus der Jackson State University, um eine Gruppe von Studenten aufzubringen, die sich dort zum Protest versammelt hatten, nur ein paar Straßen von meiner jetzigen Wohnung entfernt.

Die Berichte weichen voneinander ab, aber was wir wissen: Gegen Mitternacht eröffneten Highway Patrol und Polizei unter Leitung von Goon Jones das Feuer auf eine Gruppe von Studenten vor dem Frauenwohnheim. Später zählte man über 400 Einschusslöcher an den Außenwänden des Gebäudes. Zwei junge Männer wurden getötet und zwölf weitere verletzt. Sie gaben an, dass zuerst auf sie geschossen wurde und dass es Scharfschützen auf den Dächern um sie herum gegeben hatte, doch kein Polizist oder Angehöriger der Highway Patrol wurde bei dem Zwischenfall verletzt.

Ich glaube, dass Jones in gewissem Sinn „diese kleine, schwarze Hure" bestrafte, weil sie ihm an diesem Tag das Leben schwer gemacht hatte. Die Frau stellte ihm all die Fragen, für die bisher niemand eine Antwort von ihm verlangt hatte, und ich glaube, das trug er auf dem Rücken dieser Studenten aus. Mich erschüttert der Gedanke. Aber so tief ging der Rassismus.

Selbst im Jahr 1970 war das Gerichtswesen in Mississippi infiziert mit einem Rassismus, der uns unsere Menschenrechte verweigerte. Ich war nicht in der Lage, eine faires Verfahren zu bekommen, da die Mehrheit der Richter die zweifelsfreie Tatsache verneinten, dass meine Bürgerrechte durch die Polizisten verletzt worden waren. Sie akzeptierten die Aussage des Polizisten, dass ich zuerst angegriffen hatte, dass ich die Gabeln mitgebracht hatte, mit denen sie mich folterten, dass ich versuchte, das Gefängnis zu stürmen. Der einsame Abweichler, Oberrichter Brown, sprach von einer Verbindung zwischen den Prügeln, die ich im Gefängnis von Brandon erhalten hatte und der Forderung der Schwarzen nach Gleichheit in Mendenhall. Aber in der letztendlichen Entscheidung wurde das ignoriert. Wie würden wir jemals einen Fortschritt in Richtung Gerechtigkeit erreichen, wenn die oberen Ebenen des Rechtssystems so korrupt waren? Das folgende Klageverfahren, das ich gegen die Polizisten anstrengte, wurde aufgrund der unzweifelhaften Wahrheit der Folter entschieden, die wir im Gefängnis von Brandon erlitten hatten.

Ich wurde das letzte Mal in der Nähe der nationalen Hauptstadt verhaftet, das war im Dezember 2005. Ich ging dorthin und sprach zu einer Menge über einen Budgetvorschlag, mit dem das Budget für Medicaid (der Gesundheitsdienst für Bedürftige) und Medicare (der Gesundheitsdienst für Menschen ab 65) gekürzt werden sollte. Gleichzeitig war geplant, das Budget für Militäraktivitäten zu erhöhen. Ich sagte der Menge, dass wir Bomben bauen und in den Krieg ziehen würden, aber dabei unsere Pflicht vernachlässigten, den Armen zu helfen. In Anbetracht des Reichtums unserer Nation wollte ich die Armen unterstützen und andere inspirieren, es mir gleichzutun. Als alter Mann trieb mich mein Gewissen dazu, mich in diesem Kampf zu engagieren. (Ich musste lächeln, als ein mutiger junger Christ namens Nate Bacon mit mir im Taxi zum Protest vor dem Capitol fuhr. Nate arbeitet für InnerChange, einen christlichen Orden, der unter Armen lebt, und es war seine erste Verhaftung wegen zivilen Ungehorsams.)

Ein Teil des christlichen Glaubens besteht darin, das Gewissen eines Menschen frei zu machen.[5] Wenn unser Gewissen uns verdammt, dann ist das schlecht – denn Gott ist größer als unser Gewissen. Wenn dein Gewissen erkennt, dass ein Gesetz böse ist, dann ist es deine Verantwortung, den freien Willen einzusetzen, den wir bekommen haben, und dagegen aufzustehen. Das Aufstehen wird dein Gewissen zufriedenstellen.

Um ungehorsam zu sein, musst du einen Grund entdecken, für den es sich zu sterben lohnt. Wir haben ein Leben im Vergnügen zu unserem höchsten Wert gemacht. Das stellt uns heute vor ein echtes Problem. Wir müssen wirklich das Evangelium groß machen – Gottes Liebe für die Menschheit. Wenn wir mit ihm in den Schmerz hineingehen, fangen wir an, diese Verpflichtung zu entdecken.

Jesus berief seine Jünger und war dreieinhalb Jahre mit ihnen unterwegs. Durch seinen Ruf lud er sie ein, von ihm zu lernen, aber auch seinen Tod mitzuerleben. Wir gelangen dort hin, wenn wir Jesus als adäquat genug für das Problem ansehen. Wir müssen lehren, dass das Jüngerschaft ist. Was ich im Leben geworden bin, verdanke ich Mr. Leitch. Er machte einen Jünger aus mir und zeigte mir die Kraft des Wortes Gottes. Ich lernte von ihm, dass die Bibel ein wichtiges Buch ist, das einem die Richtung weist, und es wies mich in Richtung der Wahrheit dessen, wofür es sich zu kämpfen lohnt.

Martin Luther King sagte: „Wenn jemand nicht etwas gefunden hat, das kostbar genug ist, um dafür zu sterben, dann taugt diese Person nicht fürs Leben." Diese Idee muss in der Kirche gelehrt werden. Sie muss in einer Jüngerschaftsumgebung gelehrt werden.

Wenn wir mit all den anderen Helden der Bürgerrechtsbewegung einfach mitgelaufen wären und gehorcht hätten – der Polizei, den Versammlungsgenehmigungen, dem „System" –, dann wären wir heute nicht hier. Es wurde zu zivilem Ungehorsam, als uns die Polizei drei oder vier Mal gebeten hatte zu gehen, und wir nicht gingen! Hätten wir eine Genehmigung gehabt, in Mendenhall oder Washington zu marschieren und hätten wir im Angesicht der Ungerechtigkeit nichts Radikales getan, dann wäre es kein Ungehorsam gewesen. Es ist notwendig, einen Schritt weiter zu gehen. Es gibt überall um uns herum Gelegenheiten, Position zu beziehen – ein ungerechtes Gesetz, ein rassistischer Kommentar, ein Unterdrückungssystem. Shane ist ein Beispiel für jemanden, der zivilen Ungehorsam praktiziert, oder Heiligen Unfug, wie er es gern nennt. Das ist ein essentieller Bestandteil seines christlichen Lebens. Mir gefällt das.

SHANE: Vor nicht allzu langer Zeit hörte ich einen großartigen Prediger, der eine feurige Predigt hielt zum Thema: „Nur weil es legal ist, ist es noch nicht richtig." Es war legal, Schwarze wegen ihrer Hautfarbe aus Geschäften und Bussen zu schmeißen. Aber das machte es nicht richtig. Es mag legal gewesen sein, Sklaven aus Afrika zu holen und sie wie Besitz zu behandeln. Aber deswegen war es nicht richtig. Vielleicht war es legal, den Ureinwohnern das Land zu nehmen, aber das machte es nicht richtig. Und es mag legal sein, massenweise Schusswaffen an „Strohkäufer" zu verkaufen, die sie dann auf der Straße weiterverkaufen, aber das macht es nicht richtig. Es mag legal sein, Waffen herzustellen, die auf einen Schlag 100.000 Menschen töten können, aber das macht es nicht richtig. Es mag legal gewesen sein, unseren geliebten Jesus am Kreuz umzubringen ... aber das hat es nicht richtig gemacht.

Oh ja, nur weil etwas legal ist, ist es noch nicht richtig. Die große Ironie besteht darin, dass Lockheed Martin am Karfreitag geöffnet haben darf und wir, die wir uns auf ihrem Grundstück zum Gebet versammelt hatten, ins Gefängnis kamen. Da fällt mir ein altes Sprichwort ein: *In einem Zeitalter der Ungerechtigkeit ist der wahre Ort für gerechte Männer und Frauen das Gefängnis.* Wenn wir uns die Geschichte ansehen, dann erkennen wir, dass wir hinter Gittern in ganz guter Gesellschaft sind.

Anmerkungen

1. Siehe 1. Samuel 8.
2. „Demands of the Black Community", 23. Dezember 1969, Perkins vs. State of Mississippi, 1972.
3. John Perkins, *Let Justice Roll Down* (Ventura, CA: Regal Books, 1976), S.150.
4. John Perkins, *Let Justice Roll Down* (Ventura, CA: Regal Books, 1976), S.164.
5. Römer 13,1-5 macht deutlich: Jeder Christ soll sich „der Regierung des Staates, in dem er lebt, unterordnen. Denn alle staatliche Autorität kommt von Gott, und jede Regierung ist von Gott eingesetzt." Die Schrift lehrt uns, dass wir alle Anstrengung unternehmen sollen, um mit jedem in Frieden zu leben, Böses mit Gutem erwidern, die andere Wange hinhalten und als Grundregel den Gesetzen Folge leisten sollen, die von öffentlichen Stellen erlassen wurden (siehe Spr. 24,21; Röm. 12,9-21; Mt. 5,39). Obwohl viele römische Kaiser tyrannische und böse Herrscher waren, lehrten die Apostel Paulus und Petrus in Titus 3,1-2 und 1. Petrus 2,13-14 die Christen dennoch, sich der römischen Regierung unterzuordnen.

Jesus wies seine Nachfolger nie an, ermutigte sie nie, körperliche Gewalt oder vorsätzliche Zerstörung des Besitzes anderer zu initiieren – selbst nicht gegen tyrannische Herrscher, ungerechte Gesetze oder die bösen Handlungen von öffentlichen Stellen. Als Petrus beispielsweise sein Schwert zog, um die römischen Soldaten zu schlagen, die mit den jüdischen Führern zur Verhaftung Jesu angerückt waren, tadelte ihn der Herr: „Steck das Schwert weg! Soll ich den bitteren Kelch, den mir der Vater gegeben hat, etwa nicht trinken?" (Joh. 18,11). Dieser Tadel des Herrn an den Apostel streicht heraus, dass die Waffen des christlichen Kampfs nicht physischer Natur sind, sondern geistlich (siehe 2. Kor. 10,3-5; Eph. 6,10-18). Der Schluss daraus ist simpel: Christen, die unterdrückt werden, sollen ihren Kampf zuerst im Gebet führen, jede Anstrengung unternehmen, das Böse mit dem Guten zu überwinden, danach streben, Gott zuerst und vor allem zu gehorchen und darauf vertrauen, dass er zur rechten Zeit Gerechtigkeit für sie schaffen wird (siehe 1. Petrus 5,10).

Andererseits zeigt die Schrift aber auch, dass es Zeiten gibt, in denen wir „Gott mehr gehorchen müssen als Menschen", wie es Petrus zu den religiösen Führern der Juden in Apg. 5,29 sagt. In einem Artikel für *Christianity Today* vom 6. August 1982 schreibt Kenneth Kantzer: „Es ist selten gut für einen Christen, selbst einem schlechten Gesetz nicht zu gehorchen. Deshalb drängt die Schrift Christen so häufig, selbst bösen Regierungen und Gesetzen zu gehorchen, die sie in Schwierigkeiten bringen. Dennoch gibt es Zeiten, in denen ein Christ zu der gründlichen Überzeugung gelangt, dass unter dem Strich das Wohlergehen anderer erheblich besser wäre, wenn er ungehorsam ist und einem speziellen Gesetz nicht folgt. Wenn dieser Moment eintritt, dann muss er Gott statt den Menschen gehorchen." Diese Abkehr von der Regel des Gehorsams gegenüber öffentlichen Machthabern spiegelt Gottes Gebot in der Schrift wider, dass Herrscher fair und gerecht regieren müssen (siehe Jer. 22,3), sich um die Armen und in Not Geratenen kümmern müssen (siehe Ps. 82,4), die retten müssen, die zum Tod weggeführt werden (siehe Spr. 24,11), unparteiisch richten sollen (siehe 5. Mose. 1,17) und die Gerechtigkeit nicht verdrehen und keine Bestechung annehmen sollen (siehe 5. Mose 16,19).

Jesus wusste, dass seine Nachfolger mit den Machthabern in Konflikt geraten würden – bis zum Punkt von körper-
licher Gewalt, Gefängnis und Tod. In Markus 13,9;11 sagt er
ihnen: „Man wird euch in den Synagogen vor Gericht stellen
und auspeitschen. Ihr werdet euch um meinetwillen vor
Machthabern und Königen verantworten müssen ... [man
wird] euch verhaften und vor Gericht stellen ..." Diese Worte
Jesu waren nicht die sanften Vorschläge eines Leiters, der von
seinen Nachfolgern erwartet, dass sie friedlich jedem Gesetz
und der Verordnung buchstabengetreu folgen. Jesus wusste
von den Zusammenstößen und dem Blutvergießen, das kommen würde, wenn die Wege der Welt anfangen würden, mit
voller Gewalt gegen Christen vorzugehen, die Gott zu dienen
versuchten. Er wusste, dass seine Jünger um des Erlösungs-
plans Gottes für die Menschheit willen manchmal vom Geist
Gottes geführt werden würden, den eingesetzten Machthabern den Gehorsam zu verweigern, und dass genau diese
Machthaber die Worte und Werke der Jünger nicht einfach
zulassen würden. Und dennoch, obwohl er wusste, dass das
passieren würde, wies Jesus seine Nachfolger an, sich jeder
von Menschen eingesetzten Autorität unterzuordnen.

Das klingt nach einem unmöglichen Widerspruch. Einerseits sagt Jesus den Jüngern, sie sollen sich den eingesetzten
Machthabern unterordnen, weil Gott sie selbst in diese Auto-
ritätsposition erhoben hat; andererseits sagt er ihnen, dass
sie im tödlichen Konflikt mit genau dieser Regierung stehen
werden. Der Schlüssel liegt in der Tatsache, dass für Christen
eine Regierung nicht die ultimative Autorität ist. Das ist Gott
allein. Christen sollen den regierungsführenden Autoritäten
wegen Gott soweit als möglich gehorchen, es sei denn, der
Geist Gottes macht ihnen klar, dass ihr Gehorsam gegenüber
den regierenden Machthabern zum Ungehorsam Gott und
seinem Wort gegenüber führen würde. In einem solchen Fall
ruft uns Gott zu friedlichem Widerstand auf, wie Jesus es
vorgelebt hat, als er verfolgt wurde.

*Erlaubt den Neulingen des Klosterlebens keinen einfachen Eintritt,
sondern, wie es der Apostel ausdrückt: „Prüft die Geister um zu
sehen, ob sie von Gott sind."*
BENEDIKT VON NURSIA (480-547)

Die Krise

(REAGIEREN, WENN EINE KATASTROPHE EINTRITT)

John: Da wir in Jackson, Mississippi, leben, haben wir schon reichlich Tornados erlebt; und natürlich gibt es Hurrikane an der Golfküste, nur ein paar Stunden entfernt. Wenn eine Naturkatastrophe eintritt, dann gibt es keine Zeit zu entscheiden, wer leitet und wer folgt. Jeder muss handeln. Jede kleine Meinungsverschiedenheit muss sofort beiseite gelegt werden oder wir riskieren es, eine Gelegenheit zu verplempern, Gottes Hände und Füße im Moment größten Schmerzes und größter Not zu sein.

In einem Krisenmoment oder wenn man schnell handeln muss, dann musst du als Leiter all das synchronisieren, was du bereits weißt. Mein Sohn Derek half mir, diese Dynamik zu verstehen. Derek beschrieb ein hypothetisches Footballspiel in den letzten paar Sekunden. Das Team muss noch einen Punkt erzielen und der Quarterback, also der Stürmer, kommt in den Haufen. Es kann sein, dass ein Spiel von außen vorgegeben wird, aber normalerweise kennt er die Spielzüge schon, denn er kennt die Situation und er kennt sein Team. Derek sagte mir: „Alles, was dir jemals über dieses Spiel beigebracht wurde, schießt dir in so einem Moment durch den Kopf. Du siehst, warum es ein guter Spielzug ist, warum er in der Vergangenheit funktioniert hat, was du vermeiden musst und warum es jetzt klappen wird." Das passiert, wenn eine Krise auftritt. Alles, was du dein ganzes Leben lang über die Situation gelernt hast, purzelt durch deinen Kopf und du handelst.

Als im August 2005 der Hurrikan Katrina losbrach und New Orleans überflutet wurde, flohen die Menschen nach Houston, Oklahoma City und Florida. In den Fernsehnachrichten sah ich einen Bericht darüber, wie ein lokales Stadion in Jackson als Zufluchtsort für einen Teil der Flüchtlinge benutzt wurde.

Ich fuhr am nächsten Morgen zum Stadion und ging dann jeden Tag dorthin. Es tat weh, die Situation zu sehen, besonders die älteren Schwarzen wie mich, die mit so vielen anderen draußen in einem offenen Gelände leben mussten. Sie hatten noch Stolz und Würde, mussten aber gemeinschaftlich in der Gruppe leben, beinahe wie Einwanderer. Es fühlte sich erniedrigend an, und ich wollte etwas unternehmen.

Ich wusste, dass die Christen in Jackson die Mittel hatten, um zu helfen. Ja, besonders die schwarzen Gemeinden. Wir konnten den Leuten in den Notfallunterkünften bessere Orte zur Verfügung stellen, an denen sie bleiben konnten, und eine persönlichere Fürsorge. Aber ich war beinahe der einzige Leiter einer lokalen Gemeinde aus der Gegend.

Eines Tages, als ich von einem Besuch des Stadions zurückkehrte, wartete das Nachrichtenteam eines Fernsehsenders auf mich. Sie waren gekommen, um sich einige unserer Projekte anzusehen, die beschädigt worden waren, als sich Katrina ins Landesinnere und durch Jackson fraß. Ich war respektvoll und fing an, über unseren Dienst zu sprechen, aber ich verlagerte schnell den Schwerpunkt. Mit großer Leidenschaft beschrieb ich die unerträglichen Zustände im Stadion. Direkt vor laufenden Kameras forderte ich die Christen in Jackson auf, zum Stadion zu kommen, die Leute aufzusuchen, die aus Gegenden geflohen waren, in denen die Zerstörung wesentlich schlimmer war als bei uns, und sie in die Kirchen zu bringen – sie heimzubringen! Ich kochte beinahe vor Wut und es klang schon ziemlich so, als würde ich nicht erwarten, dass die Christen irgendwas tun würden, obwohl sie es sollten. Der Fernsehsender strahlte meine komplette Ansprache in den Abendnachrichten aus und wiederholte sie dann zwei oder drei Mal! Am nächsten Morgen ging ich zum Stadion und traute meinen Augen kaum, als da ungefähr ein Dutzend schwarzer Pastoren standen, die helfen wollten. Sie warteten, bis ich kam, um sicherzustellen, dass ich sie sah und wusste, dass sie meinen Aufruf gehört hatten.

Es war bewegend, die Pastoren dort zu sehen, und sie kamen mit Leidenschaft. Ich war so aufgewühlt, dass ich wieder heimgehen wollte, als ich die Auswirkungen meines Aufrufs sah. In dem Moment habe ich mich ein wenig geschämt.

Leiterschaft entsteht normalerweise in Krisenzeiten. Weil der Leiter einfach auf den Schmerz reagiert, gibt es nichts, womit sich er sich brüsten könnte, wenn die Nachfolger im Gegenzug auf den Schmerz reagieren und ihn teilen. Es war nicht die Leiterschaft, die die Pastoren bewegte; es war der Schmerz, den sie fühlten, als sie erkannten, wie die Menschen in dieser Zufluchtsstätte lebten. Worauf ein Leiter stolz ist, sind die Nachfolger – dass jemand tatsächlich reagierte und das Problem löste.

Dort in Jackson fingen die Pastoren an, die Leute in ihren Kirchen aufzunehmen und die überfüllte Situation im Stadion entspannte sich. Wie es so oft passiert, führt das Lösen eines spezifischen Problems nicht zur Lösung aller Probleme, und da können neue auftauchen. Die meisten Gemeinden konnten den Leuten ein Dach über dem Kopf geben, aber dann mussten sie auch für sie sorgen. Ich hatte das Mitleid für die Hilfe entfacht, also konnte ich nicht einfach lächeln und weggehen und es den Pastoren überlassen, das zu lösen. Wir sandten etwas Geld – mehr als eine Art symbolische Unterstützung – damit sie anfangen konnten. Ich hatte auch Kontakte bei World Vision, Food for the Hungry und Feed the Children, also konzentrierte ich mich darauf. Ich griff zum Telefon und stupste diese Organisationen an, mehr von den Ressourcen bereitzustellen, die die Pastoren in Jackson brauchten. Das taten sie.

> **Worauf ein Leiter stolz ist,
> sind die Nachfolger –
> dass jemand tatsächlich reagierte
> und das Poblem löste.**

Ich hatte die Gemeinden gebeten, zu reagieren, aber ich fragte nicht einfach und lief dann weg. Stattdessen fragte ich und verknüpfte dann unsere und ihre Ressourcen. Als mir bewusst wurde, was ich da in Gang gesetzt hatte, und ich erkannte, dass die Pastoren wirklich helfen wollten, musste ich das tun. Gemeinsam waren wir in der Lage, für eine Menge Leute eine Menge zu schaffen.

Ein paar Monate später lud der Gouverneur von Mississippi, Haley Barbour, zu einem Frühstück ein, um sich bei denjenigen zu bedanken, die während der Katrina-Krise geholfen hatten. Ich bin mit unserem Gouverneur nicht bei jedem Thema stets einer Meinung, doch während Katrina demonstrierte auch er Leiterschaft. Sofort nachdem Katrina landeinwärts gezogen war, fuhr Gouverneur Barbour zu den am schwersten getroffenen Gebieten an der Küste von Mississippi. Ganze Städte waren ausgelöscht worden. Er hat nicht wirklich viel gemacht, aber einfach nur die Tatsache, dass er da war und sich in den Schmerz der Menschen begab, war eine Inspiration. Als Tage vergingen, ehe Präsident Bush nach New Orleans kam, verletzte diese Tatenlosigkeit diejenigen, die schon litten. Er erschien distanziert, was genau das Gegenteil dessen war, was hier Not tat.

Ich kenne Shane und ich habe das schon gesagt, aber es lohnt sich, es zu wiederholen: Der Schlüssel zu wirklicher Leiterschaft besteht darin, in den Schmerz der Menschen einzutreten. Stellvertretendes Leid ist größer als unser eigenes Leid. Barmherzigkeit zu zeigen heißt, den Schmerz zu fühlen, weil man mit ihm rechnet. Es ist eine Sache, unter Diskriminierung zu leiden oder ohne Lebensmittel auskommen zu müssen; es ist eine andere, den Kampf eines unterdrückten oder hungrigen Menschen zu fühlen und dann mit ihm in die Freiheit zu gehen.

SHANE: Was John dir nicht gesagt hat: Sein Dienst kauft und baut Häuser in Jackson und hilft so Armen dabei, dass sie ein echtes Zuhause finden können. Zwei dieser Häuser wurden durch Katrina zerstört.

John: Ja, aber unsere Häuser waren mir nicht so wichtig wie die Menschen, die dort im Stadion waren und litten. Keiner, der in unseren Häusern lebte, wurde verletzt, und jeder hatte einen Platz, an dem er unterkam.

SHANE: Ich denke, John hat uns gerade gezeigt, dass ein guter Leiter zuerst die Bedürfnisse der anderen sieht, ehe er über seine eigenen nachdenkt.

John: Stimmt, aber es ist auch etwas nervig, wenn Reporter kommen. Normalerweise repräsentieren Al Sharpton oder Jesse Jackson die Schwarzen und so kommen die Reporter manchmal zu mir, wenn sie mal was anderes wollen. Sie kamen und interviewten mich, weil mein Haus beschädigt worden war. Das ist nichts. Es war der Schmerz der Menschen, der mich das sehen ließ.

SHANE: Wir hatten in Philadelphia ein kleines Problem. Es gab ein Feuer. Das passierte, als ich am Manuskript für ein anderes Buch arbeitete, *Jesus for President*. Im Juni 2007 gab es einen Großbrand in einem leerstehenden Lagerhaus, das der Stadt gehörte, und das breitete sich im umliegenden Viertel aus ... *unserem Viertel*. Ich habe schon ein wenig von diesem Feuer erzählt, aber hier ist mehr von der Geschichte:

Das Feuer zerstörte ein Dutzend Häuser in unserer Straße und machte nahezu Hundert Familien obdachlos. Autos explodierten; es war wild. Unser Bürgerhaus brannte ab, unsere Wohnungen und die Wohnungen einiger Familien, mit denen uns eine tiefe Freundschaft verbindet. Ein Priester sagte uns: „Das sind die Tage, an denen man aufwacht und sagt: ‚Es ist ein schrecklicher Tag ... aber Gott sei Dank ist es ein Tag, den der Herr gemacht hat.'" Aber jetzt kommt's: Krisen sind Momente, die das Beste oder das Schlimmste in Menschen hervorbringen – dann kommt das wahre Herz eines Menschen zum Vorschein. Innerhalb von Stunden brachten Nachbarn *uns* Lebensmittel und Kleidung. Da spricht man von Leiterschaft und die Leute ergreifen die Initiative!

Jeder fing an, zu organisieren. Wir hatten nirgendwo elektrischen Strom, aber mein Freund Brooke fand einen Gasofen und fing an, für alle und jeden zu kochen. Die Gaben der Leute kamen in Aktion. Michael machte eine Website wegen des Feuers. Jamie ist ein Filmemacher, also schnappte er sich seine Kamera und fing an zu filmen. Da war sogar einer meiner Freunde, der Tiere liebt und sich um verwaiste Katzen kümmerte ... das nenne ich Hingabe! (Gott arbeitet immer noch an meiner Haltung Katzen gegenüber.)

Ein Secondhand-Laden aus dem Viertel stellte Notfallgutscheine für die Opfer aus, mit denen sie 500 Dollar anschreiben konnten, um ihre verlorenen Sachen zu ersetzen. Mein Freund Tony Campolo richtete ein System ein, mit dem Notfallgelder entgegengenommen werden konnten. Innerhalb von Stunden kamen zehntausende Dollar herein und in den folgenden Wochen erstanden wir aus der Asche neu auf.

Zwei Jahre später sind wir noch immer in diesem Auferste-hen. Immer wenn wir denken, wir hätten es geschafft, taucht wieder ein neues Problem auf ... wie das, mit dem wir gerade kämpfen. Stell dir mal vor: Nachdem das Feuer – das, wie gesagt, in einem *stadteigenen* Lagerhaus ausgebrochen war – unser Viertel, unsere Wohnungen und das Bürgerhaus zerstört hatte, verhängte die Stadt den Familien – den Opfern des Feuers – ein Bußgeld von etwa 10.000 Dollar pro Familie wegen der Zerstö-rung der verbleibenden Ziegel ihrer Häuser! Damit noch nicht genug. Als einige der Familien sich nach einem neuen Zuhause umsahen, erhielten sie Absagen, weil die Grundschuld, die sie der Stadt „schuldeten", ihre Kreditwürdigkeit zerstört hatte. In solchen Momenten verstehe ich besser, wovon die Schrift spricht, wenn sie sagt, unser Kampf sei nicht gegen Fleisch und Blut, sondern gegen die bösen Mächte und Gewalten der un-sichtbaren Welt, gegen jene Mächte der Finsternis, *die diese Welt beherrschen*, und gegen die bösen Geister in der Himmels-welt.[1] Das sind reale Systeme, gegen die wir da kämpfen, und ich spreche nicht einfach über ein paar Leute in der Stadtverwal-tung.

Nach dem Feuer kündigte uns unsere Versicherungsgesell-schaft – einer der größten Versicherer von Gemeinden in den USA ... nachdem wir jahrelang keinen Schadensfall gehabt hat-ten. Das Feuer war nicht mal unsere Schuld; es war nicht so, dass jemand mit der Zigarette in der Hand eingeschlafen wäre oder einen Heizstrahler zu nahe an eine Decke gestellt hätte. Solche Dinge könnten einfach unter den Tisch gekehrt werden, aber mit guten Leitern am Start und, ja, auch in den Machtsys-temen, mischen wir die Mächte auf! Amen!

Es gab Tausende von Leuten, die anriefen und schrieben und das hat wirklich etwas bewirkt. Ich kam schließlich zum Büro des Bürgermeisters durch. Nachdem ich mich vorgestellt hatte, sagten sie: „Wir wissen, wer ihr alle seid ... anscheinend küm-mert sich die ganze Welt um das Feuer in Kensington." So wie es sein sollte ... wir sollten von einem Feuer in der Gegend von Ken-sington in Nord-Philadelphia genauso betroffen sein, wie von einem Feuer in den Reichenvierteln von Malibu oder Santa Bar-bara.

Nun, jetzt kommt das Beste: Es waren nicht nur die Leute von außerhalb unseres Viertels, die antraten und die Dinge in

die Hand nahmen, sondern auch Leute von innerhalb. Das Rote
Kreuz richtete in der Nähe eine Unterkunft ein ... das ist, was die
tun. Aber dort übernachtete niemand, weil die Leute im Viertel,
deren Häuser nicht zerstört worden waren, bereits ihre Häuser
und Leben geöffnet und Raum für die gemacht hatten, die hei-
matlos geworden waren. Das ist Nachbarschaft in ihrer besten
Form. Es ist schön zu sehen, wie das für Arme und Menschen im
wirtschaftlichen Überlebenskampf ganz natürlich scheint,...
wahrscheinlich weil sie bereits wissen, dass sie andere Menschen brauchen und nicht in der irreführenden Illusion der Unabhängigkeit und Selbstgenügsamkeit leben.

Unabhängigkeit mag ein kultureller Wert sein, aber es ist
kein Wert des Evangeliums und er funktioniert nicht, wenn's
eng wird. Das Evangelium lehrt uns nicht die Unabhängigkeit,
sondern die Abhängigkeit ... Gemeinschaft. Arme wissen das oft
am besten. Vielleicht hat Jesus deshalb gesagt: „Glücklich zu
preisen sind die, die arm sind vor Gott; denn ihnen gehört das
Himmelreich." (Mt. 5,3, *Neue Genfer Übersetzung)*. Die Armen
wissen, dass sie Gott und andere Menschen brauchen ... es ist
die einzige Überlebensmöglichkeit. Wir belügen uns manchmal
selbst und denken, wir wüssten es besser – bis eine Krise eintritt. Häufig finden Menschen dann Gott und Gemeinschaft.

Ich gebe zu, das meiste Leben findet nicht in der Krise statt,
sondern in Alltagsbeziehungen. Die sind nicht spektakulär, aber
genauso notwendig. Schließlich geht es im Evangelium nicht
darum, große Dinge zu tun, sondern kleine Dinge mit großer Liebe. Manchmal ist es einfach, auf Katrina und Großbrände zu reagieren als auf die Not direkt in unserer Nähe. Aber es sind kleine Dinge wie ein Senfkorn, die die Welt verändern.

Anmerkung

1. Siehe Epheser 6.

Gebet

(JESU BEISPIEL FOLGEN)

John: Wenn Jesus betete, hörten seine Jünger zu. Das Vaterunser ist unser Modell. Wir sollen „so" beten.

Die Jünger beobachteten Jesus, wenn er betete. Sie sahen, wie er seine Hände erhob und zum Himmel blickte. Sie sahen ihn weggehen, wenn er in der Einsamkeit betete. Wir sollten Jesus auch beobachten und so beten wie er.

Shane hat dich gewarnt, dass ich mit einer Liste ankommen könnte, und jetzt ist es soweit. Hier sind sieben Dinge, die wir lernen können, wenn wir Jesus beim Beten beobachten, so wie sie in Matthäus 6,5-16 zu finden sind:

1. Gebet zu Gott ist persönlich und intim.
2. Gebet ist in sich eine Übung, die zur Demut führt.
3. Wir sollen Gott danken.
4. Unsere Gebete sind umsonst, wenn wir nicht anderen vergeben.
5. Wir sollen für uns selbst um Vergebung beten.
6. Wir sollen um Gottes Führung bitten.
7. Wir sollten immer dafür beten, dass sein Wille im Reich Gottes geschieht, zum Besten aller.

Im Gebet wird Versöhnung vorausgesetzt. Wenn wir nicht mit unseren Brüdern und Schwestern versöhnt sind, hört Gott unser Gebet nicht. Wie könnte er uns vergeben, wenn wir nicht denen vergeben haben, die an uns schuldig geworden sind? Das Wichtigste beim Gebet ist, wie wir vor den Thron kommen. Kommen wir mit Stolz? Bringen wir unsere selbstsüchtigen

Wünsche? Bringen wir ein demütiges Herz? Kommen wir gleich-zeitig mit unseren eigenen Bedürfnissen und denen der Ande-ren?

Im Garten Gethsemane bat Jesus seinen Vater, den Kelch an ihm vorübergehen zu lassen. Dieses Gebet kommt aus seinem persönlichen Schmerz. „Wenn möglich, lass diesen Kelch an mir vorübergehen." Er ordnete dieses persönliche Verlangen dem unter, für das er, wie er wusste, geschaffen war. Ihm war klar, dass er in die Welt gekommen war, um genau das zu tun, und so drehte sich sein Gebet darum, seinen Willen an Gottes Willen auszurichten.

Das ist guter Stoff, aber auch harter Tobak. Wenn es dir wie mir geht, dann wandern deine Gedanken beim Beten. Manch-mal spreche ich beim Beten in einem Moment mit Gott und no-tiere mir im nächsten einen Plan, wie ich das Problem löse. Ich muss mich selbst stoppen und wieder zu Gott zurückkehren. Manchmal möchte er, dass ich die Antwort ausarbeite; ein an-dermal hat er etwas völlig anderes im Sinn. Manchmal möchte er nur, dass ich meine Bibel aufschlage und lese. Ich finde es fas-zinierend, wie viele meiner Gebete bereits im Wort zu finden sind.

Gott möchte, dass wir uns an seinem Willen ausrichten ... und eine Möglichkeit, das zu tun, ist das Gebet. Gott möchte durch uns seinen Willen verwirklichen und um seine Gedanken zu einem bestimmten Thema zu erfahren, müssen wir mit ihm sprechen ... und hören. Gott möchte uns in seine Pläne mit hin-einnehmen. Er möchte mit uns gemeinsam seine Arbeit tun. Ge-bet ist kein Ersatz für Handeln; es ist vielmehr die Vorbereitung auf das Handeln, durch das Gott uns gebraucht. Es gibt viele Ge-bete, die nur Gott allein beantworten kann, aber er möchte wenn möglich alle unsere Gebete beantworten.

Als Leiter haben wir Nachfolger, die natürlicherweise von uns Ergebnisse, Aktionen oder Lösungen erwarten. Diese Erwar-tung kann uns unter den subtilen Druck bringen, schneller als Gott zu antworten. Oder manchmal lässt sie uns erstarren und verhindert, dass wir vorwärts gehen. Dann müssen wir uns noch mehr auf Gott stützen.

SHANE: Selbst die Art und Weise, wie zu beten uns Jesus lehrt, weist uns auf den Pfad hin, dem wir folgen sollen – dem Pfad zur Freiheit. Jesus lehrt uns dafür zu beten, dass das Reich kommen soll, nicht nur im Himmel, sondern auch auf der Erde. Und wir sollen heute für „*unser* tägliches Brot" beten. Wir sollen nicht für „*mein* tägliches Brot" beten, als ob ich meinen Lebensunterhalt von dem meines Bruders oder meiner Schwester trennen könnte ... „unser" bedeutet „wir". Wir sollen nicht für unser tägliches *Steak* beten, sondern für die einfache Nahrung des Brotes. Wir sollen nicht für das morgige Brot oder das der nächsten Woche beten ... einfach nur für das heutige.

Wir sollen außerdem beten, dass Gott uns so vergeben möge, wie wir anderen vergeben. Unsere Versöhnung mit anderen ist direkt an unsere Versöhnung mit Gott gekoppelt. Wir können nicht erwarten, dass Gott uns vergibt, wenn wir nicht anderen vergeben. Insoweit wir andere verurteilen, werden wir auch verurteilt. Das ist schön, denn das Gebet Jesu verlangt von uns etwas, genauso wie wir etwas von Gott erbitten. Gebet und Handeln müssen einander stets küssen.

Wenn wir für die Schöpfung danken, dann lasst uns einen Garten pflanzen und lokal gewachsenes Obst und Gemüse kaufen.

Mein Freund Jonathan Wilson-Hartgrove und ich schrieben ein Buch mit dem Titel *Gott antwortet anders: Kompromisslose Experimente in Sachen Gebet*. Darin geht es darum, dass wir als Christen Leute sein sollen, die beten *und* handeln. Zu häufig benutzen wir unsere Gebete als Ausrede für Inaktivität. Wenn wir mit den Problemen unserer Welt konfrontiert waren, haben wir gefragt: „Gott, warum machst du nichts?", ohne uns bewusst zu sein, dass Gott vielleicht sagt: „Ich hab schon was gemacht ... ich habe dich gemacht." Wenn wir beten, Gott möge jemanden segnen, dann sind wir herausgefordert zu erkennen, dass wir die Hände sein könnten, die segnen, denn Gott hat keine Hände außer den unseren. Wenn wir beten: „Dein Reich komme, dein Wille geschehe", dann widmen wir unser ganzes Leben der Sorge für die Geringsten unter uns – den Ungeborenen *und* den Rechtlosen. Wenn wir Christen nach dem Modell beten, das Jesus uns gegeben hat, dann können wir nicht aufhören zu beten und zu handeln, bis wir die Wiederherstellung all dessen erleben, das in unserem Leben und unseren Straßen zerbrochen ist ... zerbrochene politische Systeme und zerbrochene Familien, verschmutzte Ökosysteme und zerstörte Leben.

Wenn wir für die Hungrigen beten, dann lasst uns daran denken, sie zu speisen. Wenn wir für die Ungeborenen beten, lasst uns alleinerziehende Mütter willkommen heißen und abgeschobene Kinder adoptieren. Wenn wir für die Schöpfung danken, dann lasst uns einen Garten pflanzen und lokal gewachsenes Obst und Gemüse kaufen. Wenn wir an die Armen denken, lasst uns unser Geld in Programme für Kleinstkredite investieren. Wenn wir für Frieden beten, dann lasst uns unsere Schwerter zu Pflugscharen umschmieden und Militärbudgets in den sozialen Aufbau stecken. Wenn wir für ein Ende der Kriminalität beten, lasst uns die Menschen im Gefängnis besuchen. Wenn wir für die Verlorenen beten, lasst uns gegenüber denen gnädig sein, die uns verletzt haben. (Denke mal über Letzteres nach, wenn dich das nächste Mal so ein verrückter Typ mit Bleifuß auf der Autobahn schneidet.)

Anzufangen, auf Gebete hin in irgendeiner ernsthaften Weise zu handeln, heißt, sich daran zu erinnern, warum wir überhaupt beten – weil alles, was sich zu tun lohnen würde, jenseits unserer Kraft liegt. Wir schreien zu Gott, weil wir wissen, dass wir Hilfe brauchen. Aber Gott möchte in und durch uns arbeiten. Wir haben einen Gott, der die Welt nicht ohne uns ändern will.

Ein Nachfolger Christi lebt in Ehrfurcht vor ihm und nimmt nicht die Ehre für ein gutes Leben, sondern gibt ihm – da er glaubt, dass alles Gute vom Herrn kommt – die Ehre und den Dank für die Gaben, die er in unser Herz bringt. Unser Gebet soll im Geist des Psalms sein, der sagt: Nicht uns, oh Herr, nicht uns gib die Ehre, sondern deinem Namen.

BENEDIKT VON NURSIA (480-547)

GESPRÄCH 13

Das Geschenk der Gemeinschaft

(MIT BEIDEN FÜSSEN AUF DEM BODEN BLEIBEN)

SHANE: Ein Teil von Johns Stärke als Leiter ist seine Beständigkeit und Dauerhaftigkeit.

John: Ich glaube, Shane sagt, dass ich alt werde.

SHANE: Denk dran, wir sind so jung wie unsere Träume und so alt wie unser Zynismus. Haha. John hat sich in seiner Gegend verwurzelt und ist dort geblieben. Er tat das in Mississippi und in Pasadena, Kalifornien, wo er das Harambee Christian Family Center gründete. Der Ort, an dem er sich niederließ, war eine schwierige Ecke, an der Crack ein fundamentaler Bestandteil des lokalen Wirtschaftslebens war. Wenn John sich wo ansiedelt, dann tut er das mit einer langfristigen Perspektive ... denn er weiß, dass nur so Veränderung geschieht. Er verbrachte zwölf Jahre damit, Mendenhall Ministries in Mendenhall, Mississippi, zu entwickeln; zehn Jahre mit der Entwicklung von Voice of Calvary in Jackson, Mississippi; 14 Jahre in Pasadena, Kalifornien, mit dem Aufbau von CCDA, der Christian Community Health Fellowship und der John. M. Perkins Foundation; er war die letzten zwölf Jahre in Mississippi und arbeitete in der Stadt Jackson und stärkte die gesamte CCDA-Bewegung mit der John M. Perkins Foundation.

„Stabilität" ist ein traditionell klösterlicher Eid; er beinhaltet die Verpflichtung gegenüber einer Gruppe von Menschen, der man sich unterordnet. Stabilität ist etwas, wonach arme Viertel hungern. Es gibt so viele Dinge, die nicht von Bestand sind – wie Vermieter. Und Missionare. Dinge kommen und gehen, und die Leute ziehen die ganze Zeit um – nicht weit, aber oft. Es ist ein ungesunder Teil der Kultur der Armen. Und es braucht eine Verpflichtung – buchstäblich – die Verpflichtung, ein stabiler Teil des Viertels zu werden, damit sich das ändert.

Ich denke zurück an die Worte, die John mir auf den Eingangsstufen des Potter House sagte ... „Du wirst sehen, wie sich die Dinge ändern ... nach ungefähr zehn Jahren." Verpflichtung ist kein kultureller Wert. Du willst radikal sein? Verpflichte dich für zehn Jahre einem Viertel! Jede Generation hat ihr Gutes und Schlechtes. Eines der großartigen Dinge, was meine Generation angeht, ist das globale Bewusstsein. Mit dem Internet und all dem Zeug hat sich die Welt zum globalen Dorf verkleinert. Die Leute sind sich bewusst, was in Uganda oder Ost-Timor läuft. Junge Menschen interessieren sich dafür, wer ihre Kleidung herstellt und woher die Bananen kommen, die sie essen, oder wie viel den Leuten bezahlt wird, die ihren Kaffee pflücken. Aber es gibt auch eine Art missionarischer Aufmerksamkeits-Defizit-Störung. Junge Leute wollen alles machen ... drei Monate lang. Sie wollen nach Afrika gehen. Sie wollen ein Missionsjahr einlegen, und ein Stadtjahr, AmeriCorps, Peace Corps, jesuitische Freiwilligengruppen. Sie wollen bei Teach for America mitmachen oder ein Praktikant hier und ein Auszubildender da sein. Aber das kann sehr parasitär sein. Sie gewinnen all das Wissen und die Erfahrung, aber es kann sein, dass sie Praktika machen, bis sie 40 sind! Und dann wollen sie in Rente gehen! Irgendwann müssen diese Kurzzeit-Erfahrungen in eine langfristige Verpflichtung münden. Sonst läuft man am Schluss nur von Erfahrung zu Erfahrung und macht alle möglichen kleinen Projekte, die toll für die eigene Entwicklung und die Sinnfindung sind, aber nur sehr wenig Frucht bringen oder dauerhafte Auswirkungen auf irgendjemanden haben.

> **Kurzzeit-Erfahrungen müssen zu langfristiger Verpflichtung führen, damit daraus dauerhafte Frucht entstehen kann.**

John: Junge Leute gehen aufs College oder fangen ihre Karriere in einer großen Stadt an. Wenn man 22 ist, dann ist es toll und spannend, in San Francisco oder Manhattan oder Boston zu leben. Wenn man verheiratet ist, kann es noch immer stimulierend sein. Aber wenn dann mal Kinder kommen, dann ziehen die meisten Paare, die es sich leisten können, in die Vororte. Das ist Mobilität nach außen. Wenn dann die Kinder selbst ins College gehen, ziehen manche Eltern zurück in die Stadt. Dieser Fluss von Young Professionals und älteren Paaren, deren Kinder flügge geworden sind, führt in einigen Vierteln zur Gentrifizierung. Wir sollten die Gentrifizierung als Gelegenheit betrachten, diese Leute zu erreichen und ihre Herzen für die Stadt zu gewinnen, während sie zurückkehren.

SHANE: Zur Info: „Gentrifizierung" ist die (häufig unbeabsichtigte) Vertreibung armer Menschen durch Young Professionals, die in eine heruntergekommene Gegend ziehen, normalerweise ein historisches Viertel einer Stadt, und es in ein trendiges, gehobenes Viertel verwandeln. Dabei passiert es oft, dass die Leute Häuser günstig kaufen können und sie dann herrichten. Manchmal ziehen sie in eine alte Fabrik und bauen diese in ein Studio um, oder sie beziehen ein altes Kaufhaus, aus dem sie ein Künstlerhaus oder Café machen ... aber dann dauert es nicht lang und wir sehen, wie sich das Viertel nicht nur „verbessert", sondern auch verändert hat. Viele der ursprünglichen oder langjährigen Einwohner können es sich nicht mehr leisten, in ihren Wohnungen zu leben.

In einigen Ecken hier in Philly können diese „Empowerment Zones" dazu führen, dass sie eine Mauer um das Ghetto bilden und Arme zwingen, weiter auf Inseln der Armut auszuweichen. Gleichzeitig werden Zonen geschaffen, innerhalb derer Neuankömmlinge in hübsche neue Wohnbauten ziehen. Tatsächlich wurden Teile von West-Philadelphia rund um University City durch Schicki-Leute transformiert – wo eine Wohnung, die früher 50.000 Dollar kostete, heute für 250.000 verkauft wird ... man nennt das hier draußen „Penntrifizierung" (weil es Gentrifizierung bei der University of Pennsylvania ist).

Das ist knifflig, weshalb wir lokale Leiterschaft brauchen und keine Entwickler von außerhalb. Wir müssen in einem Viertel leben und dort Wurzeln schlagen und sicherstellen, dass die

Leute, die hier leben, mit am Tisch sitzen oder sogar das Gespräch bestimmen. Klar, es ist toll, leerstehende Gebäude wieder in neuem Glanz zu sehen, aber nicht, wenn es bedeutet, dass die hier bereits lebenden Menschen verdrängt werden. Als Leute, die sich neu ansiedeln, müssen wir sehr vorsichtig und sensibel diesen Mustern gegenüber sein und von großen Leitern lernen ... wie unserem Bruder Bob Lupton, der einen Workshop über das Thema „Gentrifizierung mit Gerechtigkeit" hält. Er spricht darüber, wie man ein Viertel durch neue Jobs und missionarische Nachbarn und Unternehmen erneuern kann und gleichzeitig sicherstellt, dass die derzeitigen Anwohner und die Schwächsten von den Vorteilen der Restaurierung profitieren.

John: Wir brauchen die Stabilität, die aus dem sich Verwurzeln kommt. Wir haben jede Menge Freiwillige. Es kommen so viele Leute hierher, die wirklich nur kommen und dich ansehen wollen, als Vorbereitung dafür, sich danach woanders umzuschauen. Sie suchen nach Gott ... und das hat sie von Ort zu Ort geführt und schließlich zu uns. Viele von ihnen investieren ihr Leben ein paar Jahre lang und ziehen dann weiter. Ich mache ihnen keinen Vorwurf daraus, dass sie weiterziehen, aber es ist eine Tatsache, dass das bei uns und im Viertel zu Instabilität führt – besonders für die Kinder.

Manchmal machen wir sie sesshaft; und diejenigen, denen wir dabei helfen können, ein wenig sesshafter zu werden, sind dann oft auch diejenigen, denen es ganz gut geht, wenn sie schließlich irgendwann doch wieder gehen. H. Spees kam für eine lange Zeit – elf Jahre – nach Mississippi und leistete großartige Arbeit in New Hebron. Er hat überall in unserer Arbeit in Jackson und New Hebron Spuren hinterlassen. Ich bin so dankbar für ihn und für Dolphus Weary, Artis Fletcher, Jean Thomas, Dennis Adams, Phil und Marcia Reed und die Hunderte anderen jungen Menschen, die Jahre ihres Lebens in unsere Dienste investiert haben. Zwei Frauen, Lee Harper aus Mendenhall und Alexis Spencer-Byers aus San Francisco kamen vor vielen Jahren nach Jackson und haben jetzt ein hübsches kleines Kaffeehaus in einer Gegend der Stadt gegründet, in der es so was bisher nicht gab – gleich die Straße runter bei meinem Haus. Sie sind ein Beispiel für Menschen, die Wurzeln schlagen. Sie haben bewusst den Standort in einem Viertel gewählt, in dem viele die

Hoffnung verloren haben und beziehen sowohl als Dienst als auch als Unternehmen Stellung. Es nennt sich Koinonia Coffee House. Es liegt im Viertel und ist als Treffpunkt für das Viertel gedacht – und es ist hübsch. Wenn du mal in Jackson bist, schau mal rein ... ich hab gehört, sie machen tollen Latte.

Natürlich ruft Gott nicht jeden nach Jackson und so wollen wir eine ausbildende Gemeinschaft sein. Wir wollen Menschen ausbilden und inspirieren, die hierher kommen, und etwas von ihrer Hoffnung, Begeisterung und ihrem Sendungsbewusstsein nach innen lenken, in ihr eigenes Wachstum und in Jüngerschaft. Wir möchten Menschen wachsen helfen, die Gott dienen möchten und nicht einfach nur auf der Suche nach einem geistlichen Abenteuer sind.

SHANE: Wir wollen diese Bewegung von Menschen ermutigen, dieses Zusammenkommen von Schwarz, Weiß, Braun und jeder Farbe. Wir wollen Leute mit grauen Haaren und ohne Haare mit Kids abhängen sehen, die Cornrows oder lila Haare haben. Das Schöne an CCDA ist es, dass wir Teil von Gottes Gemeinde sind und nicht einer erzwungenen oder unnatürlichen Vermischung von Rassen oder einer Alibipolitik ... Gott weiß, davon gibt es genug. Es geht darum, wiedergeboren zu sein und zu erkennen, dass diese Familie von Abraham und Sarah eine dysfunktionale Familie ist. Wir haben Leute, die auf der Straße schlafen, während andere ein freies Zimmer in ihrem Haus haben. Wir sind Leute, die verstehen wollen, wie wir die Familie *sein* können, die Gott sehen möchte – jung, alt, vormals reich und vormals arm, und alle ringen mit der Wirklichkeit dieser neuen Geburt und der Verantwortung, die damit einhergeht. Wenn nun also eine 14-Jährige schwanger wird, dann ist das unsere Tochter. Wenn ein Jugendlicher hier in der Straße erschossen wird, dann ist das unser Kind. Wenn unsere Nachbarin keine ordentliche medizinische Versorgung hat, dann ist das unsere Mutter.

John: Seit ihrer Gründung war CCDA hauptsächlich eine Gruppe, die sich aus Afroamerikanern und Weißen zusammensetzte. In jüngerer Zeit nehmen wir eine wachsende Anzahl von Lateinamerikanern wahr, die uns beitreten, sowie einige Asiaten und Indianer. Da CCDA bunter geworden ist, könnte man meinen, die Weißen (immer noch die Mehrheit in den USA) würden sich zurückziehen, weil sie fürchten, dass sie an Einfluss verlieren. Doch wir beobachten genau das Gegenteil. Es kommen mehr Weiße denn je. Tatsächlich engagieren sich mehr und mehr Angehörige der Mehrheit für Minderheiten. Ehrlich gesagt hätte ich nie gedacht, dass ich diesen Tag erleben würde, aber nun sehe ich es Wirklichkeit werden.

Bei meinen Besuchen in Colleges und Universitäten beeindruckt mich das Verhalten dieser Generation junger Leute – besonders das junger weißer Christen. Man sollte meinen, diese Generation hätte Angst vor Menschen, denn sie wird nicht länger die Mehrheit in Amerika bilden; man sollte meinen, das würde zu Angst führen. Aber diese neue, junge Generation von Christen setzt sich voller Liebe und Leidenschaft ein. Es begeistert mich, wie diese Generation die Arme umeinander legt. Ich sehe Latinos, Schwarze, Weiße, Indianer und sogar Inder, die sich zusammenschließen, ganz ohne Furcht. Wir haben in der Kirche unserer Generation die Möglichkeit, diese Idee von *one nation under God*, einer Nation unter Gott, zu erleben, mit Freiheit für jedermann. Diese neue Generation junger Menschen kann diese Organisation zur Stadtentwicklung übernehmen und sie in den nächsten fünfzehn Jahren vorwärtsbringen und dafür sorgen, dass sie in Zukunft relevant bleibt.

Ich habe den Großteil meines Lebens gelebt und bin der Meinung, ein paar Dinge erreicht zu haben; ich gebe natürlich Christus alle Ehre dafür. Er ist derjenige, der mir die Vision gegeben hat. Und ich schreibe so viel von dem, was getan wurde, den Freunden zu, die Gott mir gegeben hat. Auf eine sehr reale Weise schulde ich mein ganzes Leben diesen Menschen.

Was Freundschaft angeht, erlebe ich eine merkwürdige Kombination aus Respekt und Furcht. Ich respektiere Menschen einfach deshalb, weil sie menschliche Wesen sind. Aber ich respektiere sie auch für das, was Gott in ihnen getan hat – zu was er sie gemacht hat. Wenn es Gott wichtig genug war, eine Person zu machen, einen Ruf auf ihr Leben zu legen, zu weinen, wenn sie weint – wer bin ich dann, das mir das egal sein könnte? Ich habe gehört, wie jemand betete: „Gott, lass mich die Menschen so sehen, wie du sie siehst." Das war tatsächlich mein Gebet. Aber Vorsicht, Gott beantwortet dieses Gebet und du fängst an Menschen zu lieben, die du natürlicherweise als nicht sehr liebenswürdig empfunden hättest. Kann sogar sein, dass du Nachfolger hast, von denen du nicht im Traum gedacht hättest, dass sie auch nur auf ein einziges Wort hören würden, das du sagst –, geschweige denn mit dir am Tisch sitzen, um mit dir Gemeinschaft zu haben.

Wenn ich dieses Gebet bete und erkenne, dass Gott etwas Großes durch meine Freunde tun will, dann fürchte ich sie tatsächlich. Das ist eine respektvolle Furcht. Es ist eine Furcht, die sagt, dass ich alles tun möchte, um Gottes Plan für sie zur Reife kommen zu sehen. Wenn ich mir die Leute im CCDA-Vorstand und in der Bürgerrechtsbewegung der 1960er Jahre ansehe, dann sehe ich faszinierende Männer und Frauen. Manchmal frage ich mich, ob ich ihre Freundschaft überhaupt wert bin. Ich fürchte, wenn sie mich nur gut genug kennen würden, dann würden sie sich fragen, ob sie mir gegenüber wirklich so loyal sein sollten. Ich schätze, das bringt mich wieder zurück zu meinem Bedürfnis nach Annahme.

Die meisten meiner Freunde haben mich ausgebeutet. Aber man muss sich bewusst sein, dass ich ihnen gesagt habe, sie sollen mich ausbeuten, weil ich ihnen so sehr vertraue. Ich möchte, das die Vorstandsmitglieder von CCDA mich ausbeuten. Wir stecken da gemeinsam drin. Mein Ziel war es, dass überall im Land Entwicklung in den Städten stattfindet. Ich kann das nicht allein machen und möchte es nicht organisieren. Also sollen sie mich ausnützen, wenn ihnen das hilft, als Sprecher in einer Gemeinde oder vor einer Stiftung zu landen, die ihnen möglicherweise Geld gibt. Wenn mein Name und Ruf dabei nützlich sein kann, die Vision voranzubringen, dann danke ich Gott. Sie tun genau das, was ich im Leben erreichen wollte. Ich brauche dafür kein Schulterklopfen oder irgendwelches Lob. Es reicht zu wissen, dass die Arbeit getan wird ... ich möchte sicherstellen, dass die Arbeit gut weitergeht.

Ich bete, dass die Mission von Christian Community Development in der Welt weiterwirkt, wenn ich nicht mehr da bin. So lange ich kann, möchte ich weiterhin sprechen und reisen; aber hoffentlich verbringe ich mehr Zeit in Jackson, Mississippi am John Perkins Retreat Center. Gruppen, die mehr über CCDA lernen wollen, können hier runter kommen und ein paar Tage mit mir auf einer persönlichen Freizeit verbringen. Gemeinden, die bei unserem Zechariah 8 Community Project helfen und sich die Hände schmutzig machen wollen, können ganze acht Tage kommen.[1] Ich würde als glücklicher Mann sterben, wenn ich den Rest meines Lebens mit Vera Mae in unserem Zuhause in Jackson leben und mich dabei in die nächste Generation von Leitern investieren könnte. Ich weiß, dass Vera Mae es genießen würde!

Es stimmt, dass ich mich im Tiefsten nicht würdig gefühlt habe. Vielleicht liegt das daran, dass nicht ich es war, von dem der Ruf ausging. Manchmal möchte ich religiös sein und denken, dass es etwas mit mir zu tun hatte. Aber das war nicht so. Manchmal bin ich versucht zu denken, die Leute folgen mir, weil sie mich mögen, aber ich weiß, sie folgen mir nicht wegen irgendetwas, das ich getan oder gesagt habe, sondern weil sie Christi Ruf in mir wirken sahen.

Ich gehorche dem Apostel Paulus, wenn er sagt: „Ich bin mit Christus gekreuzigt. Nicht mehr ich bin es, der lebt, nein, Christus lebt in mir. Und solange ich noch dieses irdische Leben habe, lebe ich im Glauben an den Sohn Gottes, der mir seine Liebe erwiesen und sich selbst für mich hingegeben hat." (Gal. 2,20, *Neue Genfer Übersetzung*). Ich predige mich nicht selbst; ich predige den Ruf. Der Ruf kommt von Gott und ich antworte einfach darauf. Das hält mich demütig. Es sollte unser menschliches Verlangen sein, etwas für Gott zu tun und sagen zu können, er hat mich gebraucht. Ein Sektenführer predigt sich selbst. Rede ich zu lange?

SHANE: Nein, mach weiter. Das ist gut und ich schreibe mit.

John: In gleicher Weise schaue ich nach Christi Ruf, ob er bei denen am Werk ist, die mir folgen, und oft werde ich demütig, wenn ich das sehe. Wir hatten eine Krise bei unserem CCDA-Vorstandstreffen in Miami. Ausgelöst wurde sie durch Barack Obama. Wir trafen uns in Miami, nur ein paar Wochen vor der Präsidentschaftswahl im November 2008. Obama hielt an diesem Tag eine große Veranstaltung auf einem Platz draußen, nur ein paar Straßen von unserem Hotel entfernt. Die Veranstaltung legte Miami lahm und beinahe auch unser Vorstandstreffen.

Barbara Skinner ist in unserem Vorstand und sie ist eine der engen Verbündeten Obamas. Sie war so freundlich, uns Karten zur Veranstaltung für die Vorstandsmitglieder zu besorgen – das waren Plätze, die weit vorn waren, und viele in unserem Vorstand unterstützen auch den demokratischen Präsidentschaftskandidaten. Die Veranstaltung war zur selben Zeit wie unser Vorstandstreffen geplant und wir kommen nur zweimal pro Jahr zusammen. Aber wir waren bereit, uns früher zu treffen und dann zu dem Platz zu gehen.

Ein paar Vorstandsmitglieder sagten: „Moment mal, so klar haben wir das nicht vereinbart. Ich kam zum Vorstandstreffen, es gibt Angelegenheiten zu besprechen und ich muss morgen wieder fahren." Und es war auch offensichtlich, dass einige Vorstandsmitglieder McCain und nicht Obama unterstützten. Wir sprachen darüber, wie wir durch den Besuch der Veranstaltung parteiisch würden, und dass wir als Organisation hart daran gearbeitet hatten, von beiden Parteien anerkannt zu werden.

Alle wurden ganz still und ich sagte: „Ich liebe euch mehr, als ich alle politischen Veranstaltungen auf der Welt liebe. All dieses Zeug wird vergehen. Ich habe Macht und Prominenz schon von nahem gesehen, und ehrlich, viel ist dabei nicht rausgekommen. Ihr Leute hier seid wichtiger. Wenn auch nur die Gefühle einer Person verletzt werden, werden wir nicht auf die Obama-Veranstaltung gehen." Wenn irgendetwas, das wir machen, einen meiner Brüder oder Schwestern zu Fall oder ins Strauchelm bringt, dann haben wir einen Fehler gemacht, und wir tragen die Schuld.

Es war ein Krisenmoment. Entweder würden wir gemeinsam hingehen, vereint als Team, oder wir blieben, um unser Treffen abzuschließen. Und das haben wir dann getan: Wir blieben hier und kümmerten uns ums Geschäft.

Mir waren die Freundschaften im Raum und die Dankbarkeit, die ich für diese Menschen hatte, wichtiger. Ich würde niemals eine Freundschaft mit jemandem davon abhängig machen, welchen politischen Kandidaten oder welche Partei er oder sie unterstützt. Das würde ich nicht meinen Freunden aufhalsen wollen – sie dürfen so parteiisch sein, wie sie wollen. Darauf basieren meine Freundschaften nicht. Ich würde das alles für meine Freunde opfern.

SHANE: Davon kann man eine Menge lernen. Wir müssen in der Lage sein, nicht die kleinen Dinge zu übersehen, weißt du, das füreinander Sorgen. Kleine Dinge können große Dinge werden. Ein Problem kann eine Krise verursachen und eine Krise kann ein Krieg werden. Und du weißt, was ich über Krieg denke!

Wie die Vorstandsmitglieder sich über die Obama-Veranstaltung geeinigt haben, spiegelt die Werte wider, die in der
Gruppe von Anfang an hochgehalten wurden – sie entstand aus
einer Gruppe unterschiedlicher Leiter, die wussten, dass sie einander brauchten, um ihre Arbeit am Leben zu erhalten. Wir tragen gegenseitig unsere Lasten. Wir sprechen füreinander. Wenn
es Meinungsverschiedenheiten gibt, habe ich gesehen, wie Leute die biblische Idee, „die Bedürfnisse des anderen über meine
eigenen zu setzen" so ernst nahmen, dass sie die Perspektive
des anderen bevorzugten, obwohl sie viele Dinge vielleicht anders sahen. Das geschah, damit diese Person geehrt würde und
sich repräsentiert und gehört fühlte, so wie bei diesem Problem
mit Obama. Einige der Leute, die nicht auf die Veranstaltung gehen wollten, versuchten sicherzustellen, dass einige derjenigen,
die gehen wollten, das auch konnten.

Dietrich Bonhoeffer hat mal gesagt: „Der Mensch, der nur
seine Vision der Gemeinschaft liebt, wird sie zerstören. Aber der
Mensch, der die Menschen um sich herum liebt, wird Gemeinschaft schaffen." Wir dürfen nicht nur die große Vision lieben;
wir müssen auch die Menschen um uns herum lieben. Ich habe
genügend Leute erlebt, die eine Vision lieben und in Gemeinde-
wachstumstreffen oder Kreisen für soziale Gerechtigkeit sitzen
und einander im Verfolgen der Vision oder beim Bauen einer
besseren Welt zerfleischen.

Ich bin sicher, dass es katholische Priester gibt, die die Kirche
mehr als die Menschen lieben; und dass es Pastoren gibt, die
ihre Predigtgliederungen mehr lieben als die Leute in den Kir-
chenbänken. Es gibt Leiter, die ihre Vision mehr lieben als die
Menschen um sie herum, und das wird sie auf Grund laufen lassen. Sie nehmen schließlich sich selbst (und andere) auseinander, indem sie versuchen, das Reich Gottes durch ihr Fachwissen
und ihre Willenskraft zu bauen. In einer christlichen Gemeinschaft, die ich besuchte, sprachen sie darüber, wie sie am Anfang alle möglichen großartigen Ideen hatten, aber es waren
die Leute, die das alles so schwierig machten. Sie hatten ein
Schild an der Wand, auf dem stand: „Jeder will eine Revolution ...
aber niemand will abspülen." Wir dürfen die kleinen Dinge nicht
vergessen, wie Abspülen oder die Füße waschen.

**Es gibt Leiter,
die ihre Vision mehr lieben
als die Menschen um sie herum.**

Und wir alle wissen, wie leicht es passiert, dass Besprechungen uns das Leben aussaugen. Ich denke manchmal, wenn uns der Teufel nicht unsere Seele stehlen kann, dann hält er uns einfach mit Besprechungen beschäftigt. Jemand hat mal gesagt: „Denn so sehr hat Gott die Welt geliebt, dass er kein Komitee sandte." Gott sandte Jesus. Gott wurde persönlich, ging in Beziehung, schlug seine Zelte bei uns auf und wurde Fleisch, zog ins Viertel. Dem sollen wir folgen – nicht nur einer Vision, sondern auch einem Gott, der persönlich und intim ist und Einzelne so sehr liebt wie die Welt.

Wenn eine Gruppe von Leitern zu einer Koalition wie CCDA zusammenkommt, muss sie sich fragen: Wer sind wir zusammengenommen? Leiter und Nachfolger müssen sich dieselbe Frage stellen: Wer sind wir *zusammen?* Wenn wir einander nicht lieben und uns nicht vorstellen können, was Gott durch uns gemeinsam tun kann, wie wollen wir dann den Rest der Welt lieben? Wie werden wir die Welt verändern?

John: Einander in der christlichen Familie Gottes zu lieben ist wahrscheinlich das Größte, was wir tun können. Es gibt keine größere Liebe als diese. Das könnte das Ziel sein, das wir suchen. Das könnte unsere Mission sein. Das könnte das sein, wozu wir noch hier sind. Gottes Liebe und das Königreich Gottes könnte praktisch die größte Reflektierung sein, die es auf der Welt gibt. Darauf zielt unsere Arbeit vermutlich ab. Unser Ruf geht dahin, die gute Nachricht von Gottes Liebe an die Enden der Welt zu tragen – würde das nicht die Welt verändern?

„Als Ergebnis dieser ganzen Gedanken will ich dir Folgendes mitgeben: Bring Gott Achtung entgegen und tu das, was er in seinen Geboten fordert! Das gilt für jeden Menschen. Gott wird über alle unsere Taten Gericht halten – seien sie gut oder böse – selbst über die Taten, die im Verborgenen liegen." (Pred. 12,13-14).

Alles, was du gelehrt wurdest, lässt sich in ein paar Worten zusammenfassen. Respektiere und gehorche Gott. Darum geht es im Leben. Fürchte ihn – liebe ihn mit deinem ganzen Herzen, deiner ganzen Seele und Stärke und kenne die Furcht des Herrn. Gehorche seinem Gebot – nämlich seine wunderbare Liebe zu allen Volksgruppen bis an die Enden der Welt zu tragen. Wir werden aufgrund unseres selbstsüchtigen Verlangens – unserer Sünde – nicht in der Lage sein, immer zu gehorchen. Aber es ist unser Verlangen, dass Gott die Ehre bekommt. Unser Wunsch, Gott zu gehorchen, öffnet die Tür für Gottes Gnade. Ist es der Mittelpunkt deines Lebens, ihm zu gehorchen? Ich ziehe Energie aus der Vorstellung, dass ich möglicherweise Teil von Gottes Plan bin – Mann, das fühlt sich gut an.

SHANE: Unterschiedlichkeit ist nicht einfach. Je verschiedener man ist, desto mehr gibt es, über das man streiten oder das man anders sehen kann. Wir werden alle von Gleichförmigkeit angezogen. Am wohlsten fühlen wir uns mit Leuten, die wie wir sind, die unsere Sprache sprechen und aus unserer Kultur oder unserem Wirtschaftssystem sind. Ich besuche hier in Philly eine Gemeinde, in der alle möglichen unterschiedlichen Leute sind. Und deshalb singen wir Lieder aus ganz unterschiedlichen Traditionen – afrikanische Spirituals und Freiheitslieder, Taizé, alte Kirchenlieder ... und eines Tages haben sich Leute bei mir beschwert, weil ihnen in der Woche der Lobpreis nicht gefallen hat. Ich sagte: „Nun, Preis dem Herrn, ich wette, das bedeutet, dass es jemand anderer gut fand!"

Vielleicht ist das das „Opfer" des Lobpreises – schätzen zu lernen, das Gottes Chor ein bunter Haufen von Leuten ist. Wann immer also ein Lied nicht unserem Stil entspricht, dann schafft das Raum für jemanden, der einen anderen Stil hat. Und es gibt auch einen Generationenfaktor. Es bricht mir das Herz, wenn ich bei Veranstaltungen spreche, die voller junger Leute sind und es gibt keine einzige Person über 60; die Woche drauf spreche in einem katholischen Orden oder der Veranstaltung einer Denomination, bei der keine einzige Person twittert, während ich spreche. Jede Person sollte jemand haben, der jünger ist als er selbst, in den er seine Weisheit und sein Leben investiert, und jede Person sollte einen älteren Menschen haben, für den er dasselbe tut.

John: Ältere Menschen brauchen auch Hoffnung. Es ist schwer, wenn man das ganze Leben auf eine Weise gelebt hat und sich dann alles verändert. Als Leiter müssen wir das im Hinterkopf behalten. Wir haben verschiedene ältere Leute, die erfolgreiche Unternehmen haben und eine Menge Geld in unsere Bewegung geben – an Gruppen, die mit der Stadtentwicklung beschäftigt sind. Sie ziehen eine große Befriedigung daraus, junge Leute mobilisiert zu sehen. Diese älteren Menschen beten auch. Wir dürfen nicht einfach nur von ihnen nehmen, sondern müssen auch in ihr Leben sprechen.

Ein Teil dessen, was mich am Laufen gehalten hat, waren Menschen, die für mich gebetet haben und Hoffnung für mich hatten. Ich denke nicht, dass mein Durchhalten auf meiner Intelligenz, meiner Geschichte oder meinem Charisma basiert. Ich denke es war, weil so viele Leute für mich und mit mir gebetet und gehofft haben. Es gibt eine Menge älterer Menschen da draußen, die aus den Sechzigern kommen und vielleicht Teil der Jesus-Bewegung waren, und sie hatten immer ein Empfinden für Gerechtigkeit, doch die Kirche war nicht bereit. Jetzt scheinen wir uns in diese Richtung zu bewegen, also lasst uns nicht diejenigen vergessen, die die ganze Zeit gebetet und gehofft haben.

Dankbarkeitsenergie ist die großartigste Form der Energie. Die Tochter des Finanzdirektors einer Ölfirma kam und arbeitete eine Woche mit mir. Es machte sie wütend, die Diskrepanz zwischen dem Reichtum ihrer Familie und der Armut in ihrem eigenen Land zu sehen. Ich half ihr, sich zu beruhigen und in Liebe auf ihre Eltern zu reagieren. Schließlich schaffte sie es, dass ihre Eltern sich beteiligten und ihr Vater war Teil des Rückgrates der nationalen Bewegung von CCDA. Ich half ihr und ihrem Vater, ihre Bemühungen für die Armen mit der Dankbarkeit dafür zu verbinden, wie gesegnet sie selbst waren.

Okay. Ich rede schon wieder über Gerechtigkeit und Freundschaft und Gebet (du verstehst, wie wichtig diese Dinge sind). Shane bringt uns wieder zurück zum Thema Beziehungen.

SHANE: Ich musste ebenfalls lernen: Auch wenn wir alle versuchen, uns näher auf Jesus hin zu bewegen, heißt das noch lange nicht, dass wir alle aus derselben Richtung oder dem selben Hintergrund kommen ... Wenn man einen Freund vom Flughafen

abholt, dann ist es immer eine gute Idee, nicht nur die Ankunfts-
zeit, sondern auch den Abflugort zu kennen und die Fluglinie ...
In gleicher Weise gilt das für uns, wenn wir versuchen, Menschen zu Jesus und zu einem Leben gemäß dem Evangelium zu
führen.

Vor kurzem hörte ich eine Frau namens Shanique sprechen.
Sie ist Teil einer Gemeinschaft in North Carolina, die mit The
Simple Way in Verbindung steht. Sie sprach über ihre Erfahrung
mit Weißen, die ihre geistliche Reise als „Abstiegsmobilität" betrachten – Besitz weggeben, in arme Viertel ziehen, einfach leben, den amerikanischen Traum des Vorstadtlebens aufgeben
und so weiter. Und dann sagte sie, diese Reise sei real und wahr,
aber es sei nicht jedermanns Reise. Sie fuhr fort, über ihr Leben
als afroamerikanische Frau im Süden zu sprechen. Ihre Familie
war arm. Ihre Familie hat sich das Viertel nicht ausgesucht; vielmehr machte ihr Überleben das erforderlich. Sie musste kein
Armutsversprechen ablegen; sie wurde von der Armut ausge-
wählt. Sie sah nicht die erlösende Seite des Leidens, nur die
dumme Seite. Für sie hatte die Vorstellung, dass Erste zu Letzten
und Letzte zu Ersten werden, eine ganz andere Perspektive.
Gott rettete sie aus einer Randgruppe und aus dem Leid. Vielleicht gibt es genau deshalb eine Bewegung von der Spitze zum
Boden und vom Boden zur Spitze – die Letzten werden Erste
und die Ersten werden Letzte; die Berge werden erniedrigt und
die Täler erhoben; die Hungrigen werden satt von guten Dingen
und die Reichen werden leer weggeschickt ... das ist das Muster
des Evangeliums.

Shanique sprach darüber, dass wir einen Gott der Mobilität
haben, einen Gott, der uns immer in Bewegung hält. Er ist ein
Gott des Exodus. Für manche von uns bedeutet Exodus, dass
Gott uns aus unseren Reichtümern rettet. Manche rettet Gott
aus der Macht. Und andere rettet er aus der Machtlosigkeit.
Shanique fuhr fort: „Es gibt immer ein neues Kapitel der Reise.
Jetzt erlebe ich mich, wie ich aus der Unterdrückung und den
Randbereichen des Lebens herauskomme. Ich habe die Chance
gehabt oder die Chance *ergriffen*, zur Schule zu gehen, einen guten Job zu bekommen ... und nun nimmt der Pfad womöglich
eine neue Wendung und wird zu einem Pfad der Abstiegsmobilität – zurück in mein Viertel, wo ich meine Gaben denen ganz
unten zurückbringe, mich erinnere, woher ich komme und dass

das Leiden noch immer existiert." Wir alle müssen uns für immer in seinem Reich bewegen. Wir haben einen Gott, der es nicht zulässt, dass wir uns in der Bequemlichkeit niederlassen, sondern der uns anstößt. Solange es Schmerz in der Welt gibt, muss uns das bewegen.

Es scheint, es gibt eine Mitte, die eine Art Raum des Königreichs darstellt, wie etwa, wenn man als Kind Fangen oder Verstecken spielt, und es dann zu der Stelle schafft, an der man sich „freischlagen" kann. Es scheint einen Ort der Versöhnung zu geben, an dem Reiche und Arme, Unterdrückte und Unterdrücker gemeinsam als neue Schöpfung am Tisch sitzen. Sprüche 30,8 zeigt die Vision in der es „weder Armut noch Reichtum" gibt, in der die Menschen weder gezwungen sind, aus ihrer Verzweiflung heraus zu stehlen, noch in ihrem Überfluss selbstzufrieden zu werden, wo es nicht mehr Arm und Reich gibt, sondern nur eine Familie. Schließlich ist „Versöhnung" auch ein wirtschaftliches Wort. Und die Tischgemeinschaft ist diese Vision des Teilens der Nahrung der Armen (Brot) und des Luxus der Reichen (Wein) in einer neuen Gemeinschaft, in der es heute unser tägliches Brot gibt ... und ich denke, heute unseren täglichen Wein. Aber keinen Raum für Mangel oder Überfluss.

John: Da gibt es etwas, das mich ärgert. Ich mag es wirklich nicht, über Leute zu bestimmen. Ich leite, aber ich mag es echt nicht, zu managen. Ich träume mit dir, aber bitte mich nicht, mit dir eine To-Do-Liste zu erstellen.

Ultimativ glaube ich nicht, dass ich die Komplettlösung für dein Problem oder das Dilemma von irgendwem habe. Deshalb möchte ich nicht über dich bestimmen. Ich möchte lieber, dass du einen Beitrag sowohl für dich, als auch für unsere gemeinsame Aufgabe oder Mission leistest, weil du der bist, der du bist, und nicht, weil ich dir die Richtung gewiesen habe. Ich versuche die Würde jedes Menschen hoch zu achten. Das bedeutet, dass du einen wertvollen Beitrag zu leisten hast. Vielleicht hilft deine Perspektive, Erfahrung oder Lösung mir, eine Entscheidung zu fällen, vor der ich stehe.

Demut ist ebenfalls Teil dieser Gleichung – und darüber ist es schwierig, zu sprechen. Der Missions- und Gemeindewachstumsexperte C. Peter Wagner stellt eine gute Frage: „Wenn wir erklären, wir seien demütig, haben wir dann aufgehört, demütig zu sein?" Nichtsdestotrotz möchte ich mich wirklich nicht über die Maßen erhöhen. Über jemanden bestimmen zu können ist eine erhöhte Position. Ich möchte nicht, dass du von mir abhängig wirst. Naturgemäß ist eine Person über eine andere erhöht, wenn diese das braucht, was er oder sie hat. Wenn ich einen Teich besitze und du brauchst die Fische im Teich, um überleben zu können, dann bist du von mir abhängig und ich bin über dich erhoben.

Natürlich brauchen wir einander, also muss diese Frage des Erhöhens und der Abhängigkeit geklärt werden. Und wir müssen uns alle immer auf einen Punkt zu bewegen, an dem jeder für sich selbst Verantwortung übernimmt. Das ist wahre Leiterschaft. Denke an ein Baby. Eltern sind so glücklich, wenn ihr Baby seine ersten Schritte macht. Natürlich ist es süß, aber denke mal drüber nach. Wenn ein Kind geht, dann übernimmt es größere Verantwortung und ist weniger abhängig. Klar, das Kind wird ein paar Mal hinfallen, aber es dauert nur einige wenige Tage und es fängt an, überall hinzulaufen. Wenn ein Kind sieht, dass seine Eltern begeistert sind, dann macht es weitere Schritte und lernt schnell. Und ehe man sich umsieht, will das Kind bei einem Sturz gar nicht mehr, dass man ihm aufhilft. Wenn das Kind geht, ändert sich die Beziehung der Eltern zu diesem Kind. Statt endlos die Windeln zu wechseln und all das andere Zeug zu tun, können sie jetzt auch zusammen spielen. Bald gibt es ein bestimmtes Maß an Unabhängigkeit. (Mein Urenkel fing diesen Sommer an zu laufen – was für ein Gefühl das ist!)

Wenn wir jemanden anstellen, werde ich nervös, denn er oder sie wird dann zu stark von mir abhängig sein. Natürlich muss die Person ausgebildet werden und braucht eine klare Tätigkeitsbeschreibung. Die Aufgaben und Ziele müssen kommuniziert werden. Wir können nicht erwarten, dass eine Person durch Osmose versteht, was sie tun muss. Das Training ist Teil des Ausrüstens, Freisetzens und Förderns einer Person, mit der sie in die Lage versetzt wird, dass wir über sie oder ihn nicht mehr bestimmen müssen. Ich helfe jemandem mit den ersten kleinen Schritten, aber bald darauf muss er oder sie selbst gehen. Wir müssen alle über uns selbst bestimmen und ultimativ ist Gott derjenige, der über alles bestimmt.

SHANE: Das ist gut! Das schreibe ich mir auf. Ich denke, dass ich das auf ähnliche Weise angehe. Ich mag es nicht, jeden bis ins Kleinste zu managen, sondern vielmehr, Dinge zu delegieren. Die besten mir bekannten Leiter wissen sehr genau, wie sie sich aus einem Job herausziehen und ihn abgeben. Tatsächlich, wenn jemand einen Bedarf ausfindig macht oder eine Aufgabe, die getan werden muss, dann sage ich: „Nun, Gott scheint dich dazu berufen zu haben, das zu tun." Ein altes Sprichwort lautet: *Sei die Veränderung, die du dir wünschst.* Es gibt also keinen Raum für Beschweren, Stöhnen oder Murren.

Der heilige Benedikt spricht über zwei Dinge, die Gemeinschaft zerstören – Murren und Untätigkeit. Wir müssen uns der bedeutungsvollen Arbeit und Mission bewusst werden und manche Menschen brauchen dafür Struktur. Sie gehen nicht einfach raus und finden Dinge, die getan werden müssen. Und murren ist tödlich. Es gibt keinen Platz für eine negative Haltung und Beschwerden. Wir müssen entweder jedes Gramm Energie einsetzen, das wir haben, um etwas zu verändern das falsch läuft, oder wir müssen aufhören, uns zu beschweren. Benedikt fährt fort und sagt, dass das nicht bedeutet, die vorgebrachten Beschwerden seien nicht gerechtfertigt oder unwahr; es heißt einfach nur, dass sich nichts verändern wird, solange sie die Dinge nicht in eine andere Richtung steuern. Wie wir gesagt haben: Die beste Kritik an etwas, das falsch läuft, besteht darin, es besser zu machen. So zu leben heißt nicht, dass deine Beschwerde ungerechtfertigt ist, oder es kein Problem gibt. Es heißt einfach nur, dass du es ändern solltest.

John: Als Leiter sollen wir Menschen lieben und aufbauen, sodass sie zur Selbstverantwortung hin wachsen. Manchmal kann ein falsches Loyalitätsverständnis diesem Aufbauen und Freisetzen von Nachfolgern im Weg stehen. Es ist bei Managern, Bossen und Führungskräften nicht ungewöhnlich, nervös oder sogar wütend zu werden, wenn sie den leisesten Hauch von Illoyalität bei Mitarbeitern oder Nachfolgern wahrnehmen. Manchmal sind wir selbst (als Leiter) schuld an diesen Spannungen, weil wir erwarten, dass sie wie wir sind. Manchmal halten wir eine Person oder einen Mitarbeiter fest, wenn wir ihn loslassen sollten. Manchmal ist es überhaupt keine Illoyalität, sondern einfach nur der Baby-Adler, der bereit ist zu fliegen, und wir halten ihn zurück – manchmal auch im Würgegriff – wegen unseres selbstsüchtigen Bedürfnisses nach Loyalität.

Wenn wir wirklich das Beste für diejenigen im Sinn haben, die uns folgen, dann nähren wir sie an jedem Tag, den sie mit uns verbringen, egal wie kurz oder lang, und feuern sie dann für die nächste Sache an, die Gott für sie hat, ob das in unserer Gruppe oder für unser Ziel ist oder irgendwo weit weg. Loyalität heißt nicht, dass ein Mensch genauso sein wird wie wir, nur tut, was wir sagen oder ewig in unserem Team ist. Loyalität bedeutet, dass eine Person zum Nutzen aller das beiträgt, was ihr entspricht und die Talente einbringt, die sie hat.

SHANE: Das ist so wichtig, denn wir brauchen Menschen, die unsere Vision vervollständigen, und oft werden diese Personen die Dinge anders sehen als wir selbst. Wenn jeder sich nur hinter uns einreiht und „Amen" zu allem schreit, was wir sagen, dann werden wir nie in einen Bereich der Fantasie kommen, wo Dinge neu erfunden und überdacht werden.

Wir brauchen Menschen mit der geistlichen Gabe der Frustration. Ja, die Kirche braucht heilige Meinungsverschiedenheiten. Wir brauchen Leute, die sehen, was falsch läuft. Aber sie dürfen nicht einfach nur Nörgler sein; sie müssen ein Teil der Veränderung sein und ein Teil der Anstrengung, die uns vom Falschen ins Richtige führt. Die besten Abweichler in der römisch-katholischen Kirche werden Heilige. Nehmen wir etwa Franz von Assisi. Er verließ alles. Ursprünglich sagte der Papst zu ihm: „Geh und predige den Schweinen. Vielleicht hören die dir zu." Aber dann hatte der Papst eine Vision, in der er die Seite der Kirche fallen sah und Franziskus war derjenige, der sie aufrecht hielt. Der Papst rief Franziskus zurück und segnete schließlich die Franziskaner. Er sagte: „Setze weiterhin die Kirche instand."

Einige meiner besten Partner in der Gemeinschaft sind Leute, die nicht unbedingt meine besten Kumpel sind. Aber sie fordern mich heraus, und das im besten Sinne des Schärfens von Eisen oder des Läuterns von Gold; sie reinigen meine Vision und meine Motive. Sie sagen: „Warum sollten wir das tun?" Ich kann mich erinnern, dass es einmal einen Journalisten gab, der The Simple Way besuchen wollte. Er war einer dieser Starjournalisten und wollte eine Story über unsere Gemeinschaft machen. Manchmal haben wir zu schnell Ja gesagt.

Einige meiner besten Partner in der Gemeinschaft sind Leute, die nicht unbedingt meine besten Kumpel sind.

Es gibt viele Journalisten, die über die „Neue Klosterbewegung" oder „The Simple Way" berichten möchten und wir sind den damit verbunden Gefahren gegenüber sehr empfindlich geworden. Normalerweise portraitieren sie Weiße wie mich, die zurück in ein Armenviertel ziehen, als Heilige, Retter und sich selbst aufopfernde Helden. *Das ist Schrott und unglaublich verletzend für die Würde unserer Nachbarn.* Wir versuchen, „klug wie die Schlangen und sanft wie die Tauben" zu sein (Mt. 10,16). Wir lassen keine Kameras im Viertel zu. Ein Fernsehsender will zum Beispiel seit zwei Jahren eine Geschichte machen und ich bestehe darauf, dass wir sie nur mit ihnen machen, wenn es in unserer New Jerusalem Community (40 Leute hier in Philly) stattfindet, die sich zu 90 Prozent aus Farbigen zusammensetzt und von diesen geleitet wird. Der Produzent besteht darauf, es in unserer Potter Street Community zu machen (dem Originalhaus, weitgehend weiß, in dem ich lebe). Also machen wir die Story nicht.

Als dieser Reporter kommen wollte, sprachen wir alle darüber und jemand aus der Gemeinschaft sagte: „Wir müssen damit wirklich vorsichtig sein." Nachdem wir darüber nachgedacht hatten, sagten wir: „Wir wollen uns nicht für diese Geschichte verpflichten. Wir lassen erst einmal den Reporter kommen und schauen, ob wir ihm vertrauen können, dass er die wirkliche Geschichte erzählt." Also kam der Journalist zu unserer Gemeinschaft und er machte eine Geschichte über einen meiner Nachbarn und eine über die Alten. Wir haben hier Senioren, die Decken herstellen, die wir jeden Winter weggeben. Das sind die Geschichten, die es in die Schlagzeilen machten. Simple Way wurde nicht mal erwähnt. Und ich war begeistert. Das ist die Art von Kreativität, die man mit einer Gruppe von Leuten haben kann, wenn sie ihre Gedanken austauschen und eine Sache abklopfen, statt einfach nur sagen: „Okay, die Journalisten sollen kommen, ist sowieso egal."

Bei einer anderen Gelegenheit hatten wir eine richtige Meinungsverschiedenheit in unserer Gemeinschaft zur Frage, ob wir Internet haben sollten. Technologie war für uns in unserem Streben nach Einfachheit immer schwierig. Es gibt Entscheidungen, die sehr leicht waren, wie etwa die Entscheidung: „Tötet unseren Fernseher"; also haben wir den Fernseher rausgeschmissen. Aber das Internet war schwieriger. Einerseits war einer der Leute in der Gemeinschaft leidenschaftlich gegen einen Internetzugang, weil die meisten unserer Nachbarn nicht dieses Privileg haben und die „digitale Kluft" erheblich zum wirtschaftlichen Ungleichgewicht in der Welt beigetragen hat. Leute, die Zugang zur Technologie haben, werden exponentiell effizienter, während die ohne Technologie meilenweit zurückfallen. All das ist wahr. Und doch war eine andere Person der Gemeinschaft leidenschaftlich dafür und der Ansicht, aus genau diesen Gründen müssten wir ein öffentliches Internet schaffen. Er war tatsächlich bereit, Kabel und Sendestationen überall im Viertel zu verteilen, sodass jeder drahtlosen Zugang haben könnte und unsere Kinder das Internet genauso für ihre Hausaufgaben nutzen könnten, wie das die Kinder in den Vorstädten tun.

Nun, in solchen Zeiten vor einer Entscheidung brauchen wir als Gemeinschaft gute Leitung. Wir können ein Schachmatt erreichen oder eine Gemeinschaft kann sich über eine solche Meinungsverschiedenheit spalten (und wenn einem das lächerlich vorkommt, dann muss man nur mal einen Blick auf ein paar Kirchenspaltungen werfen, um zu erkennen, dass sich Gemeinden schon wegen lächerlicherer Dinge gespalten haben ... wie etwa darüber, ob man eine Heizung im Taufbecken haben sollte). Aber Gemeinschaft bietet eine Gelegenheit, einen „dritten Weg" zu versuchen und zu schaffen, nämlich kreativ zu denken und jedermanns (und jederfraus) Stimme an den Tisch zu bringen.

Bei dem Problem mit der Internetfrage haben wir am Schluss beides getan. Einige Mitglieder unserer Gemeinschaft leben ohne das Internet, sozusagen als solidarische Handlung oder als „Technologiefasten". Andere investierten ihre Energie in das Schaffen eines drahtlosen Internetzugangs für Nachbarn. In ähnlicher Weise hatten wir Leute, die hart daran arbeiteten, ein treibstofffreies Leben zu führen und sogar zur Lebensmittelhilfe mit Rad und Anhänger fuhren (ein Kumpel von mir konnte

über 220 Kilo an Lebensmitteln auf einem Rad transportieren).
Andere halfen, Autos zu kaufen, sodass wir Nachbarn zu Termi-
nen fahren oder Kids zum Strand mitnehmen konnten ... und
wieder andere bauten Motoren um, sodass sie mit Pflanzenöl
liefen. Das ist das Geschenk der Gemeinschaft, unterschiedliche
Gaben in einem Leib. Und so kann unsere Vision vollständiger
werden.

Eine Sache, die einem beim Blick auf Gemeinschaften in der
Krise oder zusammenbrechenden Organisationen auffällt: Der-
artige Gruppen werden häufig von ein oder zwei Leuten polari-
siert, die sehr starke Meinungen vertreten, und den Rest der
Gemeinschaft als Geisel nehmen, in eine Art Schachmatt-Situa-
tion. Das gilt besonders, wenn Leiter versuchen, horizontale
statt vertikaler Macht zu erzeugen – damit meine ich, sie versuchen zu führen, indem sie jede Stimme ermächtigen und Raum
für sie schaffen die Entscheidung zu beeinflussen ... also Entscheidungen treffen im Konsens.

Wir haben in unserer Gemeinschaft mit einem Führungsstil
experimentiert, den wir „Konsens minus eins" nennen. Konsens
minus eins heißt, dass jeder in der Gemeinschaft sich entscheidet, kein Einzelkämpfer zu sein; keine einzelne Person blockiert
die Gemeinschaft bei einem Schritt, bei dem sich alle anderen
gut fühlen. Manche würden auch argumentieren, dass das ein
guter Grund zum Heiraten ist, denn dann hat dein Partner dich
im Rücken (oder ist die Person, die im Weg steht!). Haha! Und es
basiert noch immer auf Gemeinschaft, auf einem horizontalen
Machtmodell von Entscheidung im Konsens. Jeder von uns sagt
im Grunde genommen: Ich werde nicht allein stehen; wenn das,
was ich empfinde, wirklich nicht aus Eigeninteresse geboren ist,
sondern aus der Sorge für andere und die Gemeinschaft, dann
sollte es andere geben, die derselben Meinung sind (oder wenigstens eine andere Person).

Wir müssen wirklich als Leiter kreativ sein, wenn wir alternative Formen des Führens und der Macht im Vergleich zur Welt
um uns herum schaffen wollen; damit wir „nicht übereinander
herrschen, wie es die Heiden tun". Horizontale Macht ... Gemeinschaft ... diese Dinge brauchen Arbeit und Fantasie. Tyrannei
braucht überhaupt keine Fantasie. Sie ist wie Gewalt – sie ist die
Art des Pharaos und des Kaisers. Wir sollen anders als das Imperium sein.

Vor nicht allzu langer Zeit war ich unterwegs, um in einem Quäkerinternat am Rande von Philadelphia zu sprechen. Als ich gerade losfuhr, erhielt ich einen Anruf, in dem ich unterrichtet wurde, dass es auf dem Schulgelände einen Vorfall gegeben hatte und verschiedene Schüler mit einer großen Menge von Marihuana erwischt worden waren. Also war der Campus ziemlich emotional geladen. Ich erwartete irgendwie, an diesem Morgen eine Schülerschaft zu erleben, die von ihrer Schulleitung genervt war. Ich hatte keine Ahnung, dass ich eine der eindrucksvollsten Demonstrationen guter Leiterschaft erleben würde, die ich je erlebt hatte.

An diesem Morgen hatte sich die Schulleiterin mit den betroffenen Schülern und deren Familien zusammengesetzt. Es war sogar eine Gruppe anderer Schüler anwesend, die als Teilnehmer dabeisaßen und einfach versuchten, auf den Geist zu hören und zu erfahren, was sie tun sollten (Quäker sind gut in so was).

Nach den offiziellen Regeln wären die Schüler automatisch von der Schule geflogen und sogar verhaftet worden. Hätten sie die Schule verlassen müssen, dann hätte das ihre Zukunftschancen dauerhaft beeinträchtigt, und einige dieser Kids hatten bereits seit vielen Jahren schlechte Karten. Die Schule versuchte also, die Dinge anders zu machen. Ohne böse Fehler wie diese herunterzuspielen, wollten sie, dass die Gnade über das Gericht triumphiert, wie die Schrift sagt.[2]

Viele Tränen wurden vergossen. Und dann zeigte die Schulleitung eine wunderschöne Geste der Gnade. Sie entschloss sich, nicht die Polizei zu verständigen und bot den Eltern an, dass diese ihre Kinder freiwillig von der Schule nehmen und so einen Ausschluss vermeiden konnten. Es war bewegend, das zu beobachten. Einer dieser Schüler, die mit Drogen erwischt wurden, sagte mit Tränen in den Augen, er sei froh, erwischt worden zu sein, denn er habe ein Problem, mit dem er selbst nicht fertig würde.

Als die Schulleiterin während der Versammlung die Ereignisse erzählte, fing sie an zu weinen. Man konnte sehen, wie sehr sie mit diesen Kids litt. Und als sie ihre Ankündigung beendet hatte, stand die gesamte Schule auf und gab ihr einen sanften Applaus. Das ist die Art von Zerbrochenheit, die wir brauchen. Keine eiserne Faust, sondern ein Herz, das für die Menschen bricht, die wir lieben. Ich predigte dann, aber die Schulleiterin hatte die einzige Predigt gegeben, die an diesem Morgen wichtig war. Gemeinschaft hat mich auch gelehrt, wie oft mein Handeln davon bestimmt ist, dass ich Weißer bin ... selbst wenn ich mir dessen nicht bewusst bin. Jesus hatte eine Art, die Mächtigen wirklich herauszufordern und die Frauen und die am Rande Stehenden zu ermächtigen. Wir haben eine Menge darüber zu lernen in unserer Welt, die doch noch immer so von weißen Männern und Testosteron dominiert wird.

Wir hatten eine Frau, die aus einem Umfeld häuslicher Gewalt kam und mit ihren beiden Kindern in das internationale Gemeinschaftshaus zog. Der Vater der Kinder hatte herausgefunden, wo sie waren und angefangen, unser Haus zu bedrohen. Er sagte, er würde es niederbrennen. Das sind Zeiten in denen man denkt: *Vielleicht hätten wir das vorher etwas durchdenken sollen.* Es gab also eine einstweilige Verfügung und sie musste sich mit ihm auf der Polizeiwache treffen, um ihm die Kinder zu übergeben (diesen Aspekt hatten wir noch nicht abgeschlossen).

Jedes Mal, wenn sie sich mit ihm treffen wollte, wusste er, von wo aus sie sich auf den Weg machte, fing sie ab und tat ihr und den Kindern furchtbare Dinge an. Also haben wir uns als Gemeinschaft hingesetzt, um eine Lösung für diese Situation zu finden. Alle Männer meldeten sich und entschieden, dass wir sie eskortieren mussten. Also taten wir das. Sobald er uns sah, ging er in Verteidigungsstellung. Er fing an zu schreien und zu fluchen und drohte instinktiv, uns umzubringen. Es war schrecklich. Hier sind wir also, ein Haufen Christus nachfolgender Friedensstifter, und stehen einem Typen gegenüber, der alles ist, nur kein Pazifist ... er war dabei, uns mit der Faust im Gesicht zu überzeugen.

Danach gruppierten wir uns als Gemeinschaft neu. Was hatten wir gelernt? Die Frauen meldeten sich zu Wort. Sie wiesen sanft, aber ohne Angst darauf hin, dass wir aus unserer Männlichkeit heraus dachten und versuchten, dieselben Werkzeuge der Einschüchterung und Nötigung zu verwenden, die er einsetzte. Am nächsten Tag gingen sie mit der Frau und den Kindern. Es war magisch. Dieser Typ war völlig entwaffnet, sogar baff. Er wusste nicht, was er tun sollte. Es fiel ihm nicht im Traum ein, zu versuchen, gegen vier Frauen zu kämpfen. Das war wieder eine dieser Gelegenheiten, bei der wir erleben konnten, wie unterschiedliche Leute zur Lösung eines Problems zusammenarbeiten, Fehler machen und aufeinander hören ... Lernen beim Unterwegssein.

Das ist einer dieser Momente, an denen wir zuhören und lernen müssen und sicherzustellen haben, dass die am meisten von einem Problem Betroffenen uns führen. Weißt du, ich verstehe häusliche Gewalt tatsächlich nicht. Stelle dir mal einen Haufen Weißer vor, die versuchen, die Bürgerrechtsbewegung zu führen.

> **Jeder hat eine Rolle zu spielen ;
> unsere Aufgabe ist es, sicherzustellen,
> dass es Raum gibt für andere,
> ihre Rolle zu spielen.**

Stell dir eine Bewegung von Männern mit besten Absichten vor, die den Kampf für die Rechte der Frau führen. Da gibt es vielleicht gute Ideen, aber die funktionieren so nicht. Wir müssen zusammenarbeiten. Jeder hat eine Rolle zu spielen, einschließlich weißer Männer; unsere Aufgabe ist es, sicherzustellen, dass es Raum gibt für andere, ihre Rolle zu spielen.

John: Mit Leuten wie Shane und so vielen anderen um mich herum, die für mich gehofft und an mich geglaubt haben, ist mir klar geworden, wie privilegiert ich bin. Am Anfang meines Dienstes habe ich das nicht gesehen. Wie viele junge Leute betrachtete ich die Zeit anderer als selbstverständlich, und schätzte nicht die Bedeutung dessen, dass einige dieser Leute über Jahre hinweg zu mir standen. Während ich älter geworden bin, habe ich versucht, diese Hoffnung für andere zu leben, so wie viele für mich gehofft haben.

Als Leiter habe ich mich für die verantwortlich gefühlt, die folgen und diese Hoffnung weitergeben. Ich hatte das Gefühl, dass meine Mentoren, denen ich gefolgt bin, mir etwas Schönes anvertraut haben. Es war meine Verpflichtung, dasselbe zu tun.

Als Leiter das Vertrauen zu erwerben kommt hauptsächlich durch Gebet, Hoffnung und dadurch, dass man einfach nur langfristig bei einer Person bleibt. Natürlich kann es finanzielle Unterstützung beinhalten. Es gab da ein Ehepaar in Kalifornien, ein weißes Paar, mit dem ich mich anfreundete. Sie gaben Vera Mae und mir 400 Dollar im Monat, was für sie eine Menge Geld war. Als er gestorben war, fanden wir heraus, dass er uns in seinem Testament bedacht hatte.

Es gab eine ältere schwarze Dame; sie hatte nicht viel Geld, aber sie bedachte uns in ihrem Testament. Diese Leute haben mir geholfen, als sie lebten und sie dachten an mich, als sie starben. Ich fühlte mich verantwortlich, mit der Hoffnung vorwärts zu drängen, die sie in mir gesehen und für mich erhofft hatten. Ich fühle mich nicht nur denen verpflichtet, die vor mir gegangen sind, sondern auch der nächsten Generation. Ein Teil der Treue besteht nicht nur darin, was wir jetzt tun, sondern auch darin, was andere später tun werden. Ich versuche nicht, darüber zu viel nachzudenken, denn es kann überwältigend werden, aber ich denke viel daran. Es ist beinahe eine Last.

Meine Freunde meinen es gut, und viele versuchen mir beim Tragen der Last zu helfen. Einige geben mir den Tipp, mein Leben ganz schlicht in Einfachheit und Treue auszuleben; andere wollen, dass ich etwas tue, um ein Erbe sicherzustellen. Ich sorge mich nicht so sehr um ein Erbe. Vera Mae erinnert mich immer gleich daran, dass ich in diesem Leben genug Bedeutung gehabt habe. Ich versuche den Menschen dabei zu helfen, Bedeutung zu finden. Es gibt ein riesiges Bedürfnis nach Bedeutung im Leben erfolgreicher Menschen. Der Grund dafür, dass Leute meine Ziele in den letzten 50 Jahren unterstützt haben, war der, dass sie persönliche Bedeutung und Erfüllung suchen. Jeder hat drei grundlegende Bedürfnisse: das Bedürfnis, geliebt zu werden, das Bedürfnis, dazuzugehören und das Bedürfnis nach Bedeutung.

Ich lebe mein Leben und hoffe, dass einheimische Menschen überall sich entwickeln und Bedeutung finden können. Ich denke darüber so viel nach – wahrscheinlich muss ich etwas lockerer werden.

Ich habe ein paar großartige Freunde, die mir helfen möchten, einen guten Abschluss zu finden. Einer von ihnen ist ein Geschäftsmann aus Texas. Malcom Street sagte kürzlich: „Damit du einen guten Abschluss finden kannst, musst du nur daran denken, treu zu sein und deine Beziehung zu deinen Kindern zu pflegen. Lade dir nicht zu viel auf, indem du über all die anderen Dinge nachdenkst. Konzentriere dich auf das." Der Gedanke, einfach nur treu zu sein, hat mich erleichtert. Ich denke immer, ich muss dabei helfen, die Dinge in Ordnung zu bringen, aber ich kann das natürlich nicht. Aber ich kann treu sein. Das ist eine gute Lektion. Im CCDA-Vorstand haben wir darüber gesprochen, dass wir künftigen Generationen gegenüber treu sein wollen, indem wir junge Menschen mit hineinnehmen. Das ist gut, aber ich denke, ich werde weiterhin die Gaben und Stärken einzelner identifizieren und dann versuchen, sie mit Bedürfnissen zusammenzubringen. Und an der Stelle wird es mühsam. Ich bin dabei, mehr und mehr zu sehen, dass ich treu sein kann, ohne tatsächlich die Last zu tragen.

Jesus sagt uns, wir sollen seine Last tragen. Zu wissen, dass Tausende anderer Menschen überall im Land in CCDA aktiv sind und meine Last für die Armen und Unterdrückten mit mir tragen, macht es für mich leichter.

SHANE: Als Nachfolger Christi und als Leiter anderer brauchen wir den in uns ausgegossenen Charakter Jesu. Was für eine kostbare Sache es ist, Teil einer Wolke von Zeugen zu sein – und sich selbst in einer Geschichte wiederzufinden, die groß und uralt ist, einen Glauben zu besitzen, der über viele Generationen weitergegeben wurde.

Es gibt eine Stelle, an der Paulus zu seinem jungen Jünger Timotheus sagt: „Ich danke Gott, dem ich von meinen Voreltern her mit reinem Gewissen diene ... voller Verlangen, dich zu sehen - eingedenk deiner Tränen ... Denn ich erinnere mich des ungeheuchelten Glaubens in dir, der zuerst in deiner Großmutter Lois und deiner Mutter Eunike wohnte, ich bin aber überzeugt, auch in dir." (2. Tim 1,3-5, *Revidierte Elberfelder*, meine Betonung). Ich liebe das. Der Glaube, der in jemand anderem gelebt hat, lebt in uns und wird dann von uns an eine neue Generation weitergegeben. In dieser Stelle in 2. Timotheus stellt Paulus sicher, das Timotheus das versteht. Er sagt Timotheus, er soll die Dinge nehmen, die er gelernt hat, und sie ein paar verlässlichen Jüngern vermitteln. Er soll die Dinge, die er gelernt hat, an einige andere weitergeben, und jeder von diesen wieder an ein paar andere. Und so scheinen die Dinge zu passieren. Das hat in den letzten paar Tausend Jahren gut funktioniert.

John: Ich habe ein Zitat für dich: „Leiterschaft erkennt man an den Persönlichkeiten, die durch sie bereichert werden. Es ist keine Sache von Hypnose, Schmeichelei oder ‚Verkaufstechnik'. Es geht darum, aus Menschen die Impulse, Motive und Anstrengungen herauszuleiten, und sie erkennen zu lassen, dass diese sie selbst am wahrhaftigsten repräsentieren."[3] Die meisten Leute schaffen Organisationen für sich selbst, damit sie etwas für die Menschen tun können. Effektivere Organisationen und Leiter beteiligen die Leute, denen sie helfen. Es macht mich verrückt, wenn ich mit einer Person spreche und sie mir erzählt, dass ihre Pläne niemand anderen mit einschließen! Sie denken, sie können der Denker und der Macher sein. Wir müssen andere Leute beteiligen!

Das ist die Genialität des Gemeindemodells. Wir sind der Leib Christi und jeder in diesem Leib hat Gaben, die er zur Verfügung stellen kann. Wir umgeben uns selbst mit einem vielseitigen Leib, der die Löcher füllt, die wir aufgrund unserer menschlichen Natur lassen. Gott hat uns schwach gemacht, damit wir gezwungen sind, uns auf die Unterstützung anderer und natürlich auf Gott zu verlassen.

Anmerkungen

1. Mehr Informationen findest du unter www.jmpf.org.
2. Siehe Jakobus 2,13.
3. Harold W. Reed, *Dynamics of Leadership: Open the Door to Your Leadership Potential* (Vero Media, Inc., 1982).

GESPRÄCH 14

Spitzenleistung

(MIT ELAN LEITEN)

SHANE: Ich möchte ein wenig über Spitzenleistung sagen. Es kann bei der Arbeit in armen Gegenden inmitten der Krise passieren, dass wir uns nach Ressourcen abstrampeln und schließlich Abkürzungen wählen und die Dinge mittelmäßig tun. Das ist schwierig, wenn es um Leiterschaft geht. Ich habe auf der einen Seite einen erfahrenen Innenstadt-Pastor darüber sprechen hören, wie wir Raum für das Versagen von Menschen schaffen müssen, für Fehler und das Ausprobieren neuer Dinge. Er lachte und sagte, eines ihrer Mottos sei: „Wenn es sich lohnt, es zu machen, dann lohnt es sich, es schlecht zu machen." Damit meinte er, dass man etwas wie Gehen oder Fahrradfahren anfangs erst einmal schlecht machen muss, man muss erst ein paar Mal hinfallen. Und das stimmt. Auf der anderen Seite ist Mittelmäßigkeit etwas, an dem arme Gebiete sehr leiden. Unsere Secondhand-Läden haben nur den Müll anderer Leute und die Suppenküchen sind nicht immer berühmt für die Qualität ihres Essens. Das Viertel und die Schulen werden oft ziemlich schlecht geführt, mit Müll, Graffiti und Hässlichkeit überall. Das greift die eigene Würde an.

Ich fühle mich etwas seltsam, das zu sagen, aber eines der Dinge, die ich über das Arbeiten sowohl bei Willow Creek in Chicago als auch mit Mutter Teresa in Kalkutta gelernt habe, ist die Idee von „Spitzenleistung für Gott". Nun, das hat im jeweiligen Kontext sehr unterschiedlich ausgesehen. Bei Willow Creek gibt es die Überzeugung, dass christliche Kunst nicht der vierte Aufguss weltlicher Kunst sein sollte, versehen mit christlicher Sprache. Die Theaterstücke, die im Gottesdienst gespielt werden, sollen keine lahmen Sketche sein, die man nicht wirklich hören kann. Christliche Musik sollte nicht so schrecklich sein. Ich erinnere mich, wie Rich Mullins einmal erzählt hat, dass Leute auf ihn zukommen und ihm sagen: „Gott hat mir dieses Lied geschenkt und ich möchte es mit dir teilen", und er hörte sich den Song an und verstand, warum Gott ihn verschenkt hatte!

Es gibt anscheinend etwas zu sagen über diese Art von Spitzenleistung – dass wir unsere Gaben verwenden und andere auf eine Weise führen sollen, die Schönheit schafft. Unsere Predigten, unsere Musik, unsere Kunst sollte schön sein – so wie die großer Komponisten; wie die einer Symphonie oder Oper. Andererseits, wenn wir nicht wachsam sind, gibt es Lücken in dieser Verpflichtung zur Spitzenleistung. Es gibt ein gewisses Maß an sogenanntem Privileg, das einen in die Lage versetzt, eine schöne Veranstaltung und einen tollen Gottesdienst durchzuziehen – ein Privileg an Zeit und Ressourcen, das so etwas möglich macht, und ebenso eine gewisse Voreingenommenheit hinsichtlich dessen, was schön ist (ich war zum Beispiel in ein paar sehr schönen Hip-Hop-Gottesdiensten ... und in ein paar hässlichen). Auf unserer Suche nach Spitzenleistung können wir ganz von Äußerlichkeiten besessen sein und das Innere vernachlässigen, wie die Pharisäer, sodass wir äußerlich zwar gut aussehen, aber innerlich keine Seele mehr haben. Wir zerreißen einander in der Luft, wann immer mal ein Mikrofon quietscht oder etwas im Gottesdienst schiefläuft. Also braucht es eine gewisse Ausgeglichenheit in dieser Angelegenheit rund um Spitzenleistung.

> **Mutter Teresa hatte die tiefe Überzeugung, dass man sein Allerbestes geben sollte, wenn man den Armen gibt.**

Nun, es gibt noch eine andere Dimension hierbei, die ich in Kalkutta kennengelernt habe. Mutter Teresa sprach darüber, die Dinge für Jesus mit Vorzüglichkeit zu tun, und sie gab sich nicht mit Mittelmäßigkeit zufrieden, besonders wenn es um die Sorge für die Armen ging. Es war eine große Ironie, denn die Schwestern waren so arm und hatten nur wenige Ressourcen – manchmal hatten sie nicht mal einfache Medikamente – aber das war egal. Sie sagte, dass Gott alles gibt, was sie wirklich brauchen. Einerseits sah ich Leute, die (freundlich) getadelt wurden, weil sie zu viel Seife verbrauchten und Ressourcen verschwendeten; und andererseits sah ich, wie Mitarbeiter dafür ausgeschimpft wurden, weil sie nicht genügend Soße auf den Reis taten, den sie den Armen gaben. Mutter Teresa hatte diese tiefe Überzeugung, dass man das Allerbeste geben sollte, denn wenn man den Armen gibt, dann gibt man Jesus. Gib den Obdachlosen nicht deine alten Klamotten, sondern deine beste Hose oder deine schönsten Schuhe. Gib ihm nicht Reis mit einer knickerigen Portion Soße und ohne Gemüse – du bewirtest einen König ... also tu es mit Vortrefflichkeit. Es scheint, als ob auch dies uns als Leiter etwas lehren will.

Ich habe einen Freund hier in Philadelphia, der in einer wirklich schwierigen Gegend lebt, und er macht die genialsten Blockpartys auf dem Planeten. Er hat diese radikale Philosophie der Spitzenleistungen für Gott und die Armen aufgeschnappt. Er kombiniert das Beste von Willow mit dem Besten von Mutter Teresa. Wenn er eine Blockparty schmeißt, dann kommen die besten Musiker – Jazzer, Harfenspieler, Rapper – und die besten Zirkusartisten (Ich habe mal was vorgeführt, wurde aber inzwischen durch bessere Künstler ersetzt ... nichts für ungut, ich denke, ich werfe ihn aus dem Vorstand ... nein, nur ein Witz). Er weiß, wie man eine Party schmeißt. An Weihnachten arrangiert er ein Festessen bei Kerzenlicht, natürlich kostenlos, bei dem Familien mit ihren Kindern kommen und ein erstklassiges Vier-Gänge-Menü serviert bekommen und dazu Live-Musik hören.

Es scheint, dass das Festessen Gottes genau diese Art von Spitzenleistung ist – aber es ist entscheidend, dass es ein Fest von, mit und für die Menschen am Rand der Gesellschaft ist. Darum ging es bei den Jubeljahr-Festen und deshalb tadelte der Prophet Amos die Leute dafür, einfach nur ein Fest für die Reichen zu machen. Und darum ging es beim Agapemahl der frühen Christen; Paulus tadelte die Gemeinde in Korinth. Sie hatten den Tisch des Herrn entweiht, indem sich einige Menschen vollfraßen während andere hungrig blieben.[1] Als Leiter müssen wir mit der Idee der Vortrefflichkeit ringen. Spitzenleistung sollte nie ein Götze oder ein Privileg sein, oder etwas, wegen dem wir die Leute zur Schnecke machen, oder ein Grund, weshalb wir Menschen nicht lernen lassen, ihre Gaben zu gebrauchen und

Fehler zu machen. Und doch können wir uns nie mit Mittelmäßigkeit, hässlicher Kunst und schlechtem Essen für die Obdachlosen zufrieden geben. Als Leiter müssen wir den Armen Spitzenleistung zugänglich machen, kleine Dinge, die mit großer
Liebe getan werden – das heißt, wir versuchen die Armen so
willkommen zu heißen, als würden wir Jesus willkommen heißen ... denn das ist es, was wir tun.

John: Ich war das jüngste von sechs Kindern und meine Mutter
starb, als ich sieben Monate alt war. Mein Vater hat uns fünf bei
seiner Mutter abgeliefert und zog los, um eine andere Frau zu
finden – ein anderes Leben. Wir lebten auf dem Land in Mississippi als Naturalpächter.[2] Da ich in diesem System aufwuchs,
lernte ich, hart zu arbeiten. Als ich Mississippi verließ und nach
Kalifornien ging, fing ich als Hausmeister an und arbeitete sehr
hart. Ich gewöhnte mir an, stolz darauf zu sein, dass alles makel-
los sauber und hübsch war. Spitzenleistung, selbst beim Reinigen der Toilette, war der Antrieb bei meiner Arbeit.
    Für mich war es so: Als ich Gott kennenlernte, lernte ich den
Schöpfer kennen. Ich musste nicht lange suchen, bis ich erkannte, dass Gott ein Gott der Spitzenleistung ist. In 1. Mose 1 kann
man nachlesen, was Gottes Reaktion auf das war, was er an jedem Tag geschaffen hatte: „Es war gut." Das gefiel mir an Gott,
aber ich fand in der Kirche nicht immer Spitzenleistung, besonders wenn es um die Bildung ging. Die Leute in den kaliforni-
schen Kirchen strebten bei ihrer Arbeit nach Spitzenleistung, in
ihren Familien und Schulen; als ich zurück nach Mississippi kam,
waren die Leiter dort ganz anders. Viele Prediger nahmen an,
dass ihre schwarzen Gemeindemitglieder nicht lesen oder
schreiben konnten und aus diesem Grund eine animierte, aus-
drucksstarke, leidenschaftliche Predigt brauchten. Sie stützten
sich auf das Gefühl, um das Evangelium zu kommunizieren, und
verließen sich auf emotionale Reaktionen ihrer Nachfolger.
Manchmal war ich diesem Ansatz gegenüber kritisch, doch mit
zunehmendem Alter habe ich den Wert darin erkannt. Wenn ich
zurückschaue und sehe, wie viele Ressourcen der weißen Kirche
für das Aufrechterhalten eines rassistischen Systems verwendet
wurden – das hat die Rassendiskriminierung über zwei Jahrhun-
derte gefördert und institutionalisiert– dann ist es erstaunlich,
dass die Schwarzen nicht wahnsinnig wurden. Ich hätte vermu-

tet, dass wir Quäker geworden wären … das wäre die natürliche Reaktion gewesen! Stattdessen haben wir den protestantischen Glauben unserer Unterdrücker angenommen. Das beweist die dämonische Natur des Rassismus.

Als die Schwarzen durch die Bürgerrechtsbewegung Bildung und wirtschaftliche Chancen erlangten, war ich sowohl erfreut als auch entmutigt. Natürlich war ich ermutigt von den positiven Änderungen in der Gesamtgesellschaft, aber ich sah, dass christliche Denker und Leiter häufig weniger auf die Änderungen vorbereitet waren, als sie es hätten sein sollen. Zwar predigten sie Jesus als den Erlöser der Welt und machten das ausgezeichnet, aber sie dachten, studierten und diskutierten wenig darüber, wie sich die Welt veränderte, die Jesus rettete. Um bereit für Veränderung zu sein und wirklich die Leute anzusprechen, müssen wir nicht nur Griechisch und Hebräisch studieren und die thematische Anwendung, sondern auch die Herzen und Träume und Schmerzen und die Leere der Menschen.

Das war eine der Antriebskräfte meines Lebens. Ich bin nach der dritten Klasse aus der Schule geflogen und hatte niemals eine höhere Bildung, so gesehen. (Auch wenn ich Autodidakt bin und niemals aufgehört habe, zu lernen.) Also habe ich nie versucht, eine polierte, intellektuelle oder in Schriftsprache gefasste Predigt zu halten, die die Leute durch große Worte, akademische Analysen oder poetische Kadenz fesselt. Ich möchte einfach das Wort Gottes und seine Liebe auf eine Weise kommunizieren, die verständlich ist. Das ist die Art von Spitzenleistung, die ich anstrebe.

Wenn ich offen die Probleme anspreche, die ich sehe (besonders in der Kirche), dann denken die Leute manchmal, ich will sie runtermachen oder ich sei zu negativ. Das sehe ich nicht so. Ich versuche, Probleme zu lösen. Besonders Christen haben nicht genug Köpfchen, um Kritik zu akzeptieren. Ohne ordentliche Kritik werden Probleme nicht verstanden. Ohne den Missstand zu verstehen kann man ihn nicht beseitigen … Ich hasse es zu sehen, wie gute Leute ihr Leben verschwenden.

> **Um Menschen anzusprechen, müssen wir die Herzen und Träume und Schmerzen und die Leere der Menschen studieren.**

Als ich ein Teenager war, gab es ein paar gute junge Leute in meiner Stadt, die übermäßig für ihre natürlichen Fähigkeiten gelobt wurden. Deswegen entwickelten sie keine Selbstdisziplin. Das geschieht oft bei Sportlern, aber es kann jedem passieren. Ein Sportler ist vielleicht in der Lage, einen Baseball mit 150 Stundenkilometern zu werfen, aber Talent allein bringt ihn nicht in eine der großen Ligen. Er muss auch Disziplin haben. Ich komme aus einer Gegend, in der die Leute harte Arbeit, Disziplin und Spitzenleistung miteinander verbunden haben. Ich habe mit Jungs Ball gespielt, die später in einer der großen Ligen spielten. Diese Typen hatten die Disziplin, an ihren Baseball-Fähigkeiten härter zu arbeiten, länger zu trainieren und spielten solange, bis sie gewannen.

Sportler haben hohe Erwartungen an sich selbst, und das ist die Motivation, die sie auf die nächste Ebene hebt. Manchmal sehe ich Kids Basketball spielen. Sie wollen nicht verlieren; sie wollen der nächste Kobe sein. Aber selbst die Stars wissen, dass niemand immer gewinnen kann. Manchmal verliert Lance Armstrong. Die Yankees verlieren. Selbst Tiger Woods verliert. Diese Möglichkeit, nicht abzuräumen, ist immer da und muss ein Teil dessen sein, was einen Sportler dazu treibt, sein Spiel ständig zu verbessern. Jackie Robinson beispielsweise hätte ohne seinen wettbewerbsorientierten Geist und seinen Drang zu Spitzenleistungen niemals die Farbbarriere im Baseball niederreißen können. Er hat nicht einfach die Tür geöffnet – er hat sie aus den Angeln gehoben. Wenn du der Beste bei dem bist, was du tust, dann verschwindet die Farbbarriere mit einem Mal. Muhammad Ali war vorzüglich innerhalb und außerhalb des Rings. Er war der Größte. Tony Dungy ist der beste Trainer. Er gewann den Super Bowl mit Würde und Haltung ... und gab dann Gott die Ehre. Das gefällt mir.

Ich gebe nicht nur den Kids die Schuld, wenn sie nicht hart arbeiten oder keine Spitzenleistung verfolgen; ich gebe auch den Leitern die Schuld. Als Leiter müssen wir das Beste aus Leuten herausholen. Wir müssen ihnen die Idee einer Bestimmung eintrichtern und ihnen zeigen, was Qualität bedeutet. Das muss Teil unserer Dienstphilosophie sein. Letztes Jahr hatte ich ein Problem, als ich ein paar Kids herausrief, bei denen ich nicht den Eindruck hatte, sie seien vorzüglich. Sie waren am Boden zerstört darüber und ihre Gefühle waren verletzt. Das Problem war, dass ihr Leiter in ihnen keine Erwartung hinsichtlich Spitzenleistung aufgebaut hatte. Es war mein Fehler, dass ich einen Standard der Vorzüglichkeit einforderte, aber es nicht geschafft hatte, meine Leiter so aufzubauen, dass sie diese Erwartung von Spitzenleistung an unsere Schüler weitergaben. Es geht in der Kette von oben nach unten. Ein Standard der Spitzenleistung ist nicht genug. Wir müssen auch ein System haben, mit dem wir die Erwartung der Spitzenleistung aufbauen.

Als Gesellschaft – und als Kirche – sind wir so individualistisch geworden, dass wir unsere kommunalen Erwartungen heruntergeschraubt haben. Die Gemeinschaft ist so schwach, dass wir die Autorität verloren haben, Erwartungen zu etablieren. Es geht beim Armsein um mehr als um Armut. Arme Leute können Müll sammeln, das Auto woanders als auf ihrem Rasen abstellen und sich um ihr Zuhause kümmern. Es mag Erwartungen geben, aber wir können hohe Erwartungen nicht mit Autorität kommunizieren. Die Kirche hatte einmal die Autorität, die Latte vor Ort zu legen – für Weiße wie für Schwarze. Dann zogen mit der Integration viele schwarze Kirchenführer in bessere Viertel und vermieteten ihre alten Häuser. Als abwesende Vermieter verloren sie das Interesse an ihrem früheren Viertel. Mit dem Wegzug dieser Leiter verloren die städtischen und armen Gegenden nicht nur ihre besten Vorbilder für Spitzenleistung, sondern sie verloren die praktische Motivation für den Hausbesitz. Man muss kein Genie sein um zu verstehen, dass Mieter sich im Allgemeinen nicht so gut um eine Immobilie kümmern wie ein Hausbesitzer. Mietern gehört das Eigentum nicht; Eigentümern schon.

Wir sind im Zeitalter der Mega-Kirchen und ich denke, wir müssen das infrage stellen. Das Mega-Kirchen-Modell wird mich wahrscheinlich überleben, mich vielleicht noch ein paar Generationen überdauern. Jetzt haben die Mega-Kirchen eine gewisse Vorzüglichkeit … High-End-Soundsysteme, Projektoren mit großen Leinwänden und eine Klimaanlage, die immer funktioniert. Natürlich ist das nicht immer schlecht. Aber es ist mit Kosten verbunden. Nur weil wir Elan haben, heißt das noch lange nicht, dass wir auf jedem Gebiet Spitzenleistungen erzielen. Jahrzehntelang haben wir unsere Predigten gesendet, und jetzt haben wir sie im Internet (Podcasting). Ja, wir erreichen eine Menge Leute durch Fernsehen und Radio, aber wir berühren sie nicht. Und doch ist es genau das, wonach wir Menschen hungern. Wir brauchen eine Umarmung. Wir brauchen einen Kuss. Wir müssen geliebt werden. Die Kirche muss weiterhin von uns herausgefordert werden, Menschen auf der lokalen Ebene zu berühren. Und sie nur zu berühren reicht nicht aus – sie müssen auch genährt werden. Wir dürfen unsere Mission füreinander nicht verlieren. Das tatsächliche Berühren und Nähren der Menschen, die wir erreichen wollen, ist Teil dessen, was es heißt, vorzüglich zu sein.

Anmerkungen

1. Die Gelehrten sagen, dass die frühen Christen in Korinth Feste hatten, bei denen sie Abendmahl und Abendessen in ihren Häusern feierten. Doch die reicheren Leute, die es sich leisten konnten, bei der Arbeit zu fehlen, kreuzten als Erste auf und hatten bereits gegessen und den Wein geköpft ... bevor einer der Armen überhaupt zum Essen kam!

2. Naturalpacht ist ein System, bei dem ein Landbesitzer einem Dritten erlaubt, sein Land zu benutzen. Im Gegenzug erhält er einen Anteil an der auf dem Land produzierten Frucht. Das war im Süden in der ersten Hälfte des 20. Jahrhunderts weit verbreitet.

GESPRÄCH 15

Kraft

John: Es ist nicht zu leugnen: Als Leiter haben wir Kraft. Als öffentliche Figuren haben wir Kraft. Als Menschen, die eine Bestimmung besitzen, haben wir Kraft. Als Gläubige, die die Bibel lesen, haben wir echte Kraft. Wie gebrauchen wir diese Kraft?

Ich bin in erster Linie ein Bibellehrer aus Mississippi, also darf ich hier vielleicht ein wenig predigen. Dieses wunderbare Evangelium *ist* die Kraft Gottes, die Erlösung und Befreiung für Gottes Volk bringt. Das sind wir. Sein Wort führt uns in die Freiheit. Das hat für Mose und das jüdische Volk funktioniert, als sie aus der Sklaverei in Ägypten freikamen, und es funktioniert noch heute.

Aber manchmal fürchte ich, wir haben Gottes mächtiges Wort auf eine solche Weise mit unserer Kultur vermischt, dass es seine Kraft verloren hat ... und manchmal haben wir versucht, die Kraft für uns selbst zu beanspruchen und sie dadurch verunreinigt und im Endeffekt kraftlos gemacht. So sollte es nicht sein. Es liegt also an uns als Leiter, die wirkliche Kraft anzuzapfen, wenn wir Menschen irgendwohin führen wollen, insbesondere zur Freiheit.

Ich möchte ein Täter des Wortes sein, nicht nur ein Hörer. Natürlich müssen wir das Wort hören. Aber wenn wir nur hören und vielleicht darüber ein bisschen sprechen, dann machen wir uns was vor und denken, wir würden eine gute Tat für Gott tun. Wenn wir gut mit Worten sind oder mit Charisma predigen können, dann können wir Gottes Worte wiederholen und Nachfolger haben, aber tatsächlich sind sie nur Zuhörer – wie der Leiter hören die Nachfolger das Wort nur. Wenn wir das Wort hören, aber es nicht tun, dann betrügen wir uns selbst und riskieren es, andere in die Irre zu führen.

Ich habe in der dritten Klasse die Schule verlassen, aber als ich Jesus Christus kennenlernte, wollte ich ernsthaft die Bibel studieren. Ich wollte auf eine theologische Schule gehen. Ich dachte, ich könnte mich dort anmelden, aber natürlich hat mich jemand informiert, dass man ohne Highschool-Abschluss – oder irgendeinen anderen Schulabschluss – nicht auf ein theologisches Seminar gehen kann. Ich ließ mich nicht abbringen und nahm eine Einladung von Mr. Leitch an, einem Mann in meiner Kirche, der mir anbot, mich zu unterweisen. Drei Jahre lang verbrachte ich an zwei Tagen pro Woche zwei Stunden damit, die Bibel zu untersuchen und die großen Wahrheiten zu lernen, die mein Leben leiten sollten. Das war in Kalifornien und ich arbeitete damals voll in der Unternehmenswelt. Ich habe deshalb nicht viel Geduld mit Leuten, die mir sagen, sie hätten keine Zeit für das Studium des Wortes Gottes.

Dieser Mann führte mich in einem Jüngerschaftsprozess, der sich um Apostelgeschichte 1,8 und 2. Timotheus 2,2 drehte. Der Text in der Apostelgeschichte ist der Schlüssel, denn er enthält die letzten Worte Jesu nach seiner Auferstehung und bevor er zum Himmel zurückkehrte. Jesus war hier gewesen. Er hatte unter uns gelebt und war dreieinhalb Jahre mit seinen Jüngern unterwegs. Und dann noch einmal 40 Tage nach der Auferstehung. Während dieser Zeit lehrte er sie über das Königreich Gottes. Schließlich war er so weit, seine Nachfolger in die Welt zu senden, damit sie das würden, was er „Salz und Licht" nannte. Sie sollten seine Botschafter sein, seine Stimme. Heute sprechen wir viel darüber, dass wir die Stimme der Unterdrückten sind, was gut ist, aber wir sollen auch Jesu „Stimme" sein. Jesu letzte Worte an seine Jünger waren: „Aber ihr werdet *Kraft* empfangen" (Apg. 1,8, meine Betonung). Er sagte schon Pontius Pilatus, dass es keine andere Macht gibt, außer der von Gott bestimmten.[1] Um also in wirklicher Macht vorwärts zu gehen, müssen wir die Stimme Jesu sein und das Evangelium in Wort und Tat verkünden.

Als Jesus seinen Dienst begann, sagte er: „Der Geist des Herrn ruht auf mir, denn er hat mich gesalbt, um den Armen die gute Botschaft zu verkünden." (Lk. 4,18). Paulus sagt: „Denn ich schäme mich nicht für die gute Botschaft von Christus. Diese

Botschaft ist die *Kraft* Gottes, die jeden rettet, der glaubt" (Röm. 1,16, meine Betonung). Gott überträgt seine Kraft durch das Evangelium, denn das Predigen des Kreuzes ist Unsinn für die, die verloren gehen, für uns, die wir gerettet sind, ist es aber die *Kraft* Gottes.[2]

Als Gottes Volk sollen wir die sein, die diese Kraft verwandeln und übertragen ... besonders auf die Armen und Unterdrückten. Diese Kraft zeigt sich in uns hauptsächlich durch unsere Haltung gegenüber den Armen. Besuchen wir die Vaterlosen und Witwen? Denken wir an die Geringsten unter uns? Speisen wir die Hungrigen? Kleiden wir die Nackten? Das ist nämlich, was es heißt, das Evangelium den Armen zu predigen, und deshalb sind wir hier.

Wie kommen wir vom Hören des Worts zum Tun? Jesus sagt: „Mir ist alle Macht im Himmel und auf der Erde gegeben." (Mt. 28,18). Wie überträgt Gott diese Kraft auf uns? Jesus sagte zu den Jüngern: „Aber wenn der Heilige Geist über euch gekommen ist, werdet ihr seine Kraft empfangen. Dann werdet ihr den Menschen auf der ganzen Welt von mir erzählen – in Jerusalem, in ganz Judäa, in Samarien, ja bis an die Enden der Erde." (Apg. 1,8). Es ist klar, dass das Evangelium Rassen-, Kultur- und Wirtschaftsbarrieren durchbrechen und Menschen retten soll. Das Evangelium besteht aus den zwei Seiten einer Münze: Es geht sowohl um das Hören als auch das Umsetzen des Gehörten. Es ist sowohl Glaube als auch Werke.

Das Evangelium soll Rassen-, Kultur- und Wirtschaftsbarrieren durchbrechen und Menschen retten.

Ein Beispiel der Übertragung von Gottes Kraft wird im Leben und Dienst eines Mannes namens Nehemia sichtbar. Zu seiner Zeit sah es in Jerusalem aus wie in Los Angeles während der Schwarzen-Unruhen 1992; die Stadttore standen in Flammen. Nehemia sagte: „Kommt, lasst uns die Stadtmauer Jerusalems wieder aufbauen, damit wir nicht länger ein Gespött sind!" (Neh. 2,17). Das ist eine Botschaft für uns alle. Lasst uns eine große Koalition bilden. Komm, lasst uns, die Christen, die Mauern

Amerikas wieder aufbauen, damit wir, die Christen, nicht länger ein Gespött sind. Ich sage das, weil die Kirche, so wie sie heute existiert, in gewisser Weise ein Gespött ist. Wir haben kein starkes Zeugnis in unserer Kultur oder bei den Menschen, die sich in Machtpositionen befinden.

Die Kinder Israels wurden in Babylon gefangen gehalten, weil sie nicht Gottes Muster der Gerechtigkeit praktizierten, das auf dem Jubeljahr basierte ... damit war festgelegt, dass alle 50 Jahre die Menschen freikommen würden. Es gibt keine Aufzeichnung darüber, dass die jüdische Gesellschaft jemals dieses Sabbatjahr des Jubelns eingehalten hat. Und weil sie es nicht einhielten, sandte Gott sie für 70 Jahre in Gefangenschaft. Nach den 70 Jahren befreite Gott sie, sodass sie heimkehren konnten. Dann erschien Nehemia auf der Bildfläche – nachdem sie ungefähr 40 Jahre wieder in ihrem Land waren und versuchten, die Stadt neu aufzubauen.

Die Kinder Israels hatten nach der Rückkehr aus der Gefangenschaft die besten Bibellehrer, die sie je hervorbrachten. Wir nennen diese Lehrer die „kleinen Propheten". Während der Gefangenschaft hatten Serubbabel, Esra und andere ihre Zeit damit verbracht, das Wort Gottes in sich aufzusaugen und Gottes Wege zu studieren. Aber gute, gründliche Lehre war nicht genug, um die Situation entscheidend zu verbessern. Hier kam Nehemia ins Spiel. Er war die Sorte Mann, die ich gerne wäre. Er wusste, wie Kraft von Gott zum Volk und der nächsten Generation übertragen wird.

Es gibt drei grundsätzliche Arten, in der wir mit der Kraft Gottes in Verbindung kommen. Die erste besteht im Gebet (deshalb haben Shane und ich dem ein ganzes Gespräch gewidmet). Als Nehemia vom traurigen Zustand seines Volkes hörte, ging er vier Monate lang ins Gebet ... und dann handelte er. Gebete kommen vor dem Handeln. Durch das Gebet erleben wir, dass wir Gott kennen. Gebet ist die Zusicherung, dass die Kraft, die wir suchen, von Gott kommt und auf diese Weise beginnen wir den Prozess, nämlich durch das Freisetzen der Kraft Gottes. Nehemia betete also mit Demut, die essenziell für authentisches Gebet ist, und in dieser Demut wurde Gottes Kraft freigesetzt. Durch Gebet übernahm er Verantwortung für den Schmerz, den er wahrnahm und akzeptierte die Verantwortung für die Vision, die Gott ihm gegeben hatte.

Manchmal sehen wir die großen Probleme überall um uns herum und wir sind überwältigt oder bekommen Angst. Es kann vernünftig sein, erst einmal zu zögern, bevor wir losstürzen und Menschen aus ihrem Schmerz führen. Nehemia hatte ohne Zweifel ähnliche Gefühle, als er sich in seiner Stadt und bei seinem Volk umsah. Aber er gebrauchte nicht das Gebet als Vorwand, eine sofortige Reaktion hinauszuzögern. Manchmal sagen die Leute: „Oh, das ist ja wirklich schlimm mit deiner Operation. Ich werde für dich beten." Aber dann beten sie nicht und schicken auch keine Grußkarte und bauen keine Rollstuhlrampe. Für manche Leute ist „Ich werde für dich beten" eine bequeme Entschuldigung dafür, *nicht* zu handeln.

Echtes Gebet ist das: „Herr, was möchtest du, dass ich tue?" Echtes Gebet dreht sich darum, dass sein Reich kommt und sein Wille geschieht hier auf Erden. So betete Nehemia und so müssen auch wir beten. Wenn wir also die Kraft haben möchten, die Menschen zur Freiheit zu führen, dann müssen wir zuerst Menschen des Gebets sein.

Die zweite Art, wie wir uns mit der Kraft Gottes verbinden, ist durch das Verstehen und Verwalten unserer Zeit. Nehemia betete vier Monate lang und handelte dann, als die richtige Zeit gekommen war. Die Bibel sagt, dass jetzt die Zeit zu handeln ist – Römer 13,11 gibt dem noch eine Dringlichkeit: „Bei dem allem seid euch bewusst, in was für einer entscheidenden Zeit wir leben. Unsere Rettung ist jetzt noch näher als damals, als wir zum Glauben kamen, und es ist höchste Zeit, dass ihr aus dem Schlaf aufwacht." *(Neue Genfer Übersetzung)*.

Jetzt ist der Moment, in dem die Kirche handeln muss, denn die Probleme sind zu groß für unser Wirtschaftssystem, zu groß für unser politisches System, zur groß für unser Bildungssystem. Jetzt müssen wir also Gott ins Spiel bringen. Was tat Nehemia? Er betete. Er ging direkt zur göttlichen Kraftquelle, und als er mit Gottes Kraft verbunden war, ging er direkt zum irdischen Ort der Macht ... dem König. Ohne zu zögern oder zu stottern bat er den König, nach Jerusalem zurückkehren und die Stadtmauer aufbauen zu dürfen. Nehemia kannte seine Aufgabe. Er hatte Vision. Jetzt war es an der Zeit, diese Vision umzusetzen.

**Jetzt ist der Moment,
in dem die Kirche handeln muss,
denn die Probleme sind zu groß
für unser Wirtschaftssystem.**

Die dritte Weise, auf die wir uns mit der Kraft Gottes verbinden, ist das Überschlagen der Kosten. Nehemia überschlug die Kosten. Er hatte einen Überblick über das Material, die Arbeit und die Zeit, die zum Wiederaufbau der Mauer nötig waren. In gleicher Weise können wir als Leiter nicht blind in eine Vision stolpern; wir müssen die Kosten überschlagen. Wenn die Vision sich auf Versöhnung in der Innenstadt und mit den Armen bezieht, dann muss uns klar sein, dass die Kosten unter anderem darin bestehen, zurück in diese Gegend zu ziehen. Wir müssen umziehen. Wir müssen die Kraft Gottes einsetzen, uns zu versöhnen und die Ängste vor Banden, die Rassenklischees und andere Sorgen ablegen. Rassismus zum Beispiel sollte obsolet sein. Dies ist das erste Mal in der Weltgeschichte, dass die Mauern des Rassismus fallen können. Aber das ist eines der Übel in diesem Land: Hier war die Sklaverei zuhause, und an einigen Orten ist Rassismus noch immer ansässig. Wir haben das nicht zurückgewiesen. Wir haben darüber nicht Buße getan. Barack Obama hat eine Entschuldigung angeboten, aber ist das genug? Oder müssen wir die Worte Salomos gebrauchen: „[Wenn] mein Volk, das meinen Namen trägt, dann Reue zeigt, wenn die Menschen zu mir beten und meine Nähe suchen und zu mir zurückkehren, will ich sie im Himmel erhören und ihnen die Sünden vergeben und ihr Land heilen." (2. Chronik 7,14).

Nehemia ließ sich von seinen Feinden nicht von der vor ihm liegenden Aufgabe abbringen. Die Pessimisten versuchten das vom ersten Moment an, genau wie Shane das in Philadelphia erlebt hat. Nehemias Feinde versuchten ihm den Blick zu vernebeln auf die Aufgabe, die zu erledigen er mit dem König vereinbart hatte. Seine Feinde versuchten ihn dazu zu bringen, sein Wort zu brechen, aber er weigerte sich, mit ihnen zu sprechen. Er hatte seinen Blick auf die Aufgabe gerichtet. Und nach ungefähr zwölf Jahren vollendete er den Mauerbau.

Das klingt ziemlich richtig. Nach meiner Erfahrung brauchen die meisten guten Dinge etwa zehn bis zwölf Jahre, bis sie gebaut sind. Wir haben bei der christlichen Stadtentwicklung herausgefunden, dass sich Leiterschaft aus der Stadt heraus nicht entwickelt, ehe wir dort nicht mindestens ein Jahrzehnt lang waren. Das heißt, wir müssen uns langfristig verpflichten – Zutritt für Eintagsfliegen verboten. Die meisten wirklichen Probleme werden nicht mit einem Zwei- oder Dreijahresplan gelöst. Wir müssen mit der Vorstellung dort sein, unser Leben über die Zeit gesehen zu geben.

Wir alle sehen, wie die städtische Gesellschaft in Amerika brachliegt. Die Stadttore sind niedergebrannt. Deshalb bitte ich dich, gemeinsam mit mir Gottes Kraft im Mississippi Delta und anderswo zu demonstrieren. Henry Ford hat gesagt: „Zusammenzukommen ist der Anfang. Zusammenzuarbeiten ist Fortschritt. Zusammenzubleiben ist Erfolg." Das nenne ich Kraft!

Anmerkungen

1. Siehe Johannes 19,8-15.
2. Siehe 1. Korinther 1,18.

Gespräch 16

Bekanntheit

(Im Scheinwerferlicht schielen)

SHANE: Lasst uns einen Moment über Ruhm und Bekanntheit sprechen. Es gibt etwas, das ich bei Leuten beobachtet habe, die Leiter werden oder meinen, sie würden gern Leiter sein – besonders bei jungen Leuten, die ziemlich schnell an Einfluss gewinnen. Es ist ihre Tendenz, selbstvernarrt zu sein; oder das Gegenteil zu tun, nämlich sich selbst zu sabotieren. Sie untergraben ihren eigenen Einfluss. Beide Arten des Umgangs mit Bekanntheit sind gefährlich und reaktionär. Und keine davon ist im Geist verwurzelt.

Wenn Gott uns erwählt haben sollte, dann ist das fantastisch. Er kann jeden von uns gebrauchen; schließlich haben wir einen Gott, der die Schwachen gebraucht, um die Starken zu beschämen und die Narren, um die Weisen zu verwirren.[1] Schau ins Neue Testament und sieh dir die Arten von Leitern an, die Jesus aufgebaut hat. Sie waren nicht mal gute Fischer ... immer am „Netze flicken". Er hat sich nicht die Crème de la Crème ausgesucht, die Starken, die Kompetenten. Er suchte sich die, die bereit waren – die Leeren, die verzweifelten Leute, die nichts zu verlieren hatten. Kurz vor seinem Tod sprach der Singer-Songwriter Rich Mullins darüber, wie viel wir von der Geschichte Bileams und seines Esels lernen können. Er bezog sich auf diese alte Geschichte in den hebräischen Schriften, in der Gott tatsächlich zu Bileam durch dessen Esel sprach. Rich sagte: „Was ich daraus gelernt habe: Gott sprach zu Bileam durch seinen Esel, und Gott hat seitdem immer wieder durch Esel gesprochen."

Wenn Gott sich also entschließt, uns zu gebrauchen, dann sollten wir nicht zu hoch von uns selbst denken. Gott kann durch

Esel und Steine sprechen. Und wenn wir jemanden treffen und uns denken: *Gott könnte ihn/sie niemals gebrauchen*, dann sollten wir uns das vielleicht noch mal überlegen.

Im Keller unseres Gebäudes habe ich einen Gebetsraum. Ich hänge verschiedene Gebete an die Wand. Eines davon lautet: „Lieber Gott, vergib mir, dass ich zu hoch von mir denke." Und dann geht es weiter: „Lieber Gott, vergib mir, dass ich zu niedrig von mir denke." Und weiter: „Lieber Gott, vergib mir, dass ich so viel an mich selbst denke." Das ist die Reise. Lasst uns an Gott denken und lasst uns daran denken, wer wir sind.

John: Manchmal vernarren sich Leiter in ihren Erfolg. Sie fangen an, den Berichten über sich selbst zu glauben. Sie sind von ihren eigenen Worten absorbiert, von ihrer Rhetorik, von ihrer Selbstherrlichkeit. Und sie denken, sie hätten deswegen eine Art Mandat, Menschen zu führen. Ich treffe Leute, die ein paar Worte zusammenstellen können, kleine Dinge zusammenfügen können; und sie denken, weil sie das tun können, haben sie das Recht, die Führung zu übernehmen. Sie denken, dass sie die Leute beeindrucken, wenn sie denn schließlich einmal am Drücker sitzen, und dass diese ihnen dann folgen würden. Manche glauben tatsächlich, nur weil sie steuerbefreit seien, hätten sie die Autorität zu leiten.

Normalerweise führt die Person mit den dicksten Muskeln und der größten Willensstärke die Schwachen. Weißt du, so ist das bei den Schwarzen, und das ist da eine große Sache. Viele Pastoren überfahren die Leute. Sie sind Grobiane und so erlangen sie Macht. Ich versuche jungen Politikern zu sagen, dass man ein unschlagbarer Leiter wird, wenn man den Leuten zuhört.

In Jackson, Mississippi, gab es einen Mann namens Henry Kirksey, der mit der Bundesregierung bei der Neustrukturierung der Bezirke zusammenarbeitete, um Schwarzen ihr Wahlrecht zu verschaffen. Das ist es, was er war: ein Kartenmacher. Schließlich wurde er gewählt. Er wurde erst als Repräsentant des Bundesstaats gewählt und später als Senator, was eine andere Form von Staatsrepräsentanten darstellt. In den Bezirken, in denen es Schwarze gab, war er unschlagbar. Ich weiß nicht, ob er jemals irgendetwas für die Leute gemacht hat, für irgendjemanden, aber die Leute wussten, dass er für sie war und dass ihm Geld völlig egal war. Er widmete sich nur den Interessen der Leute und er setzte sich für sie ein. Er sprach die ganze Zeit nur über die Anliegen der Menschen. Und er war nicht käuflich, weil ihm Geld egal war. Kleidung war ihm egal. Er war einfach fantastisch.

Ich kann, glaube ich, sagen, dass ich meine eigene Begrenztheit so gut kenne, dass es für mich – nun, mysteriös erscheint, wenn ich an Dinge denke, die ich erreicht und von denen ich eine hohe Meinung habe. Ich bin immer noch von diesen vielen Wundern fasziniert. Alle meine Ehrendoktortitel waren Wunder. Wenn die Colleges und Universitäten mich so kennen würden, wie ich mich selbst kenne, dann hätten sie mir diese Ehrendoktortitel nie gegeben. Das betrachte ich als ein Wunder. Meine Sünde zu erkennen und um meine Begrenztheit zu wissen war sehr wichtig.

Vera Mae lässt mich meine Beschränktheit ebenfalls wissen. Sie hält mich demütig.

Nun, weil das irgendwie ein kurzes Kapitel war, und weil wir schon lange keine Liste mehr hatten, gibt es jetzt gleich drei.

Erstelle als Erstes eine Liste mit drei einflussreichen Leitern.

1. _____

2. _____

3. _____

Jetzt eine Liste mit drei Leuten, die dein Leben beeinflusst haben, entweder positiv oder negativ:

1. _____

2. _____

3. _____

(SHANE: Wenn du Extrapunkte willst: Schreibe ihnen diesen Monat einen Brief und lass sie wissen, dass du dankbar für sie bist ...

was die Positiven angeht ... und für sie betest ... was die Negati-
ven angeht.)

Schließlich, führe drei Personen auf, für die du in diesem
Monat etwas Bedeutsames getan hast:

1. _____

2. _____

3. _____

(**SHANE:** Wenn du Extrapunkte möchtest: Denke an drei bedeut-
same Dinge, die du für jemanden tun kannst.)

Anmerkungen

1. Siehe 1. Korinther 1,27.
2. Siehe 4. Mose 22,21-35.

Die Reise

(INS MORGEN REISEN)

SHANE: Beim Leiten geht es darum, Menschen auf eine Reise mitzunehmen. Es geht um eine Tour entlang einer kurvigen Straße und nicht so sehr um das Ankommen an einem Ziel. Denke etwa an Mose und wie es für ihn gewesen sein muss, das jüdische Volk aus Ägypten zu führen. Die eigentliche Flucht dauerte nicht lang, aber sie waren 40 Jahre in der Wüste! Wanderten umher. Aßen Manna. Beschwerten sich. Wurden abgelenkt von all den stinkenden Götzen. Ich frage mich, was der schwierigste Teil des Leitens für Mose war ... der Moment der Krise, als sie von der Armee des Pharao beim Durchqueren des Roten Meers gejagt wurden ... oder das tägliche Dahintrotten mit all den Leuten im Schlepptau ... oder ihre Probleme, ihr Gezänk und ihre Zerbrechlichkeit.

Manchmal sind die Krisenmomente einfacher zu bewältigen als die banale Routine des Alltags. Eine Bedrohung, eine Katastrophe bringt wenigstens Menschen zusammen, weil es ums Überleben geht. Es ist nicht einfach, die Leute zusammenzutrommeln, wenn die Aufgabe heute genauso aussieht wie die gestrige.

Egal wie sie aussieht, die tägliche Routine muss nicht langweilig sein; und, wenn ich drüber nachdenke, dann ist es genau hier, wo sich der Großteil unseres Lebens abspielt. Mose hatte nicht nur eine Vision für das verheißene Land. Er hatte Aaron. Er hatte Gemeinschaft. Er hatte Gott, der in der Stiftshütte mit ihnen war. Er hatte die Reise.

John: Mose hörte auf die Leute. Es gab Zeiten, in denen sie ihn wahrscheinlich zum Wahnsinn trieben, aber er hörte zu. Und so gewann er die Leute; lebe mit ihnen. Das ist die Reise.

Der erste Schritt besteht darin, von den Menschen zu lernen ... sie zu lieben und mit dem anzufangen, was sie wissen. (Notiere dir das, es ist eines meiner großen Prinzipien: Fange mit dem an, was sie wissen.) Der beste Leiter ist derjenige, der den Leuten zuhört und an einer Aufgabe dranbleibt, bis sie erledigt ist. Die Leute in der Gemeinschaft werden sagen: „Wir haben es selbst getan. Der Leiter hat es uns möglich gemacht." Das hört man oft in Gemeinschaft, und das ist gut. Die Menschen loben einen Leiter wenig dafür, dass er sie inspiriert hat, sondern rechnen es sich als eigenen Verdienst an, wie es auch sein sollte.

Es gab in einer Kirche in Pittsburgh einen Pastor. Er war ein älterer Mann und hat 19 Jahre lang gute Arbeit geleistet, bis er dann schließlich starb. Die Gemeinde ernannte nicht sofort einen Ersatz; fünf oder sechs Jahre lang hatten sie keinen Pastor. Und es hat ihnen nichts gefehlt. Wie konnten sie so lange ohne Leitung gedeihen? Der Pastor, der gestorben war, hatte den Leuten erzählt, dass er niemals das Gefühl gehabt hatte, *er hätte alles in der Hand*. Er führte die Gemeinde, aber er hatte sie nicht in der Hand. Tiefgründig. Er baute die Leute in der Kirche auf, die Football-Geistlichen, die Sonntagsschullehrer und Mitarbeiter in Zufluchtsstätten. Er baute Älteste, Ordner und Vorbilder auf. Der Pastor beeinflusste eine Menge Leute, indem er nicht der für alles Verantwortliche war und nicht über ihnen stand, sondern mit ihnen lebte.

SHANE: Jepp – und da kommen wir zu der Frage, warum wir uns nicht als eine „Gemeindegründung" verstehen, wenn wir eine christliche Gemeinschaft in einem Viertel gründen, zu dem wir erst mal nicht gehören. Wir gehen dort rein und werden Teil dessen, was Gott dort bereits tut, ordnen uns der örtlichen Leiterschaft der Kirche im Viertel unter. Wir fangen vielleicht irgendwann selbst Dinge an wie Bibelkurse, Lobpreisabende oder Programme nach der Schule, oder wir helfen, einen Stadtpark zu pflanzen ... aber soweit es möglich ist, tun die Leute, die mit den lokalen Gemeinden verbunden sind, oder andere tolle Menschen, Gottes Arbeit um uns herum. Manchmal fängt es einfach damit an, dass man anbietet, nach dem Buffet am Sonntagnachmittag abzuspülen. Es ist komisch, aber in einigen der alten religiösen Orden haben die neuen Mönche und Nonnen immer die Drecksarbeit wie Abspülen und Toilettenputzen gemacht ... das war für die Novizen so eine Art Passageritus in die Gemeinschaft. Das ist also eine gute Stelle, um zu beginnen.

Die Innenstadt braucht nicht noch mehr „Kirchen"; sie braucht eine Gemeinde, einen Leib, ein Volk, das dient und als eine Familie zusammenarbeitet – Leib Christi. Wir brauchen keinen Haufen Revoluzzer, die ankommen und „postmoderne" Gemeindegründungen anfangen, welche in keiner Verbindung mit den umliegenden Gemeinden und dem größeren Leib Christi stehen. Wir brauchen keine Leute, die locker mal jeden gleich Ältesten oder Pastor nennen, ohne dass sie außerhalb ihrer selbst irgendjemand verantwortlich sind... das ist der Stoff, aus dem Sekten gewebt sind. Wir taufen nicht Menschen in unserer Badewanne; wir bringen sie mit der örtlichen Pfarrgemeinde in Verbindung oder einer lokalen Gemeinde. Wir sind nicht gemeindeübergreifend; wir sind pro Gemeinde.

Eine Sache, die wir beinahe verloren haben, ist die Idee einer Pfarrei vor Ort. Jedes Viertel sollte eine Gemeinde oder Pfarrei haben, zu der man laufen kann, in der man anbeten kann und wo man lernen kann. Aber wir dürfen nicht leichtfertig mit unserer Sprache werden. Wir nennen Gottesdienste oder Treffen am Sonntag nicht „Gemeinde". Wir nennen sie „öffentliche Treffen". Wöchentliche Gottesdienste sind eine tolle Sache – man trifft sich öffentlich zur Anbetung, betet miteinander, teilt Bedürfnisse und bevorstehende Veranstaltungen mit, legt Geld zusammen, liest die Schrift und hält gemeinsam das Abendmahl. Aber das ist nicht Gemeinde; das ist nur die Gemeinde, die sich in einem Gebäude versammelt. Wir nennen nicht ein Gebäude „Gemeinde". Nein, wir sind die Gemeinde. Das ist es, was wir sind – der Leib, die Braut, die lebende Inkarnation Jesu in seinem Volk.

Anscheinend stehen wir mitten im nächsten geistlichen Räumungsverkauf ; und das heißt, wir brauchen gute Leiter.

Meine katholischen Freunde kapieren das besser als manche meiner protestantischen Freunde. Sie sprechen über die Kirche in einem breiten Sinne als Leib Christi, aber sie *gehen zur Messe.* Und sie grasen nicht die Pfarreien ab, um schließlich eine gute zu finden. Anbetung dreht sich um die Liturgie; es geht darum, sich der Geschichte zu erinnern, woher wir kommen und für was wir hier sind. Es geht um das Lesen der Schrift und das Singen wunderschöner alter Lieder und ein paar neuer – und das Verbinden dieser uralten Geschichte mit dem Hier und Jetzt unseres Lebens. So wird die Vorstellung einer „Pendlerkirche" oder der Suche nach der perfekten Gemeinde ziemlich sinnlos, besonders wenn im Zentrum unserer öffentlichen Treffen nicht die Predigt oder ein Solist steht, sondern Jesus, das gemeinsame Abendmahl, der Austausch von Bedürfnissen und anstehenden Aktivitäten und das Suchen nach Möglichkeiten und der Wunsch, Gemeinschaft zu finden. Wir können diese Dinge überall tun und sie müssen nicht extravagant sein oder viel Geld kosten. Und sie ergeben viel mehr Sinn, wenn sie in Laufweite stattfinden oder in der Nähe unserer Wohnung.

Eine der Gemeinden, mit denen wir hier in Philly in Verbindung stehen, wächst schnell. Der Geist tut einfach wunderbare Dinge unter uns. Aber jedes Mal, wenn wir über die Zahl von 200 Leuten in den Gottesdiensten wachsen, gründen wir einen neuen Ort für die öffentlichen Treffen. Wir müssen sie nicht groß haben; tatsächlich funktionieren sie viel besser, wenn sie klein sind. Die Mennoniten sind da etwas auf der Spur, wenn sie ihre Gemeinden einfach nach dem Viertel oder der Straße benennen – der Name muss nicht clever sein; es geht nur um den Ort und das Zusammenkommen des Leibes Christi im Viertel.

Der größte Teil des Lebens spielt sich außerhalb der Treffen ab – so wie bei den zusammengesteckten Köpfen beim Football. Dieses Zusammenstecken ist ein wichtiger Teil des Spiels; entscheidend sogar. Wir müssen als Team zusammenkommen, einander in die Augen schauen, etwas Strategie planen, ein bisschen Wasser trinken, Ratschläge vom Trainer bekommen, unsere Köpfe beugen und wieder zurück ins Spiel gehen. Aber es ist doof, sich Football als einen Sport vorzustellen, bei dem man nur die Köpfe zusammensteckt.[1]

Ich möchte hier etwas ansprechen, das ich für eine notwendige Anmerkung zum größeren „Gespräch" über den Katholizismus halte: Wir müssen durch den Dreck der Geschichte graben, um die Juwelen zu finden, egal von welcher Tradition wir kommen. Ein Teil meines Frusts mit der methodistischen Tradition, in der ich aufwuchs, resultierte daraus, dass ich anfing, John Wesley zu lesen und mich in sein Leben, seine Schriften und seine Lehre zu verlieben ... und das hat mich von vielen Dingen entfremdet, die ich im heutigen Methodismus sah. Ich meine, die Methodisten hatten einen feurigen Beginn; deshalb umlodert das Feuer das Kreuz im methodistischen Symbol. Feuer und Kreuz – wenn wir nicht aufpassen, dann sind die einzigen Orte, an dem das Feuer noch brennt, der Buchdeckel des Gesangbuchs und die Seiten der Vergangenheit. Wir dürfen nicht unsere Geschichte und die Männer und Frauen vergessen, die sie schrieben. Ich spreche nicht von Kriegshelden, sondern von Kirchenhelden, Helden des Kreuzes. Nehmen wir John Wesley – ein radikaler Leiter. Wir können diese Menschen der Vergangenheit nicht vergessen. Methodisten müssen Wesley wieder lesen. Sie müssen das Beste ergreifen, das ihr kleiner Teil der Kirchengeschichte zu bieten hat.

Wir brauchen das Feuer der Pfingstler. Wir brauchen die Wurzeln der Katholiken und Orthodoxen. Wir brauchen das scharfe Denken der Episkopalen und anderer Großkirchen. Wir brauchen die Politik der Anabaptisten und die Gnade der Quäker. Und wir müssen die dunklen Seiten der Kirchengeschichte bekennen, in denen unsere Denominationen die Sklaverei mit der Bibel rechtfertigten, wo wir Kreuzzüge und das Militär abgesegnet und uns wegen der Theologie umgebracht haben. Wahre Leiter sind in der Lage, das Gute und das Schlechte zu sehen ... das Schlechte zu bekennen und nicht zu versuchen, es zu wiederholen, und das Gute zu feiern und zu versuchen, es zu reproduzieren. So wie wir das Negativ eines Fotos gegen das Licht halten, um es klar sehen zu können (Anmerkung: Negative waren ein Mittel, mit dem Menschen Bilder machten, bevor es digitale Kameras gab ... zwinker), so müssen wir unsere Geschichte gegen Jesus halten, um zu sehen, wie sein Licht durchscheint; so erkennen wir, wo die dunklen Flecken und die Schönheit ist. Wenn wir die Geschichte nicht genau ansehen, dann sind wir dazu verdammt, sie zu wiederholen. Die Zukunft der Kirche beruht darauf, ihre Vergangenheit nicht zu vergessen – sowohl das Gute als auch das Schlechte.

Wir spielen mit den Kindern ein Spiel, bei dem sie in einem Kreis sitzen und jemand ins Ohr des ersten Kindes eine Geschichte flüstert. Er oder sie kann sie einmal hören und muss versuchen, sich alle Details zu merken. Dann flüstert dieses Kind es dem nächsten zu, und so weiter. Das letzte Kind erzählt die Geschichte so, wie er oder sie sie gehört hat, und normalerweise ist es lustig zu hören, was beim Weitersagen verloren ging oder welche anderen Dinge dazugekommen sind. Mit der Geschichte der Kirche verhält es sich ganz ähnlich. Es scheint, als ob wir alle paar Hundert Jahre verwirrt werden. Wir vergessen die Geschichte. Und es scheint auch ein Muster zu sein, dass alle paar Hundert Jahre der Geist eine Erneuerung entfacht. Leute gehen in die Wildnis, in die Wüste; sie gehen an den Rand und zu den verlassenen Orten des Imperiums, in dem sie leben. Und sie denken neu darüber nach, was es heißt, Christ zu sein. Sie erzählen die Geschichte neu.

Meine Freundin Phyllis Tickle leistete tolle Arbeit im Studieren der Kirchengeschichte und sie sagt, dass die Kirche alle paar Hundert Jahre einen Räumungsverkauf nötig hat. Wir müssen das Haus entrümpeln und den alten Krempel loswerden ... und die Dinge behalten, die Ewigkeitswert haben, die Schätze unseres Glaubens. Anscheinend sind wir mitten im nächsten geistlichen Räumungsverkauf. Und das heißt, wir brauchen gute Leiterschaft. Wir müssen sicherstellen, dass wir nicht versehentlich das Fotoalbum der Familie rausschmeißen. Aber wir müssen genauso sicherstellen, dass wir das alte Rad im Keller mit den beiden Platten und der fehlenden Kette loswerden. Und obwohl der Fernseher noch geht, muss er vielleicht auch weg, gemeinsam mit Opas alter Pistole (so cool sie auch sein mag). Okay, du verstehst, was ich meine.

Wir brauchen Leiterschaft, die sicherstellt, dass wir nicht alles als Wahrheit akzeptieren, und dass wir nicht mit Vollgas im Leerlauf dastehen, weil wir denken, es gäbe keine Wahrheit. Es gibt wichtige Wahrheiten – manche davon sind christliche Dogmen wie die Sühne oder die körperliche Auferstehung und die Dreieinigkeit, und christliche Praktiken wie Gewaltfreiheit, Feindesliebe und Barmherzigkeit für die Armen oder Gastfreundschaft Fremden gegenüber – das sind Dinge, die wir nicht verlieren dürfen, weil wir sonst die Essenz des Christentums verlieren. Das Christentum ist nicht nur eine Sammlung von Dogmen oder Praktiken, aber es sind diese Handlungen und Praktiken, die sicherstellen, dass wir uns an die Geschichte erinnern, dass wir uns an Jesus erinnern, buchstäblich, sodass wir weiterhin den Geist Jesu verkörpern können und der Wohlgeruch Christi in der Welt sein können. Dann können Menschen Gottes rettende Gnade kennenlernen.

Wir haben eine Menge über das Führen und Folgen vom katholischen Modell des Mönchtums und dem dortigen Ansatz zur geistlichen Formung zu lernen. Übrigens, Mönchtum kommt vom griechischen Wort „monos", was „allein, vereinzelt" heißt und in seinem Kern das ungeteilte Streben zu Jesus hin bedeutet – die eine Sache, der wir unser Leben widmen; wie die Perle, für die wir alles geben, um sie zu bekommen.[2] Deshalb lassen traditionell Menschen im Mönchtum, also Mönche und Nonnen, alles hinter sich, was sie verführt und mit ihrer Liebe und Aufmerksamkeit konkurriert, all die anderen geliebten Dinge – um auf diese Weise ja zu Jesus zu sagen. Daher die Entscheidung, nicht viele Dinge zu besitzen und im Zölibat zu leben und nicht in der Ehe.

Bei der Arbeit der Jüngerschaft geht es um das Entwickeln von Jüngern, die Jesus nachfolgen, nicht nur von Gläubigen, die an Jesus glauben.

Lass uns noch einmal zum Entwickeln zurückkommen. Jeder von uns hat einen geistlichen Führer, der mit uns geht und dem wir Rechenschaft schuldig sind und mit dem gemeinsam wir auf den Geist hören. Die Idee ist hierbei wieder, dass wir den Heiligen Geist nicht einfach in einem Vakuum hören, sondern dass wir andere haben, die uns helfen zu hören (Wo zwei oder drei von uns sich in Christi Namen zusammenfinden, da ist Gott mit uns).[3] Das ist das Mentorenmodell. Dieses Modell sagt, dass wir jemanden haben sollen, der weiser ist als wir selbst, und von dem wir lernen. Und dann sollten wir ein paar Leute haben, in die wir uns gleichermaßen investieren. Denn bei der Arbeit der Jüngerschaft geht es um das Heranbilden von Jüngern, die Jesus nachfolgen, nicht einfach nur um Gläubige, die an Jesus glauben

oder Anbeter, die Jesus anbeten. Als Jünger glauben und beten
wir sicherlich, aber wir sind nicht in die Welt ausgesandt, um
Gläubige zu machen, sondern Jünger. Eine Person kann bestimmt an Jesus glauben, ohne ihm zu folgen, und er oder sie
kann Jesus anbeten, ohne die Dinge zu tun, die er gesagt hat.
Jünger zu machen erfordert Zeit, Disziplin und Gnade. In den
meisten Mönchsorden dauert es Jahre, bis zu zehn Jahre, ehe
man Vollmitglied werden kann, also ein ganz hingegebener
Nachfolger Jesu.

In unserer Gemeinschaft vergleichen wir die Reise mit einer
Zwiebel, die viele Schalen hat. Es gibt verschiedene Schichten
und Stufen der Hingabe, sowohl im Glauben als auch in der Praxis, und der Grad, bis zu dem uns Leiterschaft anvertraut wird,
korreliert damit, wie tief uns die Reise geführt hat. Man kann
das selbst in Jesu Gemeinschaft sehen – da gibt es Leute, die tief
im inneren Kreis sind, und solche, die ganz außen am Rand stehen, und Jesus bezieht die am Rand Stehenden radikal ein, während er gleichzeitig radikal streng mit denen in der Mitte ist...
das Momentum bewegt sich auf Gott zu.

Es geht nicht nur darum, wie lange eine Person dabei ist; es
geht auch darum, wie stark er oder sie die Praktiken und den
Glauben im Kern des Glaubens angenommen hat. Es ist sehr
hilfreich für Leute, sich selbst als Teil dieser Gemeinschaft mit
vielen Schichten der Hingabe zu sehen und sogar zu feiern, dass
sie, egal ob sie nun in der Mitte oder ganz am Rand sind, immer
Teil des Ganzen sind – obwohl wir manchmal Witze darüber machen, dass die äußeren Schichten der Zwiebel ein wenig schrum-
pelig werden.

John: Ich bin schon lange genug unterwegs, um Leute – Leiter
und Nachfolger – auf allen Schalen der Zwiebel erlebt zu haben.
Jedoch egal auf welcher „Zwiebelebene", Leiter müssen felsen-
fest an die Menschen glauben, die sie leiten, und zusehen, dass
sie in die Jüngerschaft kommen. Auch wenn unsere Vision zur
Vision der Jünger wird, so werden sie doch niemals exakt uns
gleich sein, noch wird ihr Beitrag zur Vision wie der unsere aussehen. In dieser Weise müssen wir unsere Jünger als die Menschen sehen, die die Aufgabe ausführen. Das ist das Modell Jesu.
Er war von anderen abhängig, und wir sind das auch. Jesus
schrieb kein Buch und gründete keinen christlichen Fernsehsen-

der; er lebte einfach ein paar Menschen das Leben vor, die es wieder anderen vorlebten.

Wie ich bereits früher erwähnt habe, kann der Ruhm Leiterschaft zerstören. Ein Leiter kann so von sich selbst überzeugt sein, dass er die ursprüngliche Vision aus den Augen verliert – das Bild, das er im Spiegel sieht, *wird* die Vision. Manche Menschen glauben, dass das Bild, das sie abgeben, für die Leitung wichtig ist; es ist aber vielmehr so, dass die Charaktereigenschaften (wie Ehrlichkeit und Demut) das sind, was wirklich wichtig ist. Wir sollen einen guten Charakter hervorbringen und von unseren Jüngern erwarten, dass sie ebenso leben.

Manchmal kann es so scheinen, als ob ein positiver Charakterzug einem anderen widerspricht. Nehmen wir etwa die Eigenschaft der Beständigkeit und die der Flexibilität. Leiter, die als beständig betrachtet werden wollen, beziehen oft eine Position, die von „kein Kompromiss" gekennzeichnet ist, und weigern sich nachzugeben, ganz egal wie die Fakten liegen oder sich die Umstände ändern ... oder sie weigern sich zu erkennen, dass sie einfach ihre Meinung geändert haben. Ich ändere meine Meinung. Ich habe mich in Entscheidungsprozessen oder während eines Projekts verändert, nachdem ich mehr Informationen bekommen hatte. Manchen Leuten gefällt das nicht ... sie nennen es Unbeständigkeit. Manche Leute wollen es in Stein gemeißelt haben, wenn sie eine Richtung oder Meinung empfangen haben, wie die Steintafeln, die Mose von Gott erhielt. Aber die meisten Dinge im Leben laufen nicht so. Manche Menschen wollen weiter in der Unwissenheit bleiben und einen bestimmten Zustand erhalten, egal was die Wahrheit ist. Sie möchten lieber nicht, dass ich ihnen sage: „Ich habe über das von gestern nachgedacht und herausgefunden, dass es nicht richtig ist, also habe ich heute meine Meinung geändert."

SHANE: Uns ist das auch passiert. Ich denke, es ist Teil der Reise. Die Leute sagen: „Aber du hast das und das gesagt", und ich antworte: „Nun, ich habe noch etwas mehr darüber nachgedacht und meine Ansicht geändert." Oder: „Ich habe über das nachgedacht, was du gesagt hast, und bin zu dem Schluss gekommen, dass du Recht hast." Das ist kein Zeichen der Schwäche, sondern der Stärke. Bereit zu sein, sich zu verändern und zuzugeben, wenn man falsch lag, sind nicht nur Charakteristi-

ken guter Leiterschaft, sondern auch Werte des Evangeliums ...
und sie entsprechen auch sehr einer Gegenkultur. Denke nur
mal an die vielen Politiker da draußen. Normalerweise geben sie
nicht zu, falsch gelegen zu haben, außer man überführt sie mit
einem Tonband oder sie sind dabei, eine Wahl zu verlieren. Uns
zu entschuldigen, wenn wir wirklich einen Fehler gemacht haben, ist ein Geschenk, und das Bekenntnis hat etwas Heilendes.
Wir müssen es besonders dann publik machen, wenn wir am
Kämpfen sind und es nicht eingestehen wollen. Auf lange Sicht
ist das freiwillige Eingestehen viel einfacher als ein erzwunge-
nes Bekenntnis. Aber unsere Kultur neigt dazu, Menschen das
Leben schwer zu machen, die ihre Meinung ändern (sie bezeichnen die Unbeständigkeit als Fehler) *und* auch denen, die wirklich
Fehler machen. Kein Wunder also, dass niemand den Eindruck
erwecken mag, er habe seine Meinung geändert oder gar bereit
ist, reinen Tisch zu machen.

Als Leiter ist es okay, deine Meinung zu ändern. Viel mehr
noch: Wenn du weißt, dass du im Unrecht bist, dann ist es eine
schlechte Idee, sie nicht zu ändern. Manchmal bedeutet seine
Meinung zu ändern, dass man anderen Leuten zugehört hat, die
mehr von einer Sache verstehen. Ich habe von dem Feuer erzählt, das wir vor ein paar Jahren hatten. Unsere gesamte Straße
brannte ab. Also dachten wir uns: *Nun, wir müssen das wieder
aufbauen.* Wir haben eine Menge Geld zusammengekratzt, damit wir loslegen konnten und einen Mordsplan entwickelt, einschließlich eines total ökologischen Gebäudes. Wir hatten Leute, die einen Architekturplan und alles gemacht hatten. Dann
schütteten wir als Übergangslösung Erde auf das Gelände und
Gras fing an zu wachsen. Die Kids fingen an, dort Football zu
spielen. Sie waren einfach begeistert von der Wiese. Da wurde
uns langsam bewusst, dass es in unserem Viertel keine einzige
Wiese gibt. Das war eine Kostbarkeit. Und es existieren überall
leerstehende Gebäude. Also beschlossen wir, das zu behalten,
was schon da war und bauten einen kleinen Spielplatz, stellten
ein paar Grills auf und haben nun eine Grünfläche im Viertel.
Wir wollten, wie geplant, immer noch die Dinge ausführen, die
wir dabei waren in der Stadt zu tun, aber wir machten es jetzt in
den leerstehenden Gebäuden, die wir wieder herrichteten. Ich
denke, das ist ein gutes Zeichen – die Fähigkeit, Pläne zu überdenken und zu ändern.

John: Es gibt so viele schöne Dinge, wenn man diese Reise mit anderen Menschen antritt. Wir nähren einander. In der Kirche nennen wir einander nicht ohne Grund „Bruder" und „Schwester". Wir werden Familie.

SHANE: Jesu Lehre über Familie ist wirklich interessant. Auf der einen Seite sagte er Dinge wie: Ehre deine Mutter und deinen Vater; und ich denke, ein Zeugnis in der Arbeit, die wir tun, besteht darin, dass wir wirklich gesunde Familien haben.[4] Auf der anderen Seite hatte Jesus auch ein paar ziemlich harte Worte über die Familie, wie etwa: Wenn du nicht deine Familie und deinen Sohn, deine Mutter oder deinen Vater hasst, dann bist du nicht bereit, ein Jünger zu sein.[5] Ich denke, es gibt Zeiten, da kann unsere biologische Familie eine Beeinträchtigung sein, etwa wenn sie zum Götzen wird. Wir rechtfertigen Komfort und Luxus, den wir niemals für uns selbst rechtfertigen würden, und das alles im Namen der Familie … „es war für die Kinder". Aber wir müssen über die biologische Familie hinausgehen.

Ich traf ein Vorstadt-Paar, das so von der Ungerechtigkeit des Bildungssystems geplagt war, dass sie für jedes ihrer biologischen Kinder, das sie aufs College schickten, ein Stipendium für ein Kind aus einem armen Hintergrund einrichteten; also Kinder, die nur aus wirtschaftlichen Gründen sonst nicht auf ein College hätten gehen können. Sie hatten den Eindruck, das sei die einzige Möglichkeit, ihren Nächsten wirklich wie sich selbst zu lieben, also taten sie das. Und das ist die Verantwortung, die die Neugeburt von uns verlangt. Das schlimmste Stammesdenken kommt aus der kurzsichtigen Vision der Familie. Es gibt nichts, für das wir schneller töten als für unsere Familie – egal ob das die Familie einer Gang ist oder unsere eigene biologische Familie oder unsere nationale Familie oder was auch immer. Wenn Jesus also sagt: „Hasse deine Familie", dann kann man daraus meiner Meinung nach nicht schlussfolgern, man solle aufhören, die eigene Familie zu lieben. Jesus liebte seine Mama und als er am Kreuz starb, sagte er zu seinem Jünger: „Johannes, du kümmerst dich um sie. Das ist jetzt deine Ma."[6] Er hat einfach eine andere Definition dafür.

Ich denke also, dass du die gleiche Liebe, die du für dein eigenes Baby hast, auch für die Kinder im Irak, in Palästina, in Nord-Philadelphia, in Mississippi haben solltest. An dieser Stelle müssen wir alle ein Empfinden dafür haben, „neu geboren" zu sein, nicht aus dem Fleisch, sondern aus dem Geist. Das ändert die Art und Weise, wie wir über Dinge denken. Unser „unser" ist nicht mehr „unsere Nation"; wir haben ein anderes „unser". Weißt du, wir sind transnational; wir sind „wiedergeboren".

John: Ich schätze den Teil über „uns" bei der Gemeinschaft, aber manchmal frage ich mich, ob wir die Leidenschaft Jesu dafür verloren haben, dass alle Menschen Teil der Familie Gottes werden sollen. Ich denke, der Apostel Johannes hatte eine Ahnung von diesem Gedanken – die Leidenschaft war, jeden hineinzubringen, durch den Prozess der neuen Geburt und die Herrlichkeit dieser Familie. Ich denke, Paulus hatte davon ebenfalls ein Verständnis – er war jetzt in dieser neuen Familie, der Familie Gottes. Er betrachtete seine Gemeindefamilie als Gewinn, obwohl seine biologische Familie, der Stamm Benjamin, verloren war. Nichts ließ sich mit der unübertrefflichen Größe der Erkenntnis Christi vergleichen.[7] Er sprach darüber, dass er nun Teil der Familie Gottes war, und von seinem Wissen darüber, was es heißt, Kind Gottes zu sein. Sobald er die Herrlichkeit dieser Zugehörigkeit zur Familie verstanden hatte, entfachte das in ihm eine große Leidenschaft für die Menschen außerhalb. Es war also die Mission des Paulus, andere in diese Familie zu bringen; es war sein Verlangen und seine Freude.

Ich denke, das gab Paulus Kraft ... er erkannte diese Veränderung in seinem Leben und die Leidenschaft, die sie in ihm wachrief. Das ist ein Eifer, den wir alle haben sollten. Der wichtige Punkt dabei ist, dass wir diese Art von Leidenschaft für die *ganze* Welt haben sollten, denn Jesus sandte uns nicht nur zu unserem Nachbarn, sondern an die Enden der Erde.[8] Wir sind alle Kinder Gottes ... wir alle, egal ob verloren oder nicht. Diese Leidenschaft für jeden schmälert nicht mein Verlangen, mit meiner biologischen Familie zusammen zu sein. Und das überwältigende Ausmaß der „Enden der Erde" schwächt nicht meine Leidenschaft für Einzelne. Als Christen sollten wir jeden Menschen lieben und allen Barmherzigkeit erweisen.

SHANE: Ja, wir müssen jeden lieben. Aber wie gehen wir das im Kontext der Familie an? John und ich leben in wirklich sehr unterschiedlichen Umfeldern und gehen mit dem Thema Familie

sehr verschieden um. Wenn wir darüber reden, wie wir uns aufrechterhalten, dann haben wir sehr unterschiedliche Antworten. Er spricht über Vera Mae und seine Kinder, und das ist meiner Meinung nach schön. Aber seine Welt unterscheidet sich
wirklich sehr von meiner. Ich bin 33, nicht verheiratet. Ich habe
die Heirat für mich nicht ausgeschlossen, aber mir ist klar geworden, dass es viele Möglichkeiten gibt, Gemeinschaft und In-
timität für diese Arbeit zu schaffen, und Ehe ist nur eine davon.

Zwei meiner Mentoren sind zölibatäre Mönche. Einer von
ihnen hat mir einmal gesagt: „Wir sollten das wählen, was es
uns erlaubt, Jesus am ungeteiltesten nachzufolgen. Für manche
von uns heißt das, alleinstehend zu bleiben; für andere ist es die
Ehe." In John sehe ich, dass Vera Mae und seine Familie zu haben
ihm ermöglicht hat, Jesus mit ungeteiltem Herzen zu folgen. Es
gibt heute wie in der Kirchengeschichte genügend Leute, deren
Junggesellenstatus sie frei machte, Jesus ungeteilt zu folgen
und ihrer Vision und den Armen nachzugehen. Sieh dir nur Mutter Teresa an. Wir betrachten sie nicht und sagen: „Junge, wenn
die bloß ihren Ehemann getroffen hätte!" Wir müssen ein unge-
teiltes Herz wertschätzen und wissen, wie wir zu Jesus berufen
sind.

> **Wir müssen geliebt werden,**
> **aber eine biologische Kernfamilie**
> **ist nicht der einzige Ort,**
> **an dem wir das erfahren können.**

Es ist unser tiefstes Verlangen, zu lieben und geliebt zu werden.
Wie mein Freund, der Mönch, gesagt hat: „Man kann ohne Sex
leben, aber man kann nicht ohne Liebe leben." Wir müssen also
geliebt werden, aber eine biologische Kernfamilie ist nicht der
einzige Ort, an dem wir das erfahren können. In einem Gespräch
über Leiterschaft ist es so wichtig das herauszustreichen, denn
es gibt jede Menge Leiter, die ihre Familie, ihren Dienst und all
die anderen Dinge im Verfolgen ihrer Vision zerstört haben. Und
in gleicher Weise gibt es Leute, die schreckliche Sünden begangen haben, weil sie in eine Machtposition gelangten oder Ruhm
und Bekanntheit oder was auch immer erlangten und keine Ge-

meinschaft um sich herum hatten. Ihnen fehlten Menschen, die mit ihnen zusammen wachsam waren und sie korrigierten, wenn sie Gefahr am Horizont erkannten. Und so endeten sie mit Vertuschung – die Bischöfe und Leute, die sexuelle Sünden begangen haben. Wenn wir sagen: „Folge mir in die Freiheit" – dann heißt Freiheit für die einen die Ehe, für andere ein Singleleben. Aber niemand ist dazu berufen, allein zu bleiben.

John: Ob in einer biologischen Familie oder im Vorstand eines Dienstes, wir brauchen einander auf dem Weg, auf dem wir unterwegs sind. Ich war beinahe 20 Jahre lang im Vorstand von World Vision. In dieser Zeit strauchelten zwei unserer großartigen Leiter und verließen die Organisation – aus unterschiedlichen Gründen, aber keiner davon war gut. Als wir uns die Gründe dafür ansahen, weshalb das passieren konnte, fiel uns auf, dass wir als Vorstand ein Umfeld geschaffen hatten, *in dem es möglich war, dass so etwas passiert.*

Wir taten einiges, um das Problem zu bekämpfen; um genau zu sein, wir taten alles, was wir konnten. Aber schließlich entschlossen wir uns, dass wir World Vision in eine Organisation umwandeln wollten, bei der die Leute nicht wissen, wer der Präsident ist. Wir mussten das Image zerstören, das wir geschaffen hatten. Und ich weiß nicht, ob du den jetzigen Präsidenten von World Vision kennst. Sie haben da gute Arbeit geleistet und das Image von dieser Position getrennt und Möglichkeiten für den Leiter geschaffen, dass er nicht allein und all diesen Versuchungen ausgesetzt sein muss. Es gibt Bedarf für ein Team.

Das ist eine Sache, die mir an Chuck Colson immer gefallen hat. Chuck verstand etwas von der Kraft eines Teams, sowohl negativ als auch positiv. Sein Name ist vielleicht dick gedruckt, aber Junge, der Vorstand ... Ich war 16 Jahre lang im Vorstand von Prison Fellowship Ministries und Chuck hörte mir und jedem im Vorstand zu. Wir haben im Vorstand nicht darüber abgestimmt, was er machen sollte. Er strebte immer einen Konsens an. Wenn ein oder zwei Leute dagegen waren, dann sagte er sich selbst: *Weißt du, dieses Team oder diese Familie ist wichtiger als ...* [wogegen wir auch immer Bedenken hatten].

SHANE: Mutter Teresa war auch so. Ich erinnere mich, wie sie in ihren Schriften von Gelegenheiten erzählt, bei denen sie als

Sprecherin eingeladen war. Und es ist wirklich komisch, denn sie hasste es, zu sprechen. Sie bat darum, nicht gehen zu müssen. Sie ging! ... nun, bei Katholiken hilft es, ein Gehorsamsgelübde abzulegen, das ist das gleiche wie Unterordnung. Einmal hat sie versucht, etwas abzublasen – ich meine, das war ein riesiges Katholikentreffen – und sie sagte ab oder versuchte abzusagen, aber ihr geistlicher Leiter meinte (und ich glaube, einfach die Tatsache, dass Mutter Teresa einen geistlichen Leiter hatte, ist wichtig): „Nein, wir haben den Eindruck, dass dich der Geist ruft, zu gehen." Und sie antwortete: „Ich hoffe, du weißt, dass dies das größte Opfer ist, das ich je gebracht habe." Es ging darum, zu sprechen und in einem Hotel zu übernachten. Ich liebe es. Aber sie jedenfalls hat es gemacht. Weißt du, sie hat es gemacht.

John: Auf Gott zu hören ist wichtig, aber wir müssen auch sensibel sein und auf die Leute um uns hören – besonders die, die uns übergeordnet oder mit uns sind. Keine Person in einem Vorstand ist wichtiger als die andere. Wir müssen wirklich zuhören. Es gibt Leute in meinem Leben, die diesen Einfluss ausgeübt haben.

Manche meiner Freunde haben sogar Dinge infrage gestellt, die ich in meinem Rundbrief veröffentlicht hatte und gesagt: „Mach das nicht noch mal." Normalerweise hatte es mit bestimmten Aktivitäten zum Fundraising zu tun – Dinge, die einfach dem entgegenstanden, wer ich bin. Meine Freunde versicherten mir, dass ich keinen anderen Modellen folgen musste, sondern es auf die Weise tun konnte, die mir Gott gegeben hat. Ich musste mich nicht dem Druck ergeben und daraufhin andere unter Druck bringen. Sie sagten: „Warte, bis du kein Geld mehr hast und bitte dann Leute darum." Das geht gegen die Intuition mancher Leute, aber so habe ich das seither immer gemacht. Der Sommer kommt, und es wird hart für uns. Nun, wir warten auf den Sommer und lassen ihn kommen, und wenn wir Geld brauchen, dann bitten wir Menschen darum.

Ich habe meinem Vorstand immer gesagt: „Ihr könnt besser mit Geld umgehen als ich. Ihr behaltet alle euer Geld, bis wir es brauchen. Lasst uns nicht lügen und so tun, als würden wir es brauchen." Ein gutes Vorstandsmitglied hilft dir bei solchen Angelegenheiten. Sie sind da, um dir zu helfen, die Dinge nicht auf weltliche Art und Weise zu tun. Und Gott hilft dir ebenfalls ... wenn du dich auf ihn verlässt.

SHANE: Bill Hybels und Willow Creek sind ein gutes aktuelles Beispiel für Demut und Beichte. Die Leitung bei Willow führte eine Studie in der Gemeinde durch und versuchte ein Gefühl dafür zu bekommen, wie das Leben der Menschen transformiert wird. Was sie dabei herausfanden, war ziemlich beunruhigend (und trifft unglücklicherweise auf viele Gemeinden zu, aber sie haben einfach nicht den Mut, eine solche Studie durchzuführen). Bei der Untersuchung von Willow Creek stellte sich heraus, dass sie wirklich gute Arbeit beim Erreichen von Menschen geleistet hatten, die dann in ihre Gottesdienste und sogar zum Glauben an Jesus kamen. Der beunruhigende Teil aber war, dass viele ihrer Mitglieder am Ende nicht viel anders lebten als vorher ... die Anstrengungen hatten nicht die Frucht, die sie erwartet hatten. Sie waren gut darin, Gläubige zu machen, jedoch nicht so gut darin, Jünger zu machen. Also veröffentlichte Willow diese Studie namens „Reveal" als eine Art gemeinschaftliche Beichte der Leiterschaft, um transparent und ehrlich in Bezug auf die Punkte zu sein, an denen sie arbeiten mussten. Das ist wunderbar. Sie hätten die Ergebnisse sicherlich stillschweigend zur Kenntnis nehmen oder ein wenig aufpolieren können; schließlich sind sie eine der einflussreichsten Megagemeinden der Vereinigten Staaten. Aber sie entschlossen sich, transparent zu sein, nicht nur was ihre Stärken angeht, sondern auch bei den Schwächen.

Ich habe ein Jahr bei Willow gearbeitet und es ist einer dieser Orte, an denen eine Beschwerde bedeutet, dass man sich gerade freiwillig für die Leitung beworben hat. Bei einer Gelegenheit sagte ich: „Niemand geht in die Stadt. Keiner verbringt Zeit mit den Leuten, die arm und obdachlos sind." Prompt meinte einer der Leiter von Willow: „Dann fangen wir jetzt damit an. Organisierst du das?" Es dauerte also nicht lange und wir unternahmen ein paar Ausflüge, die uns mit der Stadt in Kontakt brachten.

Ein paar Jahre später begann Willow mit der Erweiterung der Gebäude für 50 Millionen Dollar und ich schrieb einen Brief an Bill Hybels und äußerte meine Bedenken über das Projekt. Er schrieb mir einen handgeschriebenen Brief zurück, Seite für Seite. Eines der Dinge, die er sagte: „Reiße nicht nieder, ohne aufzubauen." Er fuhr fort und sprach darüber, dass er zehn Jahre lang mit der Erweiterung des Gebäudes gerungen habe. Schließlich schlug ich einen alternativen Plan vor (ich riss nicht nur nieder), der darin bestand, eine Jubeljahr-Kampagne zu starten, bei der für jeden Dollar, der für das neue Gebäude ausgegeben wurde, ein Dollar für den Brunnenbau im Ausland ausgegeben würde ... da sind sie mir nicht gefolgt.

Eine meiner Hauptsorgen war nicht Bills Leitung, sondern Willows Einfluss. Ich befürchtete, dass die anderen Pastoren nicht zehn Jahre mit ihrem Bauprojekt ringen würden. Und ich dachte für mich: *Wie wäre es, wenn Willow Creek für die Wasserversorgung eines gesamten Landes sorgen würde (was sie mit einem Teil ihres Gebäudefonds hätten tun können) ... Welche Wellen würde das im Rest der evangelikalen Welt schlagen?!* Das ist die schwierige Sache, wenn man leitet. Andere Leute versuchen ans Ziel zu kommen, ohne die Reise gemacht zu haben. Das ist so ähnlich wie bei Leuten, die sagen, sie gründen eine Megagemeinde à la Willow Creek und dann die Band und die Theaterstücke kopieren – das heißt, sie versuchen, die Musik aufzupeppen und hie und da einen Sketch in den Gottesdienst einzubauen – aber sie machen sich nicht auf die Reise.

Willow Creek fing mit einem Haufen Leuten an, die in der Stadt von Tür zu Tür gingen und Tomaten verkauften, ihre Nachbarn kennenlernten und den Leuten zuhörten, wenn sie von den Narben erzählten, die ihnen die Kirche zugefügt hatte. So fängt man eine Gemeinde wie Willow Creek an – indem man mit Gemüse von Tür zu Tür geht und die Nachbarn kennenlernt, nicht, in dem man eine Großleinwand kauft.

> **Die Tragödie heute ist nicht, dass den Reichen die Armen egal sind, sondern dass die Reichen die Armen nicht kennen.**

Die Tragödie heute ist nicht, dass den Reichen die Armen egal sind, sondern dass die Reichen die armen Leute nicht *kennen*. Pastoren und Leiter verlieren den Bodenkontakt. Und du reproduzierst das, was du bist. Wenn also Leiter keine Beziehungen zu armen oder verletzen Menschen haben, wirkt sich das nach unten aus. Wir werden niemals eine Kirche mit Leuten haben, die sich um die Armen kümmern, wenn es keine Leiter gibt, die die Armen kennen. Mutter Teresa war da an vorderster Front. Sie hat nie den Kontakt verloren. Auch während meiner Zeit in Kalkutta war sie draußen beim Seilhüpfen mit den Kids oder sie verbrachte Zeit auf den Straßen. Das ist eines der Dinge, die ich an John bewundere und weshalb ich der Meinung bin, dass CCDA immer noch eine Gemeinschaft von Leuten ist, die Praktiker sind. Wenn man sie fragt, wer die armen Leute sind, dann können sie dir ein Dutzend Namen nennen. Nichts kann das ersetzen.

Mutter Teresa sagte, es sei sehr in Mode, über die Armen zu sprechen, aber nicht in Mode, mit den Armen zu sprechen. Wenn sie uns wirklich wichtig sind, dann können wir sie beim Namen nennen: Sie sind unsere Freunde. Sie sind die Leute, mit denen wir uns abgeben. Deshalb denke ich, wir haben eine Gemeinde, der in gewisser Weise die Armen und die Gerechtigkeit im Allgemeinen wichtig ist, aber den blinden Fleck haben wir wirklich an der Stelle, an der wir den Bodenkontakt verloren haben. CCDA hat sich verpflichtet, genau das niemals zu verlieren. John hat das vorgelebt. Aber es ist immer eine Versuchung. Für mich auch … das ist auch ein Grund, weshalb es einen sehr klar begrenzten Anteil meiner Zeit gibt, an dem ich von der Gemeinschaft weg sein darf. Und es ist gleichgültig, ob Harvard mich ruft. Ich habe mich verpflichtet, im Viertel zu bleiben. Leiter sind Vorbilder. Sie werden keine Gemeinde aufbauen, die sich armen Menschen verpflichtet, ehe die Leute sehen, wie sie selbst sich um die Armen kümmern. Wir werden keine Gemeinden erleben, die sich der Rassenversöhnung widmen, ehe es die Menschen nicht im Zuhause und am Essenstisch gelebt sehen und nicht nur in der Predigt von der Kanzel hören.

John: Es ist einfach, nicht zuhause zu bleiben. Es kann eine Gewohnheit werden – die Gewohnheit deiner Mitarbeiter, das Muster um dich herum … und nicht zuhause zu bleiben isoliert dich genau von den Menschen, mit denen du sprechen musst, den Leuten, mit denen du zusammen sein musst. Wenn Leute von zuhause weggehen, neigen sie dazu „wichtig" zu werden. Ich spreche hier insbesondere von Selbstherrlichkeit. Wenn du die ganze Zeit inmitten der Menschen bist, dann wirst du eins mit ihnen. Gott und das, was er bewegt, wird zum Wichtigsten und das Selbst wird weniger wichtig.

SHANE: Es gibt so viele Zeichen dafür, dass der Geist Dinge in Bewegung bringt, selbst an Orten, an denen wir es am wenigsten erwarten würden. Ich sprach in Texas, als jemand auf mich zukam. Er gestand: „Ich muss dir sagen, Bruder, ich bin ein Prolo. Ich bin der typische Pistole schwingende, Pick-up fahrende Hinterwäldler. Aber ich hab deinen Kram gelesen und der hat mich aus der Bahn gehauen. Jetzt bin ich ein Prolo auf dem Weg der Genesung." Ein Grund, weshalb sich Leute mit meiner Geschichte identifizieren können, liegt darin, dass sie sich in meiner Reise wiederfinden. Sie erkennen manche der Wegstationen meiner Transformation in East Tennessee. Das passiert, weil ich mit all dem transparent bin – ich erzähle den Leuten, dass ich auch ein genesender Sexist, Rassist und homofeindlicher Prolo war. Gott kann aus jedem etwas machen.

Dieses Bewusstsein hilft uns, anderen gegenüber Gnade walten zu lassen, denn wir können dadurch erkennen, wie leicht ein Mensch in diesen Nischen der Gleichförmigkeit, Bequemlichkeit und Gleichgültigkeit festhängen kann. Wir erinnern uns, wie verführerisch die Verstrickungen unserer Gesellschaft sind, wie allgegenwärtig der Mythos der erlösenden Gewalttätigkeit ist, wie überzeugend die Werbung ist, wenn sie uns erzählt, dass wir niemals wirklich glücklich sein werden, ehe wir diesen neuen Rasenmäher kaufen. Das Aufregende an der aktuellen Bewegung in der Kirche ist dieses wachsende Moment bei Themen, die wirklich Bedeutung haben und nicht nur hitzig geführte politische Debatten sind. Die Leute sind überzeugt, dass unser Glaube sich mit dieser Welt verbinden muss. Junge Christen haben sich die zerbrechliche Welt angesehen, die ihnen ihre Eltern übergeben haben, und sie fragen sich wirklich, was es heißt, sich nicht an die Weise dieser Welt anzupassen, sondern durch die Erneuerung unseres Geistes verwandelt zu werden.[9]

Eines der aufregenden Projekte, die ich mit anderen jungen Christen aus der Taufe gehoben habe, nennt sich Two Futures Project. Es ist eine ehrgeizige Kampagne zur Abschaffung nuklearer Waffen, die darlegt, dass wir genau jetzt vor der Entscheidung stehen: Eine Zukunft ohne nukleare Waffen – oder eine, die durch sie vernichtet wird. Es ist so erfrischend, Christen an vorderster Front von Bewegungen wie dieser zu sehen; Christen, die sagen: Wir können keine Gewalt im Namen Jesu rechtfertigen. Wir können nicht gleichzeitig unsere Feinde lieben und uns vorbereiten, sie massenweise umzubringen. Eine neue Generation in der Kirche sagt, unser Gott segnet keine Bomben. Unser Gott ist der eine, der in Jesus lebte und der sagte: Wenn wir das Schwert ergreifen, werden wir durch das Schwert sterben ... wenn wir auf die Bombe vertrauen, werden wir durch sie sterben.[10]

Es war ein weiteres Zeichen für das sich wandelnde Gesicht des Evangelikalismus der post-religiösen amerikanischen Rechten, dass junge Christen nicht auf die heißen Eisen und festgefahrenen Debatten der Vergangenheit festgelegt sind, sondern überzeugt sind, dass ihr Glaube mit der Welt um sie herum in Verbindung stehen muss ... dass sie die Bibel in der einen Hand und die Zeitung in der anderen halten müssen.

Einige der führenden Köpfe dieser Bewegung waren junge Evangelikale wie Tyler Wigg-Stevenson, Rob Bell, Lynne Hybels und ich selbst. Es gibt auch eine spektakuläre Liste von Befürwortern wie Joel Castellanos (CEO von CCDA!), Tony Campolo, Jim Wallis, Richard Cizik, Brian McLaren, Margaret Feinberg, Richard Rohr, Sam Rodriguez, Rod Sider und Miroslav Volf. Aber was wirklich Spaß macht, ist zu sehen, dass sich diese Bewegung nicht aus den „üblichen Verdächtigen" aus den Reihen der christlichen Liberalen und Progressiven zusammensetzt. Man denke nur an einige der anderen Befürworter: George Shultz (früherer Staatssekretär bei Ronald Reagan), Bill Hybels (Pastor von Willow Creek), Chuck Colson (Gründer von Prison Fellowship Ministries), David Neff (Herausgeber von Christianity Today), Jonathan Merritt (von der Southern Baptist Convention), Tony Hall (Botschafter und Kongressangehöriger), John Stott (Autor und Theologe), Cameron Strang (CEO der Zeitschrift Relevant) und Leith Anderson (Präsident der NAE—National Association of Evangelicals). Ich denke, das ist ein eklektischer Haufen! Es gibt sogar einen Oberst im Ruhestand der U. S. Army.

Diese Art von Projekt passiert nicht einfach; sie kommt durch gute Leitung und Leute, die bereit sind, zusammenzuarbeiten, auch wenn sie nicht bei jedem theologischen oder ideologischen Punkt einer Meinung sind. Es erfordert Demut, zuzulassen, dass Menschen sich ändern und wir mit ihnen zusammenarbeiten können, besonders wenn es mit Leuten ist, mit denen man in irgendwelchen Gremien diskutiert hat! Aber genau das führt zu Veränderung – wenn wir nicht nur offene Türen einrennen, sondern mal aus der Tür treten und auf die Straße gehen, um zusammenzuarbeiten.

Das sehe ich junge Leiter überall tun. Eine Schule, an der ich sprach, hatte sowohl einen Young Republicans Club als auch einen Social Justice Club. Wie man sich vorstellen kann, lagen die oft über Kreuz und jedes Mal, wenn sie zusammenkamen, um Themen zu diskutieren oder miteinander zu sprechen, wurde es hässlich. Aber dann verbrachten sie Zeit im Gebet und mit Reflektieren und versuchten Dinge zu finden, bei denen sie übereinstimmten. Eine dieser Ansichten bestand darin, dass Gott nicht möchte, das auf der Straße lebende Menschen frieren. Also fingen sie an, Bettdecken und andere Decken zu machen und gingen dann auf die Straße und verteilten sie an die Leute, die auf der Straße und in Parks leben. Das war toll, und es war im Zusammenhang mit diesem miteinander Aktivwerden – nicht nur drüber sprechen –, dass sie zu einem gemeinsamen Nenner fanden. Sie sind auf einer Reise und sie tanzen und leben und lieben und folgen und leiten.

Anmerkungen :

1. Diese „Ekklesiologie" oder Art und Weise des Denkens darüber, was es heißt, die Kirche zu sein, ist eines der Dinge, durch die sich diejenigen von uns, die dem „neuen Mönchtum" angehören, von einigen anderen zeitgenössischen Bewegungen und Erneuerungen der heutigen Kirche unterscheiden, wie beispielsweise manche Kreise, die sich als „emerging" oder „Emergent™ " bezeichnen. Wenn dir der Begriff „Emerging Church" unbekannt ist: Das hat sich zu einem sehr verwirrenden Trend in der aktuellen Erneuerung entwickelt, die in der Kirche stattfindet. Vor ungefähr einem Jahrzehnt beobachtete ein Haufen junger, weitgehend weißer Evangelikaler, wie überall ähnliche Gespräche über die Neugestaltung des Evangelikalismus in Gang kamen, in denen das Thema Mission neu betrachtet und ein neues Bild von dem gezeichnet wurde, was es wirklich bedeutet, die Kirche (in der Geschichte und heute) zu sein. Die Sprache der „Emerging Church " verband viele der Punkte, blieb aber beschränkt auf weitgehend weiße evangelikale Männer. Viele von ihnen hatten großartige Ideen und leiteten lebendige Gemeinschaften und Organisationen.

Nichtsdestotrotz war es immer offensichtlich, dass das nicht das einzige Gespräch oder die alleinige Erneuerung in der Kirche war. Ganze Bewegungen von Hip-Hop-Gemeindejugend und Missionsgemeinschaften im amerikanischen In- und Ausland sorgten ebenfalls für frischen Wind, obwohl sie nicht in gleicher Weise Sendezeiten und Autorenverträge bekamen. Schließlich gab es Bücher und Marken, die sich als „Emerging Church" oder „emergent" auswiesen. Also wurde es ein wenig chaotisch. Meiner Meinung nach wurde „die Bewegung" ein bisschen narzisstisch. Ein Großteil der Theologie in der Bewegung war schlampig, und ein Teil der Leute wiederholte Fehler aus dem Fundamentalismus (nur mit mehr Tattoos), ein anderer solche aus dem Liberalismus (nur mit mehr Esprit). Inzwischen scheint es viele, viele Leute zu geben, die genau wissen, was die „Emerging Church" ist, und der Meinung sind, sie sei der Antichrist. Es gibt eine Menge von Stimmen, die sich selbst als „emerging" oder „emergent" bezeichnen und die ich als enge Freunde und erfrischende Stimmen in der Kirche betrachte. Es gibt aber auch Leute, die sich als emergent bezeichnen und deren Glaubenssätze und Praktiken oder das Fehlen derselben in meinen Augen problematisch ist. Ich habe auch viele Freunde, die sich bewusst nicht als emergent bezeichnen oder noch nie davon gehört haben, und die ich für wunderschöne, erfrischende Stimmen in der Kirche halte ... und es gibt in gleicher Weise ähnliche Figuren, die nicht „emergent" sind, und deren Glaubenssätze und Praktiken ich für zutiefst problematisch halte.

Mit dieser langen Rede möchte ich sagen, dass ich die Sprache der „Emerging Church" und zumindest der Marke Emergent™ in keiner Weise hilfreich finde. Es scheint nicht wirklich irgendeine Substanz oder DNS oder irgendwelche eindeutigen Kennzeichen und Praktiken (oder selbst Glaubenssätze, wenn man so will) zu geben, die sie charakterisieren. Ich habe einmal von jemandem gehört, dass alles, was man zum Gründen einer „Emerging Church " braucht, eine Bibel, eine Kerze und eine DVD mit dem Film *Matrix* ist (und manche würden sagen, die ersten beiden sind optional). Es scheint, als ob „Emerging Church" wenig mehr als eine Schublade geworden ist, in die man alle unter 40 stecken kann, die frische Ideen haben – und denen man nicht zuhören muss.

Also werde ich außer in dieser Fußnote keine Energie drauf verwenden, diese Marke zu verteidigen. Es scheint, dass außer der Benennung der aktuellen Erneuerung in der Kirche mit einem Eigennamen nicht wirklich was daraus geworden ist. Statt dem einen Namen zu geben, finde ich es hilfreich, uns selbst im Kontext der mönchischen Erneuerungen und anderer Reformationen in der Geschichte zu betrachten. Es gibt eine Erneuerung ... und genauso wie die Juden den Namen G-tt nicht schrieben, finde ich es viel hilfreicher, die Erneuerung zu feiern und mich ihr anzuschließen sowie zu erkennen, dass das ein wiederkehrendes Muster in der Kirchengeschichte ist – Erneuerungen und Reformationen –, aber dass keine Notwendigkeit für einen Namen besteht – genauso wie für den Künstler, der früher als Prince bekannt war. In dem Moment, wo wir der Bewegung einen Namen geben, bringen wir sie um.

2. Siehe Matthäus 13,44-46.
3. Siehe Matthäus 18,20.
4. Siehe Matthäus 19,19.
5. Siehe Lukas 14,26.
6. Siehe Johannes 19,27.
7. Siehe Philipper 3,8.
8. Siehe Markus 16,15.
9. Siehe Römer 12,2.
10. Siehe Matthäus 26,52.

[Der Abt oder die Äbtissin] müssen wohlgegründet im Gesetz Gottes sein, so dass sie die Ressourcen haben, in ihrer Lehre Neues und Altes hervorzubringen ... Während sie einerseits alle Laster hassen müssen, müssen sie andererseits ihre Brüder und Schwestern lieben. Beim Korrigieren ihrer Fehler müssen sie mit Besonnenheit handeln und sich der Gefahr bewusst sein, die Gefäße selbst zerbrechen zu können, wenn sie den Rost zu energisch angreifen.
BENEDIKT VON NURSIA (480-547)

GESPRÄCH 18

Freiheit

(SICH EINE ANDERE WELT VORSTELLEN)

John: Gott macht uns frei. Das funktioniert so: Er bildet uns im Gehorsam aus. Unser Gehorsam kommt aus seiner Liebe für uns. Dann ist es unsere Gabe, zu verstehen und uns in die Freiheit unter seiner Herrschaft zu bewegen. Wenn wir uns vollständig seiner Herrschaft unterstellt haben, werden wir frei. Es ist unser Verständnis der Liebe Gottes, das uns frei macht.

Es gibt keine Aufzeichnungen darüber, dass das hebräische Volk gesungen hätte, ehe es das Rote Meer durchquert hatte. Als sie aus der Knechtschaft befreit waren, konnten sie freudig aus Dankbarkeit singen. Paulus führte das etwas weiter aus. Als er von seinem Rassismus und seinem religiösen Fanatismus frei wurde, berief Gott ihn zu einer Mission – weit weg zu den Heiden. Er gehorchte diesem Ruf. In einem Zustand der Freiheit wurde er der Sklave des Herrn. Er freute sich, Gottes Sklave zu sein, denn er wusste, dass er geliebt war und unter diesen Bedingungen echte Freiheit finden würde. Die Menschen, die wir leiten, müssen sicher sein, dass wir sie lieben. Daraus entspringt kraftvolles Leiten und Nachfolgen.

Wir müssen immer mit der Versöhnung anfangen. Wir können das allzu sehr vereinfachen, aber es ist nicht einfach. Tatsächlich denke ich, dass es beinahe so etwas wie eine übernatürliche Handlung braucht, damit wahre Versöhnung passiert. Versöhnung fängt damit an, den Wert der Person zu erkennen, mit der man sich versöhnen möchte. Ich denke nicht, dass Versöhnung ein unbestimmtes Ende hat, vage oder – wie man heute sagt – „was auch immer" ist. Ich denke, Versöhnung ereignet sich in dem, wie wir Menschen wahrnehmen: die Person, die uns in der Pizzeria um die Ecke bedient, den alten Mann, der langsam auf der Autobahn fährt, den Studenten, der zu viele Fragen stellt, den Präsidenten – jeden. Denken wir darüber nach oder gehen wir darüber hinweg, weil es zu schwierig ist, oder wir uns nicht mit unseren wirklichen Gefühlen auseinandersetzen respektive sie ändern wollen? Wie wir andere betrachten, ist in dem Sinne wichtig, als dass jede Person nach dem Bild Gottes geschaffen wurde. Wenn wir es wagen, uns nicht zu versöhnen, riskieren wir, etwas zu entwerten, das zu schaffen Gott sich entschlossen hat und das Gott selbst wertschätzt. *Was sagt das über unsere Haltung Gott gegenüber aus, wenn wir in unseren Augen etwas herabsetzen, das er erschaffen hat?*

Wenn ich sage, dass jeder wertvoll ist, dann schließe ich damit die Insassen des örtlichen Gefängnisses mit ein. Kann ich mich mit dem Schmerz dieser Kriminellen identifizieren, auch wenn manche Leute der Meinung sind, sie verdienen das Loch, in dem sie sitzen? Ja. Wie? Zum einen komme ich zurück zur einfachen Wahrheit, dass wir alle sündigen und unzureichend sind.[1] Ich kann Barmherzigkeit für die haben, die leiden ... und ich habe Barmherzigkeit für diese Gefangenen. Ich besuche sie regelmäßig. Ich habe Mitgefühl für die Männer dort. Ja, sie sind Kriminelle. Sie waren einmal Kinder, die sich verändert haben und jetzt zu etwas geworden sind, das ihre Mütter sich nie hätten vorstellen können. Ich vermute, der Hintergrund dieser Kinder beraubte sie der Gelegenheit zur Information über Dinge, die sie gebraucht hätten, und der Zuwendung, die nötig gewesen wäre, und der Gemeinschaft, in der sie hätten aufwachsen sollen. Als Gesellschaft hätten wir aufmerksamer und achtsamer sein sollen.

Was sagt das über unsere Haltung Gott gegenüber aus, wenn wir in unseren Augen etwas herabsetzen, das er erschaffen hat ?

Ich möchte ehrlich sein: Manchmal ist es schwer für mich, bei den Insassen mitfühlend zu sein. Aber ich gehe trotzdem zu ihnen. Ich sage ihnen als Erstes, dass sie Verantwortung für ihr

Handeln übernehmen müssen. Ich gebe ihnen auch Hoffnung und erzähle ihnen, dass sie eines Tages da rauskommen werden, und dass sie sich ändern können, wenn sie Verantwortung übernehmen. Freiheit geht mit Verantwortung einher.

Wenn freie Menschen sich bei schlechtem Verhalten in Ausreden flüchten, riskieren sie ihre Freiheit. Kinder sind gut darin, einen Grund nach dem anderen für ihr schlechtes Verhalten zu finden. Manche meiner Kinder geben sogar mir oder meiner Fähigkeit als Elternteil die Schuld, wenn sie auf frischer Tat ertappt werden. Sie sagen Dinge wie: „Papa, du bist schuld daran!" Sie möchten, dass ich die Verantwortung für ihren Fehler übernehme. Sicherlich macht jeder von uns irgendwann Fehler, aber wenn wir alt genug sind, um zu erkennen, dass uns jemand falsch behandelt hat, dann sind wir auch alt genug, das Problem mit der Hilfe Jesu Christi zu lösen und diese Person liebevoll zu behandeln. Als meine Kinder also sagten: „Papa, du bist schuld daran!", sage ich: „Okay, nachdem du schlau genug warst zu wissen, dass ich durch meine Dummheit deine Misere verursacht habe, bist du jetzt auch schlau genug, die Verantwortung zu übernehmen und die Sache in Ordnung zu bringen." Die Schrift sagt: „Jeder, der sündigt, ist ein Sklave der Sünde." (Joh. 8, 34). Es ist unsere Verantwortung, Gott zu suchen, damit wir von dieser Sünde frei werden können. Verantwortung bedeutet nicht nur, sich zu melden, wenn man einen Fehler gemacht hat. Es geht auch darum, die Initiative zu ergreifen und sich aus dem zu befreien, was uns versklavt, egal woher es stammt. Es heißt außerdem, positive Schritte in Richtung Freiheit zu machen.

Leiter müssen nicht nur die Botschaft der Freiheit mit Verantwortung kommunizieren, sondern auch die Handlung, die darauf folgt. So habe ich mich gefühlt, als Barack Obama zum Präsidenten der Vereinigten Staaten gewählt wurde. Die Wahl des ersten schwarzen Präsidenten war ein wichtiger Durchbruch für unsere Freiheit, aber sie bedeutete für uns Schwarze, dass wir mehr Verantwortung tragen würden.

Was bedeutete es für mich, dass Obama als Präsident gewählt wurde? Ich möchte zum Wahltag zurückkehren ... der 4. November 2008. Es war das fünfundsechzigste Mal, dass die Amerikaner an die Wahlurnen gehen würden, um einen nationalen Leiter zu wählen, und das erste Mal, dass sie einen schwarzen Mann als Teil einer großen Partei wählen konnten. Obama

lag bei den Umfragen vorn, aber die Geschichte beweist, dass
man es nie sicher weiß, bis die letzte Stimme ausgezählt ist.

Ich wusste, dass die Medien die Wahlergebnisse nicht vor 22
Uhr meiner Zeit verkünden würden ... dann waren die Wahlloka-
le an der Westküste geschlossen. Ich bin kein Nachtmensch,
und so döste ich ein. Etwa drei Minuten nach Zehn kam meine
Tochter Priscilla ins Zimmer gerannt und schrie, Obama habe
gewonnen. Ich öffnete meine Augen und James Welden John-
sons „Black National Anthem" (Schwarze Nationalhymne) kam
mir in den Sinn:

> *Erhebt alle Stimmen und singt*
> *Bis Erde und Himmel klingt*
> *Klingt mit den Harmonien der Freiheit;*
> *Lasst anschwellen unseren Jubel*
> *So hoch wie die lauschenden Himmel*
> *Lasst ihn so mächtig donnern wie das rollende Meer.*
> *Singt ein Lied voll vom Glauben, den die vergangene*
> *Finsternis uns gelehrt hat,*
> *Singt ein Lied voll von der Hoffnung,*
> *Die die Gegenwart uns gebracht hat,*
> *Wenn wir uns der Sonne zuwenden dieses Tages,*
> *Der nun begonnen*
> *Lasst uns weitermarschieren, bis der Sieg ist gewonnen.*
> *Steinig die Straße, die wir gehen,*
> *Bitter die züchtigende Rute, die wir sehen,*
> *Die wir fühlten in Tagen als ungeborgene Hoffnung*
> *Gestorben war;*
> *Doch haben nicht mit gleichmäßigem Takt*
> *Unsere müden Füße*
> *Den Ort erreicht, von dem unsere Väter seufzten?*
> *Wir sind über einen Weg gegangen,*
> *Den wir mit Tränen bewässerten,*
> *Wir kamen über den Pfad durch das Blut*
> *Der Geschlachteten,*
> *Aus der finsteren Vergangenheit,*
> *Bis wir heute endlich hier stehen,*
> *Wo das weiße Schimmern unseres hellen Sterns*
> *Scheint weit.*
> *Gott unserer ermatteten Jahre,*

Gott unserer stillen Tränen,
Du, der du uns so weit den Weg entlang führtest;
Du, der du durch deine Macht
Hast uns in das Licht gebracht,
Halte uns auf immer auf dem Weg, das bitten wir.
Damit unsere Füße uns nicht von den Orten führen,
Unser Gott, an denen wir dich trafen;
Damit, unsere Herzen trunken vom Wein der Welt,
Wir dich nicht vergessen;
Im Schatten deiner Hand,
Sei für immer unser Stand.
Treu unserem GOTT,
Treu unserem Heimatland.

Am nächsten Morgen ging ich auf meine Veranda und sang ein anderes Lied, so laut es meine Stimme zuließ:

Mein Land, 's ist von dir,
süßes Land der Freiheit, von dir ich sing;
Land, in dem meine Väter starben,
Land des Stolzes der Pilger,
von jedem Bergrücken nun die Freiheit kling'!

Ich erinnere mich, wie Martin Luther King den Geist dieser Hymne wiedergab, als er sagte: „Ich habe einen Traum". Es war Kings Botschaft über diesen Traum der Freiheit, die mich und meine Familie 1963 inspirierte. In gewisser Weise war es Kings „I have a dream"-Ansprache, mit der es bei uns allen anfing. Die heute legendäre Botschaft war für uns keine historische Plattitüde. Sie war lebendig. Martin Luther King nahm unser ganzes Verlangen, all unsere Hoffnung und steckte sie in einen Traum ... einen Traum, den wir auch tragen konnten. Was bei mir wirklich hängenblieb, war der Punkt, dass meine vier kleinen Kinder (damals hatten wir nur vier) eines Tages in einem Land leben würden, in dem sie nicht nach der Hautfarbe beurteilt werden würden, sondern nach ihrem Charakter.

Ich hatte das Vorrecht, es erleben zu dürfen, wie ein Schwarzer Päsident der Vereinigten Staaten wird. Eine demütig machende Erfahrung.

Als ich Obama rauskommen und die Entscheidung des Volkes annehmen sah ... eine Wahl zum Präsidenten der Vereinigen Staaten ... da war ich ein wenig traurig. Mr. Rubin, Mr. Newsome, Mr. Hayes und so viele der Leute, die mit mir hier in Mendenhall unterwegs gewesen waren, und die mich gegen Kaution aus dem Gefängnis geholt hatten ... sie durften das nicht miterleben. Die meisten von ihnen waren älter als ich und sie sind nicht mehr unter uns. Mein Sohn, Spencer ... er wird es nie erleben. Und doch hatte ich das Vorrecht, es erleben zu dürfen, wie ein Schwarzer Präsident der Vereinigten Staaten wird. Eine demütig machende Erfahrung.

Wir feierten während des Wahlkampfs, am Wahltag und bei der Amtseinsetzung. Die Wahl Obamas reicht über Parteien, Politik und Plattformen hinaus. Sie ist ein Symbol, das uns Hoffnung gibt. Er mag vielleicht nicht all die Hoffnungen und Träume verwirklichen, die wir haben – er ist schließlich auch nur ein Mensch, also wird er Fehler machen. Er wird nicht in der Lage sein, alles zu tun, das er seiner Aussage nach tun möchte, und vielleicht richtet er sogar das eine oder andere Chaos an. Ich hoffe, dass Obama ein guter Präsident ist und viel für unsere Nation erreicht. Doch egal, wie effektiv er als Präsident ist, es wird nicht die Gefühle und die Hoffnung auslöschen, die wir jetzt haben. Keiner kann uns nehmen, was bereits erreicht wurde, oder was wir jetzt werden tun müssen.

Am Tag nach der Wahl, als ich mein Lied sang, hatte ich die Hoffnung, dass jetzt unsere Zeit des Handelns gekommen war. Aber ich wusste auch, dass das bedeutete, wir würden nun eine Rolle ausfüllen müssen. Dass Obama gewählt wurde, war die Fortsetzung der Befreiung des schwarzen Volkes. Aber als Schwarze haben wir nun die Verantwortung, die Kontrolle über unsere Zukunft zu übernehmen. Wir können uns nicht zurücklehnen und erwarten, dass Obama oder die Regierung oder ir-

gendjemand sonst alles für uns macht. Jetzt müssen wir verantwortungsvoller sein. Wir sind frei, also was können wir machen?
Das ist es, was es heißt, jemanden in die Freiheit zu führen – Verantwortung übernehmen. Jetzt ist die Zeit zu handeln.

Nachdem Obama gewählt worden war, lud er mich zu einem Treffen religiöser Leiter ein, das im Dezember 2008 stattfand. Ich war schon auf ähnlichen Treffen mit drei anderen Präsidenten gewesen und begrüßte die Gelegenheit. Der Tag über-
schnitt sich jedoch mit einer Operation, die ich geplant hatte,
und ich konnte nicht teilnehmen. Noel Castellanos von CCDA
ging hin und er war eine ausgezeichnete Stimme für uns. Wenn
ich teilgenommen hätte, wäre ich nicht mit dem Plan gekommen, Obama zu sagen: „Jetzt musst du uns das und das und das
geben." Ich denke, ich hätte gesagt: „Obama, kannst du uns eine
Möglichkeit schaffen, wie wir dich unterstützen können? Erzähle uns deine Probleme. Erzähl uns, wie du sie siehst und lass uns
sagen, wie wir sie sehen und wie wir gemeinsam mit dir die Verantwortung für das Lösen realer Probleme übernehmen können." Das ist ein völlig anderer Ansatz ... hoffentlich ein Ansatz
mit einer dienenden Haltung.

Das ist die Haltung, die ich versuche einzunehmen. Das ist
ein Leiterschaftskonzept und es ist auch ein Konzept für Nachfolger. Jetzt ist Obama unser Leiter. Wir haben ihn gewählt. Er
ist der Leiter der Nation. Ob wir mit ihm einer Meinung sind
oder er mit uns, ist überhaupt nicht wichtig ... wir werden nicht
in allem einer Meinung sein. Das ist Tatsache. Aber er ist unser
Leiter und wir bitten ihn: „Wie können wir dir in dieser Situation
folgen? Wie können wir dir helfen?"

Ja, lasst uns feiern. Ja, lasst uns hoffen. Ja, lasst uns Verantwortung für die Zukunft übernehmen.

SHANE: Na, was kann ich denn jetzt darauf noch sagen? Was für
eine Reise! Was John dir nicht sagen konnte, ist die Tatsache,
dass beim Erzählen der Geschichte der Wahl des ersten schwarzen Präsidenten ... als er zu der Stelle mit seinem Sohn Spencer
kam, der es nicht miterleben durfte ... da standen Tränen in
Johns Augen. Ich konnte nur dasitzen mit einem Kloß im Hals
und den Moment würdigen.

Ich erinnere mich, wie ich die Wahl mit meinen afroamerikanischen Freunden verfolgte und sie buchstäblich weinen sah,

als sich das Ergebnis abzeichnete. Selbst einige meiner Kollegen, die erhebliche anarchistische Tendenzen haben und nur sehr magere Hoffnung in Politiker und Behörden setzen, starrten auf den Fernseher, gebannt, und Tränen rannen über ihre Wangen. Da saß ich also als Minderheit in meinem Viertel und hörte Schreie auf der Straße, Autohupen und Töpfe klappern, die am Wahlabend geschlagen wurde, als hätten die Phillies (schon wieder) die World Series gewonnen. Mir fallen meine obdachlosen Freunde ein, die mir am Tag nach der Wahl in die Augen sahen und sagten: „Es liegt Hoffnung in der Luft." Das war eine Menge zu verdauen. Es war nicht nur eine Wahl. Es war ein Moment in der Geschichte.

Ich muss zugeben, dass ich ziemlich hin- und hergerissen war, als ich darüber nachdachte, wie ich mit der Wahl umgehen sollte. Ich kann mich noch an die Schlagzeile der satirischen Zeitschrift *The Onion* erinnern: „Schwarzer erhält schlimmsten Job in Amerika". Das versuchte auf gewisse Weise den Widerspruch zu erfassen, dass der erste schwarze Präsident den Schlamassel aufräumen darf, den vorwiegend Weiße verursacht haben. Und wie viel kann er wirklich verändern? Wie viele Hoffnungen würde er erfüllen? Und wie viele Hoffnungen sollten auf den Schultern eines sterblichen Mannes lasten?

Ohne Zweifel war dieser historische Moment es wert, gefeiert zu werden. Aber ich wollte auch darauf achten, angemessen zu hoffen, ... schließlich war die christliche Hoffnung schon immer eine eigentümliche Sache.

Ein Teil von mir wand sich, als ich Poster in meinem Viertel auftauchen sah, auf denen Obamas Gesicht zu sehen war und das Wort „Hoffnung". Versteh mich nicht falsch: Ich mag diesen Bruder, ich denke er wird einige gute Veränderungen schaffen und ein paar Fehler machen. Tatsächlich wäre „Veränderung" das bessere Poster gewesen.

John hat von seinem Lied erzählt. Das Lied auf meinen Lippen war am Tag nach der Wahl ein fröhlicher Song:

> *Meine Hoffnung ist gebaut auf nichts weniger*
> *Als auf Jesu' Blut und Gerechtigkeit*
> *Auf Christus dem festen Felsen stehe ich,*
> *Jeder andere Grund ist Treibsand.*
> *Jeder andere Grund ist Treibsand ...*

Deshalb kann ich jubeln, selbst wenn die Welt um uns herum auseinanderzufallen scheint. Wenn Könige versagen, können die Armen noch immer jubeln, denn sie hatten ohnehin nie viel Glauben in den Kaiser oder den Präsidenten. Die Armen können lachen, wenn Babylon fällt, denn sie wissen, dass Gott noch immer steht. Sie können lachen, wenn die Märkte zusammenbrechen, denn sie wissen, dass Gott ihr einzig verlässlicher Versorger ist. Sie können lachen, weil sie nie auf einen Pensionsplan vertraut haben – sie waren zu sehr damit beschäftigt, ihr tägliches Brot zu bekommen.

Mit dieser Freiheit müssen wir die Idee in Frage stellen, Amerika sei die „messianische Hoffnung" – eine Positionierung, die vom politischen Experten und früheren US-Sekretär für Bildung, William J. Bennett, und anderen angeboten wurde. Mann, Barack hat Bennett sogar wiederholt, als er irgendwelchen Politikern aus Chicago sagte: „Amerika ist die letzte große Hoffnung der Welt."[2] Das ist schlechte Theologie. Unsere Hoffnung liegt nicht in der Wall Street. Unsere Hoffnung beruht nicht auf dem amerikanischen Traum. Unsere Hoffnung kommt nicht von einem neuen Kaiser oder neuen Präsidenten (selbst wenn es ein guter sein sollte) ... unsere Hoffnung baut auf nichts weniger als auf Jesu Blut und Gerechtigkeit auf ... Auf Christus, dem festen Felsen, stehe ich, jeder andere Grund ist Treibsand.

John: Mir gefiel Kennedys Ansprache bei seiner Amtseinsetzung 1961: „Frage nicht, was dein Land für dich tun kann, sondern was du für dein Land tun kannst." Freiheit gibt uns die Chance. Freiheit sagt, wir arbeiten nicht mehr für uns selbst oder für unsere Sucht. Freiheit sagt, wir arbeiten nicht mehr für einen Sklavenhalter. Wir arbeiteten für die Pläne eines anderen ... oder für unsere eigenen Pläne ... aber jetzt sind wir frei für Gottes Pläne. Wir sind jetzt frei, hart zu arbeiten, um alles zu tun, was wir können, so früh aufzustehen, wie wir können, so spät zu Bett zu gehen, wie wir können, damit wir das tun können, was Gott uns aufgetragen hat ... und das ist gut und gesund. Dafür ist die Freiheit gedacht. Freiheit bedeutet nicht, zu tun was man will. Sie bedeutet, alles zu tun, was er will. Freiheit heißt, unsere Hoffnung auf nichts weniger zu bauen als auf Christus, unseren festen Felsen ...

SHANE: ... jeder andere Grund ist Treibsand.

Anmerkungen :

1. Siehe Römer 3,23.
2. Barack Obama, als er zum *Chicago Council on Global Affairs* sprach, Chicago, Illinois, 23. April 2007; http://my.barackobama.com/page/content/fpccga.

Der Schluss – mehr oder weniger

(Einige abschlie–ende Gedanken)

SHANE: Hier hören wir also mit unserem Gespräch auf ... wenigstens unterbrechen wir es für den Moment.

John: Wir haben uns viel zu oft wiederholt, aber nachdem wir beide Prediger sind – was will man erwarten? Wir sprachen viel über die Innenstadt, die Wirtschaft, Rassenversöhnung, darüber, dass wir gute Haushalter der Erde sein sollen, über Gemeinschaft und Leidenschaft für die Armen – aber das ist unsere Berufung. Wenn du dein eigenes Buch schreibst, solltest du das betonen, was Gott dir gegeben hat – und Shane und ich können dann davon lesen!

SHANE: Wir hoffen, dass dich das Geschriebene zum Nachdenken anregt, zum Sprechen, Folgen und Leiten. Wir hoffen, dass es etwas heiligen Unfug in dir wachruft und dazu führt, ein paar Leute zu finden, mit denen du Gutes planen kannst. Wir wissen, dass wir eine Menge weggelassen haben, und wir haben bestimmt nicht alle Probleme dieser Welt gelöst und erzählt, wie man Frieden im Mittleren Osten finden kann ... aber das Zeug, über das wir nachgedacht haben, sind die Dinge, die zu echtem Frieden führen. Wie versprochen gibt es kein Erfolgsrezept, keinen Doktortitel, keine narrensichere Strategie für Leitung am Ende dieses Buchs. Nicht mal eine Liste.

John: Nur Träume für die Jungen und die im Herzen jung Geblie-benen ...

SHANE: ... und die Weisheit und Vision derjenigen, denen wir ge-folgt sind. Jede Generation hat ihren eigenen Exodus. Und jede Generation braucht ihren Mose ... ihre Mutter Teresa ... ihren John Perkins.

John: Ja, es wird in künftigen Generationen jede Menge John Perkins' geben. Tatsächlich heißt mein Enkel John P. Perkins! Okay. Und mein Urenkel heißt ebenfalls John P. Perkins. Es gibt also eine Menge von uns. Zeit für dich, auch dazuzukommen.

SHANE: Komm mit uns, denn wir leben dieses Gespräch auch ... aber sei dir bewusst, dass es viele Hindernisse gibt – so viel Leid und Armut und Gewalt. Aber Gott ist mit dem Leiden vertraut. Unser Gott kann Armeen verschlucken und Brot vom Himmel regnen lassen. Die Wall Street lässt uns vielleicht im Stich, aber Gott, der sich um die Lilien und die Spatzen kümmert, wird uns nie im Stich lassen. Sicher, es gibt Böses in der Welt. Doch unser Retter hat dem Bösen in die Augen geblickt und es mit Liebe überwunden. Die Welt mag im Chaos liegen ... aber unser Gott hat die Welt überwunden. Und nun sind wir eingeladen, Teil des Triumphs des Kreuzes zu werden ... und andere auf der engen, kurvigen Straße zur Freiheit zu leiten.

*Vor allem anderen dränge ich darauf,
dass es kein Murren in der Gemeinschaft geben sollte.*
BENEDIKT VON NURSIA (480-547)

Neun Monate später ...

(ÜBERTRAGEN VON EINER TELEFONKONFERENZ AM 20. JULI 2009 UND EIN PAAR DARAUF FOLGENDEN E-MAILS)

STEVE (Redakteur des Buchs): Ist jeder am Apparat?

SHANE: Ich bin da. Hi John.

John: Hey, Shane, schön, deine Stimme zu hören. Andrew ist auch da. Er hat bei uns in Jackson gearbeitet.

ANDREW: Hi Shane.

STEVE: Also, wir gehen in ein paar Tagen in den Druck. Das war eine ganz schöne Reise seit John und ich erstmals über dieses Buch mit unserem Präsidenten hier bei Regal gesprochen haben, Bill Greig III., vor vier Jahren.

John: Ich erinnere mich an den Tag. Nach der Gedenkfeier für Bills Vater sagte ich, dass Mr. Greig (Bill Junior) nicht nur ein weiser Geschäftsmann sei, sondern auch ein so guter Freund, der mich sogar zu einer Zeit unterstützt hat, als nicht viele Gläubige darüber sprachen, dass man den Armen helfen und die Rassen versöhnen soll. Als er bei uns war, sagte Mr. Greig: „Es bedeutet, das Richtige zu tun." Er und ich haben uns die Hand geschüttelt und unsere Ärmel hochgekrempelt, und dann fingen wir an zu schreiben. Bill übernahm von seinem Vater das Amt als Präsident von Regal und ist heute auch ein guter Freund.

STEVE: Wenn ich das richtig in Erinnerung habe, dann hat Bill gefragt, was heute deine Leidenschaften sind, und ob es noch etwas gibt, das du gerne schreiben willst.

John: Ich wollte noch darüber schreiben, wie man die Vision, dieses Versprechen, diesen Segen des Leitens von Menschen in die Freiheit – wie man das weitergeben kann. Ich gebe es an meine Kinder und an die CCDA-Bewegung weiter. Aber nicht zuletzt Shane hat mir gezeigt, dass es weitergehen muss. Mit wem wäre also das Buch besser gemeinsam zu schreiben als mit jemandem, den ich respektiere und der diesen Teil des „Weitergehens" fortführen kann?

SHANE: Von dem Moment an, an dem ich von dieser Idee hörte, mit John zu schreiben, wusste ich, dass ich das machen musste. Und dann haben wir uns in Miami hingesetzt und unser erstes Gespräch für dieses Buch aufgenommen. Unten fand ein Kongress statt, aber ich wollte stundenlang bleiben und nur zuhören, wie die Weisheit aus dir herausströmte.

STEVE: Ich muss daran denken, wie ich nach Mississippi gereist bin und mit John und Andrew auf den Straßen von Mendenhall ging, ... dem Ort, an dem alles anfing.

ANDREW: Und später saßen wir auf der Veranda vor dem Haus in Jackson und lasen das Manuskript durch.

STEVE: Wir haben das Manuskript ein paar Leuten zum Lesen gegeben, die uns dann Rückmeldung gaben. Ein Pastor in Hawaii meinte, unser Format sei „kreativ" (das wussten wir schon), aber er sagte, es könnte möglicherweise ein neues Paradigma für Leiterschaftsbücher schaffen. Und dass er und jeder seiner Mitarbeiter es lesen sollte.

John: Ich stimme für das neue Paradigma!

STEVE: Shane, das wird dich vielleicht interessieren: Rebecca (die ein Praktikum bei Freeset in Kalkutta gemacht hat) ist Teil einer Gemeinschaft, die von einem Haufen Absolventen von Azusa Pacific bewusst in einem schwierigen Teil von Pomona, Kalifornien, gegründet wurde. Sie folgen dem Modell von The Simple Way. Ich bat Rebecca, sich das Manuskript einmal anzusehen. Sie mailte mir zurück, dass es in ihrer Gemeinschaft einen Dialog in Gang gesetzt habe. Hier ist Teil ihres Gesprächs:

> Jeden Tag, wenn wir das Joch unseres Rabbis auf uns nehmen, wird uns kein Leben der Sicherheit und Kontrolle versprochen, sondern ein Leben neuer Freiheit – einer, die in Christus zu finden ist. Unsere neu entdeckte Freiheit ist solcherart, dass sie uns als Leiter und Nachfolger herausfordert, Neuland zu betreten. Das ist das Land jenseits der Vorstellung der Welt und jenseits der Parameter der Sicherheit, wo wir manchmal aus großen Fehlschlägen lernen. Wenn wir aber lang genug reisen, dann werden wir den Fußspuren des geschlachteten Lammes zu einem Leben unglaublicher Schönheit und Wahrheit folgen.

SHANE: Guter Dialog. Richte Rebecca einen Gruß von mir aus. Hey Andrew, du bist doch auch gerade mit dem College fertig, oder? Was hältst du denn von unseren Ideen über Folgen und Leiten?

ANDREW: Nun, was meine Generation angeht (und ich bin 24): Wir werden jeden Tag mit Themen bombardiert. Es gibt Konflikte im Mittleren Osten, Völkermord, Klimaveränderung, Kindersklaven, Sexhandel, die AIDS-Epidemie ... und die Liste geht immer weiter. Es gibt auch Themen im Inland wie Zuwanderung, das Gesundheitssystem, die Kluft zwischen Arm und Reich, ungleiche Bildungschancen, ein nicht funktionierendes Justizsystem, die schwelenden Reste des Rassismus, Gewalt in den Städten ... wo höre ich auf? Weil die Welt „flach" ist und wir praktisch mit einem Klick Zugang zu beinahe jeder Ecke der Welt haben, sind wir jedem Thema ausgesetzt.

„Probleme" ... so werden sie meiner Generation präsentiert, und so gehen wir auch damit um. Wir müssen uns die Dinge aussuchen, an denen wir uns beteiligen wollen – manchmal sogar dem folgen, was trendy ist. Nachdem wir einer Facebook-Gruppe beigetreten sind, eine E-Mail weitergeleitet haben oder sogar einen Kurzzeit-Missionstrip gemacht haben, gehen wir dann vielleicht zum nächsten „Problem" über. Natürlich steht das Hüpfen von einem Problem zum nächsten im Widerspruch zu dem, was ihr beide sagt, und es steht im Widerspruch zu dem, was Gott von uns verlangt.

Es wird also immer „Probleme" geben, aber erkennen wir sie als „Schmerzen"?

John: Gute Frage. Aber was ist für dich heute der Schmerz des Rassismus oder der Armen?

ANDREW: Im Jahr 1960 war der Schmerz klar, den du in Mississippi gesehen und erlebt hast ... eine verhärtete Struktur persönlicher Engstirnigkeit, institutioneller Rassismus und spürbarer Hass. Es gab Tausende schwarzer Einwohner Mississippis, die mit dem Schmerz der Angst, Demütigung, Ungleichheit und des Todes jeden Tag lebten. Mit der Hilfe Gottes und einer Armee gewöhnlicher Radikaler bist du standhaft geblieben. Und auch wenn Mississippi heute nicht perfekt ist, hat sich doch eine Menge getan.

Die Herausforderung meiner Generation besteht darin, ein paar dieser „Schmerzen" zu nehmen, denen wir dauernd ausgesetzt sind, und jemanden zu finden (ja, einen echten Menschen), der in diesem Schmerz lebt. Wir müssen diesen Jemand als die Person kennenlernen, als die Gott sie oder ihn gemacht hat. Triff seine oder ihre Familie. Höre dir die Geschichte über die Kämpfe an. Ich hatte das Vorrecht, ein paar lateinamerikanische Einwanderer kennenzulernen und jetzt ist Einwanderung für mich nicht einfach nur mehr ein „Problem"; es ist der Schmerz von Leuten geworden, die ich kenne – da sind Gesichter und Familien und Freud und Leid und Hoffnung. Auch wenn ich die Angst vor der Deportation oder der Ausgrenzung als Außenseiter im einzigen Land, das ich kenne, nie ganz verstehen werde, ist es jetzt ein „Schmerz", den ich adressieren kann.

SHANE: Gut gesprochen, Andrew. Wir hätten diesen Aspekt erwähnen sollen! Aber darum geht es ja bei diesem Gespräch. Jeder von uns hat sein eigenes „Problem", das ein Schmerz werden muss, ein Ziel, eine Vision, ein Versprechen der Hoffnung auf Freiheit, das wir tragen. Vielleicht lebst du es bereits. Vielleicht leben es die Menschen um dich herum. Vielleicht musst du es finden. Höre auf Gott, reise um die Welt, lerne eine neue Sprache, hänge an komischen Orten rum und triff seltsame Leute. Finde jemanden, der im Schmerz lebt, und liebe ihn. Wenn diese Art von Beziehungen sich entwickelt und du dich den Leuten verpflichtest, die an diesem Schmerz leiden – nicht nur dem „Problem" –, dann wird es ansteckend. Dann wollen Leute folgen. Dann wirst du ein Leiter. Dann werden sie dir in die Freiheit folgen.

John: Ich genieße dieses Gespräch so sehr ... also lasst uns jetzt noch ein paar weitere Stimmen dazuholen.

In den letzten Tagen, spricht Gott,
werde ich meinen Geist über alle Menschen ausgießen.
Eure Söhne und Töchter werden weissagen,
eure jungen Männer werden Visionen haben
und eure alten Männer prophetische Träume.
JOEL 3,1, APOSTELGESCHICHTE 2,17

DANKSAGUNG

An unsere Ahnen ... ihr habt es uns möglich gemacht, die zu leiten, die uns folgen.

John: Danke Vera Mae, seit 58 Jahren meine geliebte Frau. Ich dachte daran, dir dieses Buch zu widmen, aber du verdienst viel mehr als eine einfache Widmung. Ohne dich wäre ich nicht, wer ich bin. Danke auch an alle meine Kinder, Spencer (verstorben), Joanie, Phillip, Derek, Deborah, Wayne, Priscilla und Elizabeth. Danke an meine Freunde und Unterstützer in der Christian Community Development Association, die sich von der Vision anstecken ließen, Gott zu dienen, indem wir den Armen dienen. Und danke an Bill Greig III. dafür, dass er dieses Gespräch in Gang gebracht hat.

SHANE: Ich schlug dir vor, eine kleine Dankeskarte an jemanden zu schreiben, dem du gefolgt bist, also ist es nur angemessen, wenn ich denen danke, denen ich gefolgt bin. Danke Mama. Du hast mir so viel mehr beigebracht als nur zu nähen. Danke auch Tony Campolo, Mutter Teresa, Shanique, Manuel, Miss Sunshine, allen von The Simple Way, an jeden in der Potter Street in Nord-Philadelphia und ... so vielen anderen.

ÜBER DIE AUTOREN

SHANE CLAIBORNE

Mit Tränen und Lachen zeigt Shane Claiborne den tragischen Schlamassel, den wir in unserer Welt angerichtet haben und die spürbare Hoffnung, dass eine andere Welt möglich ist. Shane schloss sein Studium an der Eastern University ab und arbeitete im Nachdiplomstudium am Princeton Seminary. Seine Erfahrung im Dienst ist bunt und reicht von einem zehnwöchigen Arbeitsaufenthalt bei Mutter Teresa in Kalkutta bis zu einem Jahr in der reichen Megagemeinde Willow Creek Community Church am Rand Chicagos. Während des letzten Irakkriegs verbrachte Shane drei Wochen in Bagdad mit dem Iraq Peace Team. Shane ist außerdem Gründungsmitglied von The Simple Way, einer Glaubensgemeinschaft in der Innenstadt von Philadelphia und war Geburtshelfer und Bindeglied radikaler Glaubensgemeinschaften überall auf der Welt.

Shane schreibt und reist viel, spricht über das Friedenstiften, soziale Gerechtigkeit und Jesus. Er wird in der DVD-Serie *Another World Is Possible* portraitiert und ist Autor verschiedener Bücher, einschließlich *Ich muss verrückt sein, so zu leben*, *Jesus for President* und *Gott antwortet anders*. Shane spricht über Hundert Mal pro Jahr in ungefähr einem Dutzend Ländern und nahezu jedem Bundesstaat in den USA.

John M. Perkins

John Perkins wuchs als Sohn eines Naturalpächters in New Hebron, Mississippi, inmitten schlimmer Armut auf. Nachdem er sich 1960 zum Christentum bekehrt hatte, zog er nach Mendenhall, Mississippi, wo er und seine Frau, Vera Mae, die Voice of Calvary Ministries gründeten und zu Leitern in der Bürgerrechtsbewegung wurden. In der Folge gewaltfreier Demonstrationen für Rassengleichheit wurde John wiederholt angegriffen, geschlagen und ins Gefängnis geworfen.

In Mendenhall gründete Voice of Calvary eine Gemeinde, ein Gesundheitszentrum, ein Programm zur Leiterschaftsentwicklung, einen Secondhand-Laden, ein Trainingscenter und initiierte Bauprojekte mit Häusern für Geringverdiener. 1982 gründete Perkins mit seiner Familie das Harambee Christian Family Center in Northwest Pasadena, einem Viertel, das in Kalifornien eine der höchsten Verbrechensraten während der Tagesstunden hat. John ist Gründer und Präsident im Ruhestand der John M. und Vera Mae Perkins Foundation for Reconciliation and Development, Gründer und Präsident im Ruhestand der Christian Community Development Association und arbeitete im Vorstand zahlreicher gemeinnütziger Organisationen mit. Er hat eine Reihe von Büchern verfasst, darunter *Let Justice Roll Down*, *With Justice for All* und *Beyond Charity*.

Die Familie Perkins lebt heute in Jackson, Mississippi.

KONTAKT

SHANE CLAIBORNE
The Simple Way
P.O. Box 14751
Philadelphia, PA 19134
www.thesimpleway.org
(Hinweis: Shanes Termine als Sprecher stehen auf der Website
von The Simple Way.)

John M. Perkins
Besuche das Perkins Leadership Retreat in der
John and Vera Mae Perkins Foundation
1831 Robinson St., Jackson, MS 39209
E-Mail: info@jmpf.org
Telefon: 001-601-354-1563
www.jmpf.org
facebook.com/pages/John-M-Perkins-Foundation/40947699914

(Hinweis: Wirf einen Blick auf die Neuigkeiten am John Perkins
Center an der Seattle Pacific University: www.spu.edu/depts/
perkins/.)

David Murrow
Warum Männer nicht zum Gottesdienst gehen

Es ist Sonntagmorgen. Wo sind die Männer?

Fußball? Heimwerken und Rasen mähen? Computer? Hobbys? Beruf und Arbeit? Überall findet man Männer, nur nicht im Gottesdienst!

Im Gottesdienst und in den Gemeinden sieht man überproportional viele Frauen. Männer sind die größte Menschengruppe, die nicht mit dem Evangelium erreicht wird.

Woran liegt das? Warum werden Männer nicht von der Kirche erreicht? Ist Veränderung möglich?

Dieses Buch ist eine präzise Analyse und eine praktische Ermutigung. Ein Buch, das Augen öffnet. Und: Es will nicht die Männer ändern, sondern die Kirche!

288 Seiten, Paperback

Bestell-Nr.: 52 50425

Unsere Bücher und CDs erhalten Sie in jeder christlichen Buchhandlung oder direkt beim Verlag.
cap-music • Oberer Garten 8 • D-72221 Haiterbach-Beihingen
Tel.: 07456-9393-0 • Fax: 07456-9393-29 • Email: info@cap-music.de • Onlineshop: www.cap-music.de

Jesus - Worte des Meisters

Die Worte Jesu als Hör-CD.

Eine Auswahl. Jesu Worte, in ihrer Schlichtheit und Klarheit gelesen, ohne weitere Kommentare oder Auslegung. So, wie seine Worte in der Bibel überliefert sind.

Eindrücklich gelesen. Kraftvoll und unverfälscht, ohne Kommentar. Mit geschmackvoller Musik umrahmt.

Doppel-CD 52 07121

Dr. John Townsend

Nicht mit mir!

Wenn schwierige Menschen mich unter Druck bringen.

Schwierigen Leuten kann man nicht immer aus dem Weg
gehen, aber man kann den Umgang mit ihnen lernen!
Dieses praktische und leicht verständliche Buch ist eine
echte Lebenshilfe.

120 Seiten, gebunden

Bestell-Nr.: 52 50420
ISBN 978-3-86773-089-1

Sarah Shaw

Sarah

Dieses Buch ist eine große Ermutigung, es ist der Bericht über einen schweren Weg der Überwindung.

Sarah Shaw hatte ihr Leben im Griff. Zumindest äußerlich. Sie war erfolgreich als Managerin. Aber es kam der Tag, an dem sie nicht mehr den äußeren Schein wahren konnte. Ihr innerer Schmerz explodierte. Die Erinnerungen an den jahrelangen Missbrauch, als Kind und Teenager, ließen sich nicht länger unterdrücken.

Der Schmerz war so intensiv, dass sie aus dem Berufsleben aussteigen musste. Die Fachleute wussten keinen Rat mehr.

In diesem Buch geht es nicht um den Schrecken des Missbrauchs, sondern die Geschichte der Heilung. Ein starkes Zeugnis, dass bei Gott Dinge möglich sind, die bei Menschen unmöglich scheinen.

180 Seiten, Paperback

Bestell-Nr.: 52 50396
ISBN 978-3-86773-108-9

Matthias Hoffmann
Gottes Vaterherz in den Psalmen entdecken

Gott offenbart sich als Vater in den Psalmen. Mit diesem Buch öffnet sich ein 100-Tage-Weg in die Psalmen, um dort Gott als liebenden Vater zu entdecken. Viele geistliche Einsichten und Erkenntnisse sind zu finden, ein Schatz für jeden Tag.

Bestell-Nr.: 52 50405
ISBN 978-3-86773-111-9

Matthias Hoffmann
Gottes Vaterherz entdecken

Jetzt ist Vaterzeit! Gott neu als den liebenden Vater entdecken.

Neben inspirierender Bibelauslegung und persönlichen Entdeckungen bekommen Sie immer wieder Hilfestellung, das Gelesene gleich auf das eigene Leben anzuwenden. Ein echtes Praxisbuch und Bestseller!

Bestell-Nr.: 52 50402
ISBN 978-3-938324-14-1

Matthias Hoffmann
100 Tage in der Liebe des Vaters
Ein 30-Minuten-Weg für 100 Tage

Hier ist ein Buch für jeden Tag. Es möchte den Leser in die liebende Gemeinschaft mit Gott, dem Vater, führen. Für jeden Tag gibt es einen Lernvers, ein Gebet, eine biblische Lesung, einen konkreten Impuls und einen praktischen Schritt, den es gleich umzusetzen gilt.

Bestell-Nr.: 52 50401
ISBN 978-3-935699-63-1

Matthias Hoffmann
Freundschaft mit Abba-Vater

Wie aus der Problemzone „Stille Zeit" eine tiefe und beglückende Beziehung zu Gott werden kann.

Der Leser kann eine Menge praktischer Ideen und Anregungen gewinnen, wie die eigene persönliche Zeit mit Gott zu einem Ort echter Freundschaft und Beziehung werden kann - ganz neu oder zum ersten Mal.

Bestell-Nr.: 52 50403
ISBN 978-3-86773-001-3

Unsere Bücher erhalten Sie in jeder christlichen Buchhandlung oder direkt beim Verlag.

Kenneth D. Boa/Robert M. Bowman Jr.

Mythos und Wahrheit - Engel und Dämonen

Über Engel wird viel geredet, es gibt eine regelrechte Engelwelle. Leider in z.T. recht merkwürdigen Aussagen und Darstellungen. Und natürlich kursieren auch obskure Vorstellungen über die Gegenseite, die Dämonen.

Dieses kompakte Buch erläutert präzise und fundiert die biblischen Aussagen zum Thema. Was ist ein Engel, was nicht? Was tun Engel, und warum? Die faszinierende Geschichte der „Engelogie". Wo kommt der Satan her, was sagt die Bibel wirklich?

Lassen Sie sich überraschen. Das Buch könnte aufräumen mit falschen Vorstellungen, mit Mythen und unnötigen Ängsten.

200 Seiten, Paperback

Bestell-Nr.: 52 50422
ISBN 978-3-86773-110-2

Kenneth D. Boa/Robert M. Bowman Jr.

Mythos und Wahrheit - Himmel und Hölle

Die Bibel äußert sich sehr differenziert zu diesen Themen. In den menschlichen Vorstellungen sind dagegen viele Bilder unterwegs, die mit den biblischen Wahrheiten wenig zu tun haben. Oft ist es eine Vermischung aus Tradition, Spekulation und falscher Lehre.

Dieses kompakte Buch erläutert präzise und fundiert die biblischen Aussagen zum Thema. Was sagt die Bibel über den Himmel, was nicht? Was ist mit der Hölle? Was sind tatsächlich biblische Aussagen?

Lassen Sie sich überraschen. Das Buch könnte aufräumen mit falschen Vorstellungen, mit Mythen und unnötigen Ängsten.

270 Seiten, Paperback

Bestell-Nr.: 52 50424
ISBN 978-3-86773-114-0

Unsere Bücher erhalten Sie in jeder christlichen Buchhandlung oder direkt beim Verlag.

„Ich weiß, wie schwer Vergebung ist."
Frida Gashumba

Hörbuch
Bestell-Nr.: 52 00398
ISBN 978-3-86773-066-2

Frida Gashumba
Frida - Vom Tod zum Leben
Eine afrikanische Biografie

Glücklich und behütet wächst Frida inmitten der sanften Hügel Ruandas auf und weiß nichts von den Stammesunterschieden in ihrem Land. Erst als in der Schule demütigende Zählungen durchgeführt werden, spürt sie, dass ihr Land sich verändert.

Die Ereignisse spitzen sich zu, bis es zum Unvorstellbaren kommt. Nachbarn werden zu Feinden und Frida muss mitansehen, wie ihre Familie von Hutus getötet wird. Sie wird gefragt, wie sie sterben möchte. Doch Frida überlebt…

Diese wahre afrikanische Geschichte ist nicht nur eine Geschichte unvorstellbaren Leids, sie wird zu einer Geschichte von Liebe und neuer Hoffnung mitten im Trauma.

180 Seiten, 8 Fotoseiten, Paperback
Bestell-Nr.: 52 50398
ISBN 978-3-86773-037-2